本书是广东省普通高校人文社科重大项目"国家治理与财税法治"（2014WZDXM028）阶段性成果。

两岸及港澳法制研究系列

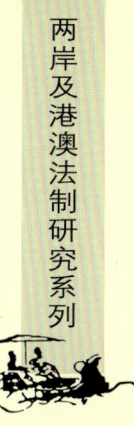

香港特别行政区立法会特权与调查权研究

Study on Parliamentary Privilege and Investigation Power of Hong Kong Legislative Council

朱孔武 \ 著

国家一级出版社
全国百佳图书出版单位

图书在版编目(CIP)数据

香港特别行政区立法会特权与调查权研究/朱孔武著.—厦门:厦门大学出版社，2016.5

(两岸及港澳法制研究系列)

ISBN 978-7-5615-5592-7

Ⅰ.①香… Ⅱ.①朱… Ⅲ.①国家权力机关-权力-研究-香港 Ⅳ.①D676.582.3

中国版本图书馆 CIP 数据核字(2015)第 126281 号

出 版 人	蒋东明
责任编辑	甘世恒　邓　臻
装帧设计	蒋卓群
责任印制	许克华

出版发行　

社　　址　厦门市软件园二期望海路 39 号
邮政编码　361008
总编办　　0592-2182177　0592-2181253(传真)
营销中心　0592-2184458　0592-2181365
网　　址　http://www.xmupress.com
邮　　箱　xmupress@126.com
印　　刷　厦门市万美兴印刷设计有限公司

开本　720mm×1000mm　1/16
印张　16.25
插页　2
字数　276 千字
版次　2016 年 5 月第 1 版
印次　2016 年 5 月第 1 次印刷
定价　58.00 元

本书如有印装质量问题请直接寄承印厂调换

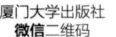
厦门大学出版社
微信二维码

厦门大学出版社
微博二维码

目 录

第一章 香港立法会特权的渊源及其内容 ·············· 1
  第一节 立法会特权制度继承了港英立法局特权制度 ·············· 1
    一、港英政府为"光荣撤退"而在香港推行了代议制改革 ·············· 1
    二、立法局权力扩张与立法局特权的确立 ·············· 7
    三、立法局特权在香港回归后保留为立法会特权 ·············· 9
  第二节 香港立法会职权与立法会特权 ·············· 11
    一、香港立法会的职权 ·············· 11
    二、香港立法会特权 ·············· 14

第二章 议会特权的比较法观察 ·············· 21
  第一节 议会特权的涵义 ·············· 21
    一、"议会特权"概念辨析 ·············· 21
    二、议会特权的保护及对抗对象 ·············· 22
    三、议会特权之正当性基础 ·············· 23
  第二节 议会特权制度的历史 ·············· 26
    一、议会特权制度的英国起源 ·············· 26
    二、议会特权制度的发展 ·············· 28
  第三节 议会特权制度之构造 ·············· 30
    一、议会特权与议员特权 ·············· 30
    二、议员特权的内容 ·············· 32
    三、议会特权的内容 ·············· 38
  第四节 议会特权之落实:议会惩戒权 ·············· 45
    一、议会惩戒权的内容 ·············· 45
    二、议会的惩戒权范围 ·············· 48

第三章 议会特权的法律限制 …… 52
第一节 议会特权必须受到限制 …… 52
一、议会特权的滥用：从 R v.Chaytor and others 谈起 …… 52
二、议会权力行使必须受到制约 …… 54
第二节 英国议会特权限制的普通法传统 …… 55
一、阿什比诉怀特案 …… 55
二、斯托克戴尔诉《汉萨德议会议事录》编辑 …… 57
三、皇家检控署诉蔡特案 …… 61

第四章 议会调查权之比较观察 …… 64
第一节 议会调查权的起源与发展 …… 64
一、议会调查权的起源 …… 64
二、议会调查权的发展 …… 65
第二节 议会调查权与其它相关权力的辨析 …… 69
一、立法调查与行政监察调查 …… 69
二、质询权与调查权辨析 …… 71
三、议会调查权构成要素 …… 72
第三节 议会调查行为的种类及其特征 …… 76
一、议会调查权的种类 …… 76
二、议会调查权的特征 …… 79
第四节 议会调查权的界限 …… 85
一、议会调查权的目的限制 …… 85
二、行政权对于立法会调查的限制 …… 89
三、司法权对议会调查权的制约 …… 98
四、证人权利保障对议会调查权的制约 …… 101

第五章 港英立法局对调查权的行使 …… 108
第一节 港英政府公共事务调查的类型 …… 108
一、根据《调查委员会条例》委任调查委员会 …… 108
二、廉政公署的调查 …… 111
三、立法局特别委员会的调查 …… 114
第二节 港英立法局行使调查权的案例分析 …… 115
一、1991年立法局选举安排的调查 …… 115
二、1993年徐家杰被廉政公署解雇事件 …… 118

三、1994年观龙楼山泥倾泻事件 …………………………………… 120
　　四、1995年新机场输入外劳事件 …………………………………… 121
　　五、1996年梁铭彦离职事件 ………………………………………… 122

第六章　香港立法会对调查权的行使 ……………………………… 125
第一节　香港立法会调查权的法律规范 ………………………… 125
　　一、调查权的行使主体：立法会组织及委员会 …………………… 125
　　二、调查权的行使对象与行使方式 ………………………………… 127
第二节　香港立法会行使调查权的案例 ………………………… 127
　　一、1998年新机场启用大混乱事件 ………………………………… 127
　　二、2001年公屋短桩事件 …………………………………………… 130
　　三、2003年沙士事件 ………………………………………………… 131
　　四、2008年雷曼迷债事件 …………………………………………… 132
　　五、梁展文事件 ……………………………………………………… 134
　　六、甘乃威解雇女助理事件 ………………………………………… 136
　　七、梁振英西九事件 ………………………………………………… 137
第三节　其它引用权力及特权条例未获通过的议案 …………… 138
　　一、郑家富议员的2000年动议 ……………………………………… 138
　　二、叶国谦议员的2001年动议 ……………………………………… 139
　　三、杨森议员的2003年动议 ………………………………………… 140
　　四、李永达议员的2008年动议 ……………………………………… 141
　　五、涂谨申议员的2011年动议 ……………………………………… 142
　　六、李永达议员的2012年动议 ……………………………………… 143
　　七、陈伟业议员的2012年动议 ……………………………………… 144
　　八、李永达议员的2012年动议 ……………………………………… 144
　　九、何秀兰议员的2013年动议 ……………………………………… 145
　　十、何秀兰、郭荣铿议员提出的呈请书 …………………………… 145
　　十一、梁国雄议员的2013年动议 …………………………………… 146

第七章　香港立法会调查权之实质及其限制 ……………………… 147
第一节　香港立法会调查权法律地位 …………………………… 147
　　一、香港立法会调查权的规范依据 ………………………………… 147
　　二、立法会调查权的启动要件 ……………………………………… 149
第二节　香港立法会调查权的界限 ……………………………… 152

一、行政权对于立法会调查的限制 ················· 152
二、立法会调查权不得损害香港的司法独立 ············ 156
三、立法会调查权不得侵害香港居民的基本权利 ·········· 157
四、立法会调查权的行使受到正当程序原则的制约 ········· 159

附录1 ································ 160
附录2 ································ 238

参考文献 ······························· 251

第一章 香港立法会特权的渊源及其内容

"议会特权"亦称为议会自律权或议会议事自治,属于宪法层次的权力,系指议会得自主且独立地决定与议事有关之一切事项,不受其他国家机关之干涉的权力。香港立法会制度延续了港英立法局制度,立法会特权经常被提及,本章考察香港立法会特权的来历及其内容。

第一节 立法会特权制度继承了港英立法局特权制度

1984年12月19日中英签署《中英联合声明》,香港迈入所谓的"过渡期","过渡期"又以1990年4月4日第七届全国人民代表大会第三次会议通过香港基本法为界,在基本法通过之前是前过渡期,在基本法通过后为后过渡期。港英政府在过渡期间加速对香港政治制度进行大幅度改革,其目的也是政治性动机,非真正为香港建立名副其实的代议政治。而立法局特权制度得以形成。

一、港英政府为"光荣撤退"而在香港推行了代议制改革

(一)《中英联合声明》之前的港英立法局的功能与职能

香港在被占领之初即与英国海外殖民地有所不同,比起一般英属殖民地的拓殖居民、获取自然资源等目标来说,与中国的贸易、外交和英国在远东地

区经济与政治的经营显得更为重要。① 在此背景下,英国采用行政主导制度(Executive-led),港督作为英皇的代表,拥有行政、立法、部分司法和军事权力,以捍卫英国远东地区的权益及发展。行政局与立法局仅为港督咨询之用,并受到港督辖下布政司署控制,"两局"分工协作,并无分立制衡的关系。

港英立法局权力来源于建立香港的两个宪制性文件,即英廷在1843年以《英皇制诰》(Letters Patent)形式发出的《香港宪章》(Hong Kong Charter)及以《皇室训令》(Royal Instructions)形式颁布的《致砵甸乍训令》(Instructions to Sir Henry Pottinger)。②

表1-1 立法机关演变

年度	事项
1843	设立在英国统治下的立法局,连总督在内,共有4名官方议员(总督兼任议员及主席)。
1844	立法局举行首次会议。
1850	委任首两名非官方议员。
1857	增委两名官方议员及1名非官方议员。
1884	扩大立法局的成员人数至7名官方议员及5名非官方议员,其中包括1名华人。
1896	进一步扩大立法局的成员人数至8名官方议员及6名非官方议员。

---

① 英国殖民地部和军事大臣当时在给首任港督朴鼎查(Henry Pottinger)的信中如此表示。详见杨奇编:《香港概论下卷》,香港三联书店1993年版,第7页;Morris Jan 著,黄芳田译:《香港:大英帝国殖民时代的终结》,台北马可孛罗出版社2006年版,第290~291页。

② 杨奇:《香港概论》(上册),香港三联书店1993年版,第11页。英国对香港统治的法律依据,最主要是来自《英皇制诰》和《皇室训令》,这两份文件是英国统治香港的最重要的法律文件。《英皇制诰》和《皇室训令》从颁布到英国结束对香港统治为止,历经多次修改,香港的政治制度架构就是依此两份文件所建构的,在英国统治香港150多年的过程中,百年来经过多次修改,如1917年英王乔治五世宣布废除1888年修订本,重颁《英皇制诰》,后来再经过多次修改,直到1985年版本中,香港总督仍独揽大权;至于《皇室训令》也是如此,虽几经修订,但香港总督对两局的紧密控制仍然不变。正如学者彼得·哈里斯(Peter Harris)所称,"假如香港的第一任总督朴鼎查(Henry Pottinger)爵士今天重临香港,他能认出的东西几乎只有山顶区的轮廓和政府制度,后者在一百三十年中差不多没有变化"。余绳武、刘蜀永等:《二十世纪的香港》,麒麟书业有限公司1995年版,第3~4页。

续表

年度	事项
1929	立法局共有 10 名官方议员及 8 名非官方议员,其中包括 3 名华人及 1 名葡籍人士。
1976	立法局共有最多可达 23 名的官方议员(包括 5 名当然议员),以及 23 名非官方议员。
1983	立法局共有最多可达 29 名的官方议员(包括 4 名当然议员),以及 29 名非官方议员。
1984	立法局共有最多可达 29 名的官方议员(包括 4 名当然议员),以及 32 名非官方议员。
1985	立法局举行有史以来首次选举后,共有 11 名官方议员(包括 4 名当然议员),以及 46 名非官方议员,其中 22 人由总督委任,12 人由功能组别选出,1 人由全体市政局议员推选,1 人由全体区域市政局议员推选,另外 10 人由各区全体区议员组成的选举团选出。
1988	增设两名由功能组别选出的议员,以取代两个委任议席。
1991	总督在立法局议员中委任 1 人为副主席,负责主持立法局会议。立法局成员包括 4 名当然议员(包括总督,他仍为立法局的主席及议员,但不再出席该局的会议)、18 名委任议员和 39 名选任议员(选任议员中,21 人由功能组别选出,另外 18 人则由全港各地方选区以直接选举方式选出)。
1993	总督不再出任立法局议员,并于 2 月将立法局主席一职移交一位由全体非官方议员互选出来的议员担任。
1995	在英国统治下之最后一届立法局 60 名议员全部由选举产生,其中 30 名由功能组别选举产生,20 名由地方选区直接选举产生,10 名由选举委员会选举产生。立法局主席由议员互选产生。
1996	香港特别行政区筹备委员会于 1996 年 3 月 24 日第二次全体会议上,决议通过成立临时立法会。负责筹组香港特别行政区第一届政府的 400 名推选委员会委员,于 1996 年 12 月 21 日选出 60 名临时立法会议员;推选委员会亦负责选出第一届行政长官。
1997	临时立法会于 1997 年 1 月 25 日在深圳召开首次会议,选举临时立法会主席。临时立法会随后继续在深圳举行会议,直至 1997 年 7 月 1 日香港特别行政区成立后,改为在香港举行会议。

续表

年度	事　项
1998	香港特别行政区第一届立法会选举于1998年5月24日举行。《香港特别行政区基本法》规定,第一届立法会由60人组成,其中分区直接选举产生议员20人,选举委员会选举产生议员10人,功能团体选举产生议员30人。立法会主席由立法会议员互选产生。第一届立法会的任期由1998年7月1日起,为期两年。
2000	香港特别行政区第二届立法会选举于2000年9月10日举行。《香港特别行政区基本法》规定,第二届立法会由60人组成,其中分区直接选举产生议员24人,选举委员会选举产生议员6人,功能团体选举产生议员30人。立法会的任期为期4年;第二届由2000年10月1日开始。
2004	香港特别行政区第三届立法会选举于2004年9月12日举行。共有60位立法会议员,其中分区直接选举产生议员30人,功能团体选举产生议员30人。立法会的任期为期4年;第三届由2004年10月1日开始。
2008	香港特别行政区第四届立法会选举于2008年9月7日举行。共有60位立法会议员,其中分区直接选举产生议员30人,功能团体选举产生议员30人。立法会的任期为期4年;第四届由2008年10月1日开始。
2012	香港特别行政区第五届立法会选举于2012年9月9日举行。现有70位立法会议员,其中分区直接选举产生议员35人,功能团体选举产生议员35人。立法会的任期为期4年;第五届由2012年10月1日开始。

资料来源:《立法机关的历史》,香港特别行政区立法会,收录于香港特别行政区政府网站,http://www.legco.gov.hk/general/chinese/intro/hist_lc.htm。

早期港英时代的立法局没有实质立法功能,最主要原因在于香港总督拥有行政与立法的绝对权力,以立法局议员产生方式及代表性,根本无法与之抗衡,遑论监督,立法局充其量只是一个咨询机构,也可以说是一个上流社会俱乐部。① 其通过的法例须经港督批准,才能成为法律。其制订过程也有三读

---

① 港督委任的立法局成员,大多是香港相当有社会地位的人物,诸如大企业家、工商业界人士、律师等精英分子,这些人被委任成为立法局议员后,与官方大多"沆瀣一气",就算与政府有分歧,议员多会与政府事前沟通解决,很少将问题公开化,避免触怒政府而失去再被委任的机会。罗永祥等著:《前揭书》,第53页。罗永祥、陈志辉:《香港特别行政区施政架构》,香港:三联书店,2002年,第53页。

程序,当立法局收到行政局所提草案,必须先在《香港政府宪报》上刊出,了解社会各界意见,再召开立法局会议,仿照英国下议院的"三读制"进行立法。① 立法局会议记录的正本于每次会议后,即呈送英国殖民地部大臣(Secretary of State for Colonies)。此外,英国国会与及英皇会同枢密院(Privy Council)均拥有代行立法权,可以代替殖民地制定英国政府认为有效及对殖民地适切的法律,②也可以行使否决权。③ 有十类法案内容是港督无权批准的,根据《皇室训令》,这十类法案除非是得到国务大臣同意,否则港督不能批准,包括离婚法案、拨给港督土地或金钱法案、关于货币法案、关于银行法案、征收差额税法案、与英国条约相违背法案、关于武装力量纪律及管制法案、损害香港以外的英国臣民权益及财产法案、歧视非欧籍人士法案、王室曾拒绝批准法案。④

香港自开埠以来就以转口贸易起家,商业利益及衍生的冲突乃为最需解决的议题,因而港府建立时即以商界精英为吸纳对象,其次是专业人士,对基层社会吸纳则至20世纪60年代末方才启动。具体而言,它是通过把社会上的精英分子吸纳到一个由行政主导的决策机关之中,建立一个以精英共识为基础的政治体的过程。在此吸纳过程中,取得统治权力合法性,并依此合法性从意识上消除潜伏于社会政治中的反动力量,建立一个松散但融合的政治社会。简言之,"行政吸纳政治"目标就是"去政治化"。⑤

(二)1984年过渡期前的立法局变迁

在150多年的殖民统治过程中,英国也根据实际局势适时调整香港政治制度,但香港总督独裁,总揽大权于一身,维护英国利益的殖民心态从未改变,英国对香港所做的调整都是不得不然,迫于形势无奈所做的改革。

---

① 余绳武:《香港政府》,载余绳武、刘蜀永等编:《二十世纪的香港》,麒麟书业有限公司1995年版,第11~12页。

② 史深良:《香港政制纵横谈》,广东人民出版社1991年版,第124页。

③ 英国对殖民地实行否决权并非罕见的事,以香港为例,在1844年,立法局成立的第一年里,共有4项法案遭到否决,而最后一次英国否决香港立法局通过的草案是1913年的《食糖协定条例》。李昌道:《香港政治体制研究》,上海人民出版社1999年版,第47页。

④ 《皇室训令》第26条规定,这些法案除非得到国务大臣的事前同意,否则港督不得批准。

⑤ Ambrose Yeo-chi Kim, Administrative Absorption of Politics in Hong Kong, Emphasis on the Grass Roots, Asian Survey, Berkeley, Calif., Institute of International Studies, University of California, 1975, pp. 427-418.

第二次世界大战前,历任港督基本上沿用19世纪的老办法进行统治,香港人民基本上没有参与政治的权力。第二次世界大战结束后,各个被殖民国家反对殖民浪潮高涨,同时英国国力因在战争中受损而下降,也无力对各殖民地继续进行殖民统治,港英政府才在现实环境下推出"非殖民化"策略,但实际并没有意愿推行民主制度。香港总督杨慕琦(Sir Mark Young,港督任期:1941—1946)①在港英政府重新确立在港统治后,主动提出香港非殖民化的首次重要政制改革,史称"杨慕琦计划"。其最主要的内容是建立"市议会"(municipal council)作为地方自治政府,将少部分权力下放香港市民,一来借此怀柔港人,恢复港英政府的统治权威;二来亦借此推动港人发展自主意识,抗衡中国收回香港的压力。②"杨慕琦计划"构想粗糙,无法兼顾各方需要,各方反应甚为冷淡,咨询期间只收到12封个人名义信函,而且都一样对"市议会"和组织缺乏兴趣。只有4间属于商会的公司建议由商会的"特别委员会"计划改革草案。③ 杨慕琦退任后,继任港督的葛量洪(Sir Alexander Grantham,港督任期:1947—1957)认为,"市议会"架空了立法局及港英政府,危害港英管治权威,因而搁置"杨慕琦计划"。

　　20世纪70年代随着新界土地租约即将于1997年期满,所可能衍生的土地契约无法批准的争议,英国包括政界纷纷前往中国,了解对香港九七后意向。1979年3月,邓小平接见了香港总督麦理浩,认为香港是中国的一部分,但在解决香港问题时会特别考虑香港的特殊地位,请投资者放心。麦理浩获悉此一讯息后,也提出了一揽子加速香港地方政治制度改革计划。港英政府于1980年6月6日发表《香港地方行政的模型绿皮书》,咨询社会各界对香港

---

　　① 杨慕琦(1886年6月30日—1974年5月12日),英国资深殖民地官员,1941年获任命为第21任香港总督,并于9月就任,但三个月后太平洋战争爆发,日军进军香港,杨慕琦在1941年12月25日向日军无条件投降,沦为战俘。他在1946年5月复任总督后试图在香港推行称之为"杨慕琦计划"的政治改革。该计划在他1947年5月退休无疾而终,此后香港长时间再没推行重大政治改革。

　　② 杨慕琦在政改方案中指出:"在英国统治下,发展一个公民意识,并足有能力公开发表意见和提供实质影响,从而反映居民意愿,以抗拒被中国合并。"Louis, Wm. Roger, Hong Kong: The Critical Phase, 1945-1949, *The American Historical Review*, 1997, Vol.102, No. 4, p. 1066.

　　③ Miners, Plans for Constitutional Reform in Hong Kong, *The China Quarterly*, 1984, Vol.107, pp. 468-469.

发展地方行政意见。在 1981 年,即港督麦理浩得悉中国收归香港之初,港英政府即先推出《香港地方行政白皮书》,要"提供更多机会让居民参与区内事务",让港人对政府政策有更多发言权,在地区层面落实代议政制,一反压抑民主选举的做法,主动落实区议会选举,引入基层全民模式的选举文化,最终目的是加强港人对港英政权及香港的归属感,以求在往后事态演变中,支持英方。①

二、立法局权力扩张与立法局特权的确立

(一)立法局权力扩张

中英谈判中,英方知悉再不能以"主权换治权"后,即进一步加快香港民主步伐。英国首相撒切尔夫人(Magret Thatcher)曾提及,鉴于谈判没有进展,因此要发展香港的民主架构。② 此举最主要目的是借香港这张"民意牌"作为与中国谈判的后盾,使英国即使在回归中国仍能持续控制和操纵香港。

港英立法局设置的法源依据来自《英皇制诰》及《皇室训令》,确立了立法局(旧称定例局)的架构和权力,授权"在任的总督……在取得立法局的意见后……制订及通过为维持香港的和平、秩序及良好统治……而不时需要的所有法律及条例"。立法局权力包括:提供总督立法意见参考;通过总督要求制订的法案;人数为 3 人,最少 2 人。立法局的主席由香港总督担任,同样包括

---

① 根据白皮书,1981 年成立了 18 个议会,亦即,将香港分为 18 区,各区有区议会,只要年满 18 岁,并在香港居留满七年,都可登记成为选民。1982 年 3 月举行第一届区议会选举,区议会选举中,官守、委任与民选议员各占有三分之一;第三届区议会于 1985 年举行,民选议员比例增加到委任议员的一倍之多;第五届区议会选举虽然于 1991 年举行,但因立法局已增设直选议员导致区议会影响力逐渐降低。区议会主要功能是:进行重要政策咨询、地区事务性工作的咨询;协助政府推行地方行政计划,增加民众对小区的认同感等。在实际运作方面,区议会每两个月召开会议,政府代表会列席会议,听取议员意见,议员也可了解政府所做工作有否落实;另各区议会也相继成立了各事务委员会,讨论小区性问题及应如何解决,通常每一个区议会都会有四到五个委员会,提高小区民众对小区事务的参与程度。罗永祥、陈志辉著:《香港特别行政区施政架构》,香港三联书店 2002 年版,第 314~331 页。

② 撒切尔在她的回忆录中声称,鉴于谈判缺少进展,我们一定要发展香港的民主架构,希望能在短期内完成独立或自治的目标。李后在《回归的历程》一书中认为,英方尽速让香港发展所谓的民主架构,以便让香港像英国官员说的那样"实质获得独立"。李后:《回归的历程》,香港三联书店 1997 年版,第 188 页。

官守议员及非官守议员。港英当局在《中英联合声明》签署前的1984年7月，发表了《代议政制在香港的进一步发展绿皮书》，提出逐步增加立法局的民选议员议席等的各项政治制度改革建议。《中英联合声明》草签后，1984年11月21日港英政府即发表《代议政制白皮书——代议政制在香港的进一步发展》①，称要在港英核心部分，逐步建立一个能直接向港人负责，又稳固地立根于香港的代议政制，实施所谓"还政于民"，准备在"九七"前把香港政府的构架进行根本性改变，以达到"十三年大变，五十年不变"的目的。②

与代议政制的推行相匹配，港英政府积极谋求改变立法局构成，改变了立法局议员的组成，扩大了立法局的权力，使其从原来的立法咨询机构和具体的立法机构转变为拥有实权的代议机构。在1984年《代议政制白皮书》确认了绿皮书提出的政制改革的目标和方向，并建议把非官守议员从按社会功能划分的组别中甄选出来的办法发展成一个正式的代议制度。香港立法局在1985年首次推行间接选举，其中24名议员分别由选举团和功能组别选出，每类各选12名。其余非选举，主要为港督任命。

1987年5月27日，港英政府发表《一九八七代议政制发展检讨绿皮书》，对1988年立法局是否直选问题，列出多种意见，包括采用直接选举选出立法局议员做法不可取；采用直接选举选出议员做法，原则上可取，但不应在1988年推行；1988年除现有议员类别外，应由一个全港性选区，或若干按地区划分的选民组别以直接选举方式选出部分议员等。1988年2月11日，港英政府再发表《代议政制今后的发展白皮书》，白皮书认为，1997年以前在立法局内加入若干名由直接选举产生的议员，将会是香港代议政治发展进程中的一个合理、可取的步骤，至于实行直接选举的时间，由于社会各界有明显分歧，因此港英政府决定在1991年采用直接选举选出若干名立法局议员。

(二)立法局特权的确立

1985年6月26日立法局通过了《1985年立法局(权力及特权)条例》，以扩大立法局权力，主要内容包括：议员出席会议期间、赴会和离会途中，不因民事案件而被拘留，出席会议期间不因刑事案件而被逮捕；对正在开会或出入会场的议员进行非难，或对议员进行威胁利诱使其作出特殊表态或行动，按犯罪

---

① 白皮书为港英政府就某些重要事项发表绿皮书后公布的政策文件。
② 参见许家屯：《许家屯香港回忆录》，香港联合报有限公司1993年版，第169～172页。

论处;立法局主席有权禁止任何外人进入立法局会场旁听或命令任何人退出会场;赋予立法局主席的权力,可补充《英皇制诰》、《皇室训令》所赋予权力的不足与代议政制的推行相匹配,港英政府积极为立法局谋求扩权。该条例的主要内容是:

(1)议员特别保护,即在会议上享有言论自由、辩论自由,在立法局外不受质询,并免受刑事、民事起诉等。

(2)议事程序权,即有传讯权力,可以作出决议,对旁听事项作出限制性规定等。

(3)议事秩序特权,包括立法会人员具有警务人员的权力,有权控告藐视罪、虚假证据及欺骗、进入或逗留在会议厅范围的人的罪行等。

(4)立法局主席的权力,如立法局在任期前被解散,主席仍持有权力。

该条例的颁布,标志着港英立法局由立法咨询机关向地方权力机关转变迈出了重要的一步。问题的关键是,当总督兼任立法局主席时,局面还好控制,一旦总督不再兼任立法局主席,在立法局民选议员逐步增多的情势下,而他们的立场又多与政府不同,故立法局将会变得难以控制,立法局将凭借其特权终究会有一日凌驾于行政机关之上。这也正是港英当局改革的目的所在。

三、立法局特权在香港回归后保留为立法会特权

1998年特区立法会举行第一届立法会选举,第一届立法会由60人组成,包括分区直接选举方式产生议员20人、选举委员会选举方式产生议员10人、功能团体选举方式产生议员30人,立法会主席则由立法会议员互选产生,第一届立法会议员的任期是两年。第二届立法会选举于2000年9月10日举行,其中分区直接选举方式产生议员24人、选举委员会选举方式产生议员6人、功能团体选举方式产生议员30人,除第一届立法会外,每届立法会的任期都是四年。第三届立法会的60个议席组成与前两届有所不同:分区直选议席增加到30席,功能界别选举的议席维持30席不变。第四届立法会议席组成与第三届一样。第五届立法会的任期从2012年10月1日起,议席总数由60席增至70席,其中功能组别和地方选区各35席。依据《香港特别行政区基本法》(以下简称《基本法》)第64条规定,特区政府遵守法律,对立法会负责,执行立法会通过并已生效的法律,定期向立法会报告,答复立法会议员的质询,足以说明立法会是香港立法机关的法律地位。

立法会在回归香港之后固然依照《香港基本法》是特区政府的立法机关,

而其地位则是高度自治之下的地方立法机关。在《香港基本法》起草阶段,对中央与特区政府职权应如何划分有着不同争论:有人认为应适用联邦制国家中的"剩余权力"概念①,处理中央与地方的分际关系;不过,大多数的草委会委员经讨论认为,联邦制国家是先有各邦的关系,再把某些权力交付联邦处理,但中国是一个单一制国家,一切的权力是由中央政府赋予,特别行政区不存在有任何"剩余权力"。② 立法会所制订的法律仍必须呈报全国人民代表大会常务委员会备案,且备案并不影响法律的生效。全国人民代表大会常务委员会在征询其所属的香港特别行政区基本法委员会后,如认为香港特别行政区立法机关制定的任何法律不符合《基本法》关于中央管理事务及中央和香港特别行政区关系的条款,可将有关法律发回,但不作修改。凡经全国人民代表大会常务委员会发回的法律立即失效,该法律的失效,除香港特别行政区的法律另有规定外,无溯及力。

根据《中英联合声明》第3条第(3)项和《基本法》第8条和第18条的规定,香港原有法律在回归后将继续适用。但是,香港原有法律并非原封不动地自动过渡到1997年,而是需要对之进行审查,如有必要,需加以"适应化",以确保其与《基本法》相符合。③ 香港立法会《2000年法律适应化修改条例》对《立法局(权力及特权)条例》的若干用语作出修改,使其符合《基本法》的规定,以及切合香港作为中华人民共和国的特别行政区的地位。废除《立法局(权力及特权)条例》而代以《立法会(权力及特权)条例》。

《基本法》第77条订明立法会议员在立法会的会议上发言,不受法律追究。《立法局(权力及特权)条例》第3条及第4条所提供的保障更为广泛,因为第3条的适用范围包括在立法会内及委员会会议程序中的言论及辩论自

---

① 在联邦制国家,联邦的权力与各成员单位的权力通常由联邦宪法加以规划,宪法未能列举的称为"剩余权力",有的国家由各成员单位保留(如美国),有的国家推定为由联邦享有(如加拿大)。

② 李后:《回归的历程》,香港三联书店1997年版,第149页。

③ 法律适应化(Adaptation of Laws),是指将香港原有法律中与基本法相抵触的词句和涉及香港与英国关系的法律加以修改,使之适应1997年后我国对香港恢复行使主权和香港特别行政区成立的情况和变化。《基本法》第8条规定:"香港原有法律,即普通法、衡平法、条例、附属立法和习惯法,除同本法相抵触或香港特别行政区的立法机关作出修改者外,予以保留。"《基本法》第160条也规定,香港特别行政区成立时,香港原有法律除由全国人大常委会宣布为同基本法抵触者外,采用为香港特区法律。

由，第 4 条的适用范围则包括议员在立法会或任何委员会席前发表的言论，以及在提交立法会或委员会的报告书中的书面措辞。香港特区政府认为该条文的用意是保留立法会议员根据《立法局（权力及特权）条例》享有言论自由的特权。鉴于《基本法》并无禁止议员在立法会各委员会的会议上享有言论自由，也没有禁止议员在提交立法会的报告书中所发表的措辞可在委员会会议席前享有豁免权，香港特别行政区当可透过法例赋予立法会议员该等特权，以填补上述空间。因此，《立法局（权力及特权）条例》第 3 条及第 4 条与《基本法》第 77 条相符。

《基本法》第 78 条订明立法会议员在出席会议时和赴会途中不受逮捕。《立法局（权力及特权）条例》第 5 条亦保障议员免遭逮捕，但对民事与刑事法律责任加以区分。议员在刑事法律责任方面所享有免遭逮捕的特权，范围较《基本法》第 78 条所规定者狭窄。特区政府认为该条文并未抵触《基本法》，立法会议员在有需要时可凭借《基本法》第 78 条获得保障而免遭逮捕。

香港《基本法》第 62(6) 条订明香港特别行政区政府有权委派官员列席立法会。根据《立法局（权力及特权）条例》第 6(2) 条，由行政长官为有关立法会会议的出席而指定的任何公职人员，在立法会举行会议之日，无须在任何民事法律程序中列席作为证人。香港特区政府认为没有必要修订第 6(2) 条，把"由总督指定的公职人员"改为"由政府指定的公职人员"这个问题。虽然《基本法》第 62 条所指的是香港特别行政区政府而非行政长官，但由于行政长官是香港特别行政区政府的首长，故《基本法》第 62 条所订各项权力均可由行政长官行使，而行政长官可代表香港特别行政区政府就官员列席立法会作出委派。

第二节　香港立法会职权与立法会特权

如果说议会特权无非是议会的独立议事权，那么香港立法会特权体现于《基本法》、《立法会议事规则》和《立法会（权力及特权）条例》等规范中。

一、香港立法会的职权

香港立法会的职权主要规范于《基本法》第 73 条，并列出十项职权。香港基本法对于立法会职权的规范采取了列举方式，对于未列举的条文，立法会不得自行类推与适用。《基本法》第 73 条将立法会职权大致分为六大职权。

(一) 立法权

制定法律是立法会最基本的职权。立法会根据基本法可以制定、修改和废除法律,立法会通过的法案,必须经行政长官签署、公布,才能生效,特区立法会虽享有立法权,但立法会所制订法律须报全国人民代表大会常务委员会备案,备案不影响该法律的生效。全国人民代表大会常务委员会在征询其所属的香港特别行政区基本法委员会后,如认为不符合基本法关于中央管理事务及中央和香港特区关系的条款,仍可将有关法律发回,但不作修改。而经全国人民代表大会常务委员会发回的法律立即失效。

值得注意的是,行政长官如认为立法会通过法案不符特区整体利益,可在三个月内将法案发回立法会重议,虽然立法会能以不少于全体议员三分之二多数再次通过原案,迫使行政长官必须在一个月内签署公布,但行政长官也可以依法解散立法会,行政长官任内只能解散立法会一次。另外,立法会议员也可以个别或联名提出法案,但必须不涉及公开支出或政治体制或政府运作,如涉及政府政策时就必须得到行政长官的书面同意。

(二) 批准权

立法会是由香港居民选举产生的,具有民意机关的性质,由它控制财政支出,有利于保护纳税人的利益。立法会根据政府的提案,审核、通过财政预算;批准税收和公共开支。政府总收入和总支出都要得到立法会的同意,支出的分配细目,只能限于立法会的同意范围之内。这是立法会对行政机关的一种监督。所以,行政机关需要先编制出某一期限内收入和支出数额方案,提交立法会批准。财政司长每年向立法会提交政府的收支预算,他每年会在立法会的会议席上发表财政预算案演辞,概述政府的财政建议,并动议就拨款法案进行二读,使每年财政预算案中各项开支建议在法律上生效。议员可就香港的财政及经济状况,以及拨款法案及预算内所显示政府政策和行政的一般原则作出评论。[①]

---

① 香港基本法第 51 条规定,如立法会拒绝批准政府提出的财政预算法案,可由行政长官向立法会申请临时拨款。如由于立法会已被解散而不能批准拨款,行政长官可在选出新立法会前的一段时期内,按上一财政年度的开支标准,批准临时短期拨款。行政机关还可以采取临时的措施,以维持政府的实际运作。当然,临时拨款是有限制的。在数额的标准上是参照上一年度的开支水平,在时间上限于短期,具有过渡性质。虽然行政长官可以临时拨款,但特别行政区的年度财政预算,最后还是要由立法会批准。立法会通过的财政预算案,须行政长官签署后生效,并报中央人民政府备案。

(三)监督权

根据基本法,立法会要听取行政长官的施政报告并进行辩论,并质询政府施政项目,就任何有关公共利益问题进行辩论,透过辩论过程让施政更透明化,也符合民意,防止行政机关滥权,使政策执行不致偏差。

行政长官通常在每年度会期的首次会议上就有关各项管治香港特区的政策向立法会发表《施政报告》。在行政长官《施政报告》后举行的立法会会议席上,内务委员会主席会动议一项议案,感谢行政长官的《施政报告》。在其后进行的辩论中,议员可对《施政报告》发表意见,而政府官员亦会作出回应。

任何议员均可就政府的工作向政府提出质询,要求当局提供有关某项特定事宜的资料,或要求政府就该项事宜采取行动。议员必须指明要求口头答复或书面答复。此外,议员可以基于质询具迫切性和关乎对公众重要的事项,在获得主席准许后提出急切质询。在2010—2011年度会期内,议员在立法会议席上就范围广泛的事项提出了178项要求口头答复的质询(包括11项急切质询),并随之提出847项补充质询。此外,议员亦提出了472项要求政府以书面答复的质询。①

(四)弹劾权

根据香港基本法第73条第9项的规定,行政长官如有严重违法和渎职行为,立法会可以进行弹劾,弹劾权行使的前提要件,必须存在"行政长官有严重的违法或渎职"的情形,立法会即得以依法定程序进行弹劾,弹劾的程序如下:(1)立法会全体议员四分之一提出联合动议,指控行政长官有严重违法或渎职行为而不辞职。(2)这项联合动议要经过立法会通过。

一旦立法会通过这项联合动议,立法会可委托终审法院首席法官负责组成独立的调查委员会,并担任主席,调查委员会不仅负责调查,还必须向立法会提出报告。如果调查委员会认为有足够证据符合指控内容,立法会必须以全体议员三分之二多数通过,提出弹劾,报请中央人民政府决定。因此,立法会议员必须先提出一项弹劾动议案,这个动议案必须经过立法会通过,再成立调查委员会调查,调查结果如属实仍须获立法会通过,才有提出弹劾动议的资格,由于行政长官是由中央政府任命,弹劾成立与否最终必须经过中央政府同意。

---

① 2010—2011年度香港立法会年报,http://www.legco.gov.hk/general/chinese/sec/reports/a_1011.pdf。

(五)同意任免权

根据香港基本法,立法会议员具有同意终审法院法官和高等法院首席法官的任免权。

(六)接受香港民众申诉

此一申诉制度是由立法会运作,香港民众可以把对市政不满意情形向议员申诉,同时,申诉制度也处理民众就政府政策、法案及所关注的其他事项提交的意见书。

二、香港立法会特权

立法会"特权"在香港经常被提及,但对于"立法会特权"的概念并未得到阐明,甚至是经常被误解。实际上"立法会特权"无非是指香港立法会行使职权所具有的独立于其他政府机关的权力。

(一)特权及豁免权

《香港立法会(权力及特权)条例》所提及的"特权及豁免权"包括:

(1)言论及辩论的自由。在立法会内及委员会会议程序中有言论及辩论的自由,而此种言论及辩论的自由,不得在任何法院或立法会外的任何地方受到质疑。

(2)有关法律程序的豁免权。不得因任何议员曾在立法会或任何委员会席前发表言论,或在提交立法会或委员会的报告书中发表的言论,或因他曾以呈请书、条例草案、决议、动议或其他方式提出的事项而对他提起民事或刑事法律程序。

(3)免遭逮捕。议员在前往立法会或任何委员会会议途中,在出席会议或会议后回程中,可免因民事债项(如订约承担则构成刑事罪行的债项除外)而遭逮捕;在出席立法会或任何委员会会议时,可免因刑事罪行而遭逮捕。

(4)民事法律程序文件的送达及豁免。立法会举行会议时,不得在会议厅范围内送达或执行由香港或其他地方的法院行使其民事司法管辖权而发出的法律程序文件,亦不得经由主席或任何立法会人员送达或执行任何此等文件,但如该法律程序文件是与受雇于会议厅范围内的人有关的,则不在此限。除按照议事规则获立法会许可外,议员、行政长官或由行政长官为有关立法会会议的出席而指定的任何公职人员(获如此指定时),在立法会举行会议之日,无须在任何民事法律程序中列席作为证人。

(5)未经许可不得就立法会或任何委员会的会议程序作证。如未经立法会特别许可,任何议员或立法会人员,以及受雇在立法会或任何委员会会议席上录取会议纪要或保存证据记录的人,不得就上述会议纪要或证据记录的内容,或就提交立法会或任何委员会的文件内容(视属何情况而定),或就立法会或任何委员会所进行的会议程序或讯问(视属何情况而定),在其他地方作证。在立法会休假或休会待续期间,可由主席给予特别许可;如主席因不在香港或丧失履行职务能力以致不能行事者,则可按照议事规则给予给予特别许可。

(6)对进入会议厅范围的规限。立法会会议须公开举行。除议员或立法会人员外,任何人进入或逗留在会议厅范围内的权利,须受议事规则或立法会所通过用以限制或禁止享有此项权利的决议所规限。为维持会议厅范围的保安、确保在其内的人举止行为恰当,以及为其他行政上的目的,主席可不时发出他认为必要或适宜的行政指令,以规限非议员或非立法会人员的人进入会议厅及会议厅范围内,并规限上述的人在其内的行为。主席发出的行政指令,其副本须由秘书妥为认证,并在会议厅范围内显眼处予以展示,凡如此认证和展示该等副本,即当作为已给予所有受该行政指令影响的人充分通知。

(二)立法会组织权和议事秩序权

香港立法会制定议事规则,对立法会组织和立法会议员进行自我管理。香港《基本法》第75条规定立法会自行订定议事规则,但不得和《基本法》抵触,立法会的议事规则就是立法会议员行使职权的程序,任何立法会议员行使职权时都必须遵守立法会自行制订的议事规则,不得违反,如果立法会议员接受政府委任出任公务员、丧失或放弃特区永久居民身份、未得到立法会主席同意连续三个月缺席开会又没有合理解释,甚至在财务上出现破产或经法院要求履行债务而不履行时,都会被立法院主席宣告丧失立法会议员资格。①

《立法会(权力及特权)条例》第23条规定,法院不得对立法会、主席或立法会人员的作为行使司法管辖权。立法会、主席或任何立法会人员在合法行使由本条例或议事规则,或根据本条例或议事规则所授予或赋予立法会、主席

---

① 《基本法》第79条规定,香港特别行政区立法会议员如有下列情况之一,由立法会主席宣告其丧失立法会议员的资格:因严重疾病或其他情况无力履行职务;未得到立法会主席的同意,连续三个月不出席会议而无合理解释者;丧失或放弃香港特别行政区永久性居民的身份;接受政府的委任而出任公务人员;破产或经法庭裁定偿还债务而不履行;在香港特别行政区区内或区外被判犯有刑事罪行,判处监禁1个月以上,并经立法会出席会议的议员三分之二通过解除其职务;行为不检或违反誓言而经立法会出席会议的议员三分之二通过谴责。

或该人员的任何权力时,不受任何法院的司法管辖权所管辖。

立法会享有立法会议事秩序权。《立法会(权力及特权)条例》第19条规定,凡任何人(a)袭击、妨碍或骚扰任何前往或离开会议厅范围,或在会议厅范围内的任何议员,或借武力或恐吓尝试强迫任何议员宣布赞成或反对立法会或任何委员会的待决动议或事项;或(b)袭击、干预、骚扰、抗拒或妨碍任何正在执行职责的立法会人员;或(c)就任何证人即将在立法会或任何委员会席前提出的任何证据而干扰、阻止、威胁、骚扰或以任何方式不当地影响该证人;或(d)因某人曾在立法会或任何委员会席前作证或因该人在立法会或任何委员会席前所提出的任何证据而威胁、骚扰,或以任何方式惩罚或伤害或企图惩罚或伤害该人,即属犯罪,可处罚款10000港币及监禁12个月。

(三)立法会议事程序权

1. 立法会会期

立法会每一年都必须至少开一个会期,但可延续到下一年才结束,会期日期则由行政长官依宪政公告所指定的日期,任何法案或其他立法会事项的处理,并不受到会期结束的影响,可以在后来的会期中恢复处理,但如果是立法会任期结束或解散时,未完成的事项都被宣告失效。①

立法会开会必须要有主席,主席必须由年满40岁,在香港通常居住连续满20年并在外国没有居留权的香港特区永久居民中的中国公民担任,它的任期直到立法会解散为止,担任立法会的主席根据《基本法》规定最重要的自然是主持会议,其他事项包括决定议程、政府提出的议案须优先列入议程、决定开会时间、在休会期间可召开特别会议、应行政长官的要求召开紧急会议、立法会议事规则所规定的其他职权。②

立法会每一会期内的会议,必须在立法会主席所决定的时间与日期举行,同一会期内如果有连续两次会议不得相隔多于六个星期,除了新一会期的首次会议,及每届立法会首个会期开始后的14天内举行的会议外,立法会每次会议的书面报告,必须由立法会秘书于会议日期最少14天前发给各立法会议员,虽然也有例外情形,但仍须尽早通知。③

立法会及全体委员会的会议法定人数必须不少于全体议员人数的二分之

---

① 《立法会议事规则》第11条"一般会期"。
② 《香港特别行政区基本法》第72条。
③ 《立法会议事规则》第14条"会期日期及时间"。

一,包括立法会主席或全体委员会主席在内,如出席会议的议员不足法定人数,立法会主席即无须付诸表决就可以宣布休会。①

在立法会开会时,行政长官可以随其意愿在每一会期的首次会议上向立法会发表施政报告,议员对于行政长官的施政报告可以动议发表致谢。会议的进行都有一定程序,包括进行宗教式或非宗教式宣誓;致悼词及其他礼节性演辞;立法会主席宣读各项文告及作出各项宣布;提交呈请书;将文件、委员会报告提交立法会省览;向政府提出质询及由政府作答;由获委派官员发表声明;作出个人解释;政府提交的法案;政府提出的议案;议员提交的法案;议员提出的议案。②

2. 向政府提出质询的程序

立法会议员向政府提出质询,是《基本法》第73条所明定的法定职掌,立法会议员可针对政府的工作事项向政府提出质询,要求提供资料,或希望政府能采取行动,立法会议员虽可以向政府提出质询,但质询仍有其限制,亦即,未作预告就不能提出质询,立法会议员在每一次会议上不得提出多于两项已作预告的质询,而要求口头答复质询也不得多于一项,即使质询权受限但仍有例外,亦即,立法会主席如认为议员额外提出的是公众关注的重要质询,则可准许议员提出额外质询。③

立法会议员质询的内容必须符合议事规则所列举的规定,包括十大项④:(1)不得包括人名或任何并非为令质询清晰而绝对必需的陈述。(2)不得包含提出质询的议员所不拟提供根据的陈述。(3)不得包含议论、推论、意见、指摘或绰号,亦不得使用偏颇、讽刺或冒犯性的措辞。(4)不得包含多项独立质询,或是过于复杂,以致不能够合理地作为单独一项质询来回答。(5)不得寻求本

---

① 《立法会议事规则》规定,如出席会议的议员不足法定人数,而有人向立法会主席提出此事,立法会主席即须指示传召议员到场,15分钟后,如仍不足法定人数,立法会主席即无须付诸表决而宣布休会待续。如未有足够法定人数出席会议,而有人向全体委员会主席提出此事,全体委员会主席即须指示传召议员到场,15分钟后,如仍不足法定人数,委员会即须回复为立法会,并由立法会主席点算人数,届时如有足够法定人数,则须再次转变为委员会,但如不足法定人数,立法会主席即无须付诸表决而宣布休会待续。

② 《立法会议事规则》第18条"各类事项的次序"。

③ 《立法会议事规则》第22条"质询性质"、第23条"质询时间"与第24条"质询预告"。

④ 《立法会议事规则》第25条"质询内容"。

身属机密性质事宜的数据。(6)不得论及法庭的判决,所用措辞亦不得有相当可能会妨害在法庭待决的案件。(7)不得为求取见解、解决抽象法律问题或解答假设论题而提出质询。(8)不得询问报章所刊载,或私营机构或私人所作的声明是否正确。(9)发言内容不得询问所述人士的品格或行为,亦不得问及其他人士在其公职或所参与的公共事务范围以外的品格或行为。(10)不得要求提供可取览的文件或普通参考材料所载的数据。

立法会议员发言时间及方式都受到限制,议员发言时必须起立,将意见向立法会主席或全体委员会主席陈述说明;除非是在进行程序发言或获得主席同意等情形下,否则议员不能打断其他议员的发言;立法会议员的发言内容必须遵守议员只限对讨论中的题目发表意见,而不得提出与该题目无关的事宜;议员不得以立法会主席或全体委员会主席认为可能对案件有妨害的方式,提述尚待法庭判决的案件;除发回重议的法案另有规定外,凡企图令立法会在会期内再次考虑立法会在该会期内已作决定的议题,即属不合乎规程(但在立法会主席准许议员动议一项撤销原决定的议案的情况下进行辩论,则属例外);对立法会议员使用冒犯性及侮辱性言辞,即属不合乎规则;议员发言的内容不得意指另一议员有不正当动机;不得以行政长官之名左右立法会;除属特定议案的处理程序适用的议案所针对的行为外,不得提及行政长官、行政会议成员或立法会议员非履行公职时的行为;不得提及法官或其他履行司法职能人士的行为。①

3. 法案的审查程序

立法会议员可以提交法案,但所有提交立法会审查的法案,必须有一定格式,诸如提出的法案要有一个简称,要有一个概括的说明,提出的法案必须要条次分明。其中,如果属于立法会议员的私人条例草案,就必须要记载"保留条文——本条例的条文不影响亦不得当作影响中央或香港特别行政区政府根据《基本法》和其他法律的规定所享有的权利或任何政治体或法人团体或任何其他人的权利,但本条例所述及者和经由、透过或借着他们提出申索者除外"。②

凡立法会主席如认为任何由立法会议员个别或联名提出的法案涉及公共开支或政治体制或政府运作,该法案即不得提出,又如认为某法案涉及政府政

---

① 《立法会议事规则》第41条"发言内容"。
② 《立法会议事规则》第50条"法案的格式"。

策,则就该法案所作的预告须附有由行政长官对该法案的书面同意,而立法会秘书接获拟提交立法会的法案后,须安排在《宪报》刊登该法案全文及摘要说明。①

立法会所审查法案,也必须经过三读程序,亦即,首读、二读与三读。凡依照议事规则将法案提交或刊登提交立法会的法案,一经立法会秘书读出法案简称,就称为首读,法案进行首读时不得进行辩论,法案进行首读后,立法会即当作已命令安排将法案进行二读,而会议纪要内必须记录立法会作出此项命令。② 在二读程序中,如二读法案的议案一经动议,立法会即须进行二读该法案的程序,议员可就该议案辩论该法案的整体优劣及原则,除非与拨款法案有关者外,在负责法案的议员就现即二读该法案的议案发言后,辩论须中止待续,而该法案须交付内务委员会处理,除非立法会就任何议员提出的一项可无经预告而动议的议案。③ 如辩论已中止待续,则在符合规定的情况下,负责法案的议员或官员在与内务委员会主席磋商后,可以书面向立法会秘书办事处作出预告,以恢复二读辩论。④

另外,如议员提交的法案涉及政府政策,立法会主席在立法会考虑二读该法案前,须要求获委派官员示明行政长官对该法案的书面同意,除非该书面同意已经示明,否则不得动议二读该法案的议案。⑤ 当法案如获二读,就宣告法案付委给全体委员会,获付委某法案的任何全体委员会或专责委员会,只可讨论该法案的细节,不得讨论原则,任何此类委员会均有权对法案作出其认为适当的修正,但修正案(包括新条文及新附表)必须与法案的主题有关。⑥ 换句话说,委员会所草案条文修订的动议都是在这个阶段提出并充分辩论,当委员会

---

① 仍有例外情形,如立法会主席指示在该法案首读之前无须在宪报刊登;或该法案已根据本议事规则第 51(6)条(提交法案的预告)在宪报刊登;立法会秘书接获拟提交立法会的法案后,须安排将该法案及其摘要说明的文本一份送交每名议员,该法案随即当作已提交立法会。见《立法会议事规则》第 52 条"法案的提交及刊登"。
② 《立法会议事规则》第 53 条"法案的首读"。
③ 《立法会议事规则》第 54 条"二读"。
④ 《立法会议事规则》第 54 条"二读"。
⑤ 《立法会议事规则》第 54 条"二读"。
⑥ 见《立法会议事规则》第 55 条"法案的付委"。

阶段一结束，就进入三读程序。① 法案如获通过，须将法案呈交行政长官签署，此法案就会在《宪报》中公布。

---

① 当三读并通过法案的议案动议后，立法会即须进行三读该法案的程序。就该议案进行的辩论，须限于法案的内容，议员不可动议修正该议案；立法会主席提出三读该法案的待决议题之前，经立法会主席许可，得为更正法案中错误或疏忽出错之处作出修正；但不得对法案提出实质的修正；三读一条（或多条）法案的议案获得通过后，立法会秘书须读出该（或该等）法案的简称，并在该（或该等）法案末端写上"由香港特别行政区立法会于今天通过"，并注明日期；如三读法案的议案遭否决，即不得就该法案再进行任何程序。见《立法会议事规则》第 63 条"三读"。

第二章 议会特权的比较法观察

港英当局于1985年通过的《立法局(权力及特权)条例》,主要是把当时其它条例关于立法局的权力、普通法的案例和英国议会惯例,以单独条例的形式制订出来。香港回归后,通过适应化修改,使其符合基本法和切合香港作为中华人民共和国的特别行政区的地位,保留为《立法会(权力及特权)条例》。立法会特权的目的在于保障立法会作为香港立法机关所需要的自主和自治地位。

第一节 议会特权的涵义

议会特权是一个经常被误解或误用的概念,包括某些特殊的权利和豁免,以保护议会及其成员对抗不适当的干预,有效地行使质询、辩论和立法的职能。[①]

一、"议会特权"概念辨析

"议会特权"系指议会得自主且独立决定与议事有关的一切事项,不受其它国家机关的干涉。其与"议会自主"、具有密切联系,有时互相换用。以"自治"(Autonomy)的概念来表示议会在政治运作中具有主导的权力。[②] 在语意

[①] William McKay, ed., Erskine May's Treatise on The Law, Privileges, Proceedings and Usage of Parliament, 23rd ed. (London: LexisNexis, 2004) at 75

[②] 自主(Autonomy)为学者李帕特用以表示权力独大的状态,乃相对于"权力分享"(Power-sharing)而言,请参阅:Arend Lijphart, "The Wave of Power-sharing Democracy," in Andrew Reynolds, ed., The Architecture of Democracy. New York: Oxford University Press, 2002, p. 40.

学上,"自治"概念源自于古希腊,分别由 autos 与 nomos 组合而成。autos 指涉自我(self),nomos 则是统治(rule)或法律(law)之意。因此,自治的原始意义即是"自我统治"或"自我立法"。"自治"的传统意义是指,国家以外的团体,享有自我"立法"的权限,如果该团体具有法人资格,则其所为之自治"立法"被认为是自治规章。议会并非独立于国家之外的团体,与传统自治概念并不完全等同,而且议会本身也成为国家立法权力的担当者,本身即拥有立法权限,"议会自治"着重于议会对自身事项之自我立法权限特征。

议会自治有对内与对外两层面向。对内面向与代议民主原则紧密相关,议会由议员组成,而议员作为人民代表,其任务是代表人民在议会中表达并整合社会多元利益,尽可能作出正确的政治决定;对外面向则涉及权力分立原则,议会得以自行决定组织形态,确立行使职权方式,自行处理内部事项,进而落实宪法对议会配置的立法功能。议会自治具防止他国家权力介入议会,并防杜其代替议会行使宪法所赋予之权限。

二、议会特权的保护及对抗对象

议会自治之目的在于确保议会独立性与自主性。在独立性方面,防止议会以外之其它国家机关侵害议会行使职权;在自主性方面,强调议会有足够能力行使宪法所赋予之权限。

议会的构成要素包括议员、议会委员会等,议会特权的保护对象是否及于后二者呢?几乎所有的立法机关都依靠委员会来行使它们的职能。[1] 委员会可以被分为常设委员会和特别委员会两类。[2] 当然,在实践和理论上都有不

---

[1] 越来越依靠委员会来行使议会职能,是议会制度的发展趋势,最主要的原因当然为了提高效率。委员会使立法机关得以同时行使多项重要职能,如详细审查立法提案、监督行政机关活动、考察并报告政策性问题、进行特别调查等,这些职能离开委员会,根本不可能得以进行。

[2] 常设委员会通常要在立法机关的整个任期内工作,直到新一届立法机关被选出为止。通常负责某一特定问题,并和行政机关的各部或者部门相对应。其专门化程度因立法机关而异。因为可能要在同一委员会中工作相当一段时间,常设委员会的委员通常会获取相当多的有关其所在委员会管辖问题的专业知识。英国议会依靠特别委员会审查立法草案。在议会和以英国议会体制为模式建立的立法机关中(如加拿大、印度而后爱尔兰议会),在全体议员就法案的一般原则进行辩论时,有一个在全体会议上对法案进行的"二读"程序。在这一辩论后,议院通过表决将法案送至委员会审议。特别法委员会不能对法案作出与原则相抵触的改变。

同观点。一般认为,议会特权保障其职权行使,故保护对象当为议会系整体无疑,议员个人不能主张议会特权。因为议员行使职权本身已具宪法上地位,得到足够足够的制度保障;而且,议员亦有言论免责权或不受逮捕特权之保障,无需议会特权作为议员行使职务额外特别保障。问题在于,议会内部之次级组织,如委员会,得否主张议会特权?

从法理上思考,委员会的权限源自议会专业分工,其组成人员仅为部分议员,不宜以委员会名义主张议会特权。在议会发展初期,以全体议员出席议会讨论、表决为常态,议会主要机能是以议会大会为中心运作。委员会只是大会的预备审查机关,受大会托付的议案才有审查的权限与义务。例如内阁制的英国,由于行政与立法的结合,以及政党政治的运作,政党为贯彻党的政策,政党可以指挥议事进行,执政党与行政部门刻意压抑委员会的能力,使其功能局限于辅佐大会,英国下议院常设委员会,虽称为"常设委员会"(Standing Committee),但实际是为配合法案审查而设置的临时委员会,法案讨论完毕后,该常设委员会即取消。因此委员会本身并没有固定的权限也不具有决定性的地位,法案是在大会中完成重要的审查过程。就此相似问题,德国联邦宪法法院判决甚且认为,各委员会仅单纯负责准备事项,不能为任何"应自行承担责任之决定"。① 议会特权使议会对外保持独立性,因此具有一定之对外效力;对内则使议会保持自主性,故亦具对内之拘束力。然而,随着议会制度的发展,有些国家或地区的议会委员会具有了独特的地位,成为议会制度运作的中心。以总统制的美国为例,其议会常设委员会在立法过程中扮演着举足轻重之角色,委员会之内规及其作业程序,皆由委员会自行决定。而且在各种委员会当中,常设委员会有固定的管辖权。

议会特权目的在维持议会的自主性与独立性,因而议会自治欲对抗者,主要系外部之其它国家权力机关。此亦主张议会自治应具独立性之目的。如此设计主要在免除其它国家权力机关之干涉。司法审查权的行使有其界限,诸如议会及各议院的自律权之行为,即为司法审查权所不及的领域。

三、议会特权之正当性基础

(一)民主政治需要议会作为其制度基础

民主国家中,人民与国家间处于一种由下而上之隶属关系之中,区别于君

---

① BverfGE 4,193,203

主专制时期由上而下之权力宰制关系。现代代议民主体制中,议会扮演关键角色,成为社会与国家间沟通媒介。一切国家权力来自于人民,因而凡承担国家权力行使之机关必须具有民主正当性基础。至于民主正当性的强弱,则取决于人民对国家机关组成与运作过程之参与强度而定。一般而言,民主正当性的强弱也影响该国家机关作成政治决定的权能。议会乃人民通过直接选举选出代表组成,相较于行政与立法,议会的民主正当性毋宁说较为直接,且与人民较近,因此议会足以拥有决定重要事项之权限。为使议会发挥所承担之宪法任务,进而保障其成员行使法定职务,而不受其它国家权力介入或侵扰,议会得自行立法规范自身事项之权限,称为议会自治(Parlamentsautonomie)①。

现代民主政治几乎等同于代议民主政治。民主人民通过选举程序直接选出代表组成议会,行使宪法所赋予该等国家机关之职权。议会在组织结构上具有广泛、普遍的民意基础,兼具多元化之人事与政治组合。议会反映社会多元意见,代表人民折冲妥协,进而形成政治意志。换言之,议会任务在于实现选民意志、反映社会上诸多相异之重要政治立场、利益,并且对重要问题作抽象、长期之规划整合。议会此项任务之实现有两个前提条件:(1)进入议会的途径必须开放且多元;(2)议会行使权力的整体组织架构与程序应健全,议会成为政治辩论最佳场所。为实现前述前提条件,在制度上实应有相对应建构。针对(1),在落实人民政治自由与平等理念方面,使人民在参与政治决定过程中处于同等之地位;针对(2),制度设计重点在于使民意在议会中藉由代表忠实地反映与呈现。

(二)权力分立原则的要求

权力分立是现代宪法根本原则之一,其要义在于将国家权限区分为各种不同的功能,而由不同组织之国家机关行使,各自在其功能范围内,自主独立且自我负责地行使职权。目的在于经由不同国家功能相互间的监督与制衡,以避免国家权力过度集中,造成恣意与专制,并使国家行为有可预测性及可控制性,人民权利也因此而获得保障。德国联邦宪法法院对权力分立原则有精辟阐释:"权力分立原则乃基本法之主要组织原则之一,其意在区分政治上之

---

① Jost Pietzcker, Schichten des Parlamentsrechts: Verfassungs, Gesetz, und Gesch? ftsordnung, in Parlamentsrecht und Parlamentspraxis in der Bundesrepublik Deutschland, (Hrsg.)1989, §10, Rn. 3

权力,目的在使三权相互交错,并对国家统治权力产生抑制。"①

议会活动自主原则所以被特别强调,其理由为大致如下:②(1)议会不仅为立法机关,而且兼有监督行政权与司法权之任务,故关于其职务之行使,特别有必要独立自主于行政权与司法权之外。(2)议会作为代议机关,是各群体政治利益冲突之舞台,极易产生种种纠纷,故于纠纷产生时,得以政治过程解决,而非行政权或司法权之介入以致妨害其独立自主之立法工作。根据世界议会联盟(Inter-Parliamentary Union)调查报告,议会自治的形成背景原因如下:(1)任何组织原就有其内部自主组织权,理所当然就拥有其自主权,这是现代民主法治国家之基本原理。(2)随着各国民主政治的发展,具有民意基础的议会,在宪法所规范的国家机关中,愈来愈居于优越的地位,故期待尽可能排除外部权力的干预和控制。英国的"议会特权"就是由此而来。(3)在采权力分立与制衡之宪政体制国家,基于权力分立的原理,议会有必要对行政及司法机关,保持"议会独立"。法国议会之"议会独立"制度则据此而形成。

由议会制度的发展史可知,议会制度发源于英国,议会活动自主原则亦伴随英国议会政治而成长,并发展出独具特色的议会特权制度。伊恩·洛夫兰认为,议会特权早在1450年就已经在英国宪法中取得了一种连贯的形式,从那时起议长就在每一届议会召开时向国王宣称下议院享有古老的权利和特权。③ 在英国议会尚未拥有议会特权时,英王常藉各种名义逮捕拘禁议员,使得议会权能行使备受限制。在与封建君主的斗争中,为了保障自己不受威胁、不受干扰地开会,英国议会发展出"议会特权"理念。可以说,"议会特权"是现代议会制度的重要组成部分。正如古老法谚所说:"议会是自己事务的主人(Parliament is master of its own order of business)"。

---

① BverfGE 3, 225/227

② 黄东熊:"日本国会议员免责权与国会之自律",《宪政时代》第19卷第4期(1994年4月),第44页。

③ Ian Loveland, *Con*stitutional Law: A Critical Introduction, rutter worth, 2000, p. 212.

第二节　议会特权制度的历史

一、议会特权制度的英国起源

近代议会政治制度的滥觞与议会特权的概念皆发轫于英国议会制度。通过议会拥有自治权能，防范君主恣意干涉代表民意的议会机构运作。所以藉由英国议会的发展史，更可以了解议会特权产生系为议会能彻底执行议会功能。议会在宪法所规范底国家机关中，愈居于优越地位，乃愈尽可能排除外部权力之干预控制。英国议会之"议会特权"就是如此形成的。

英国宪政制度历经几世纪大、小事件发展而形成。而影响英国宪政制度发展标志性事件为1215年约翰王为筹措军备，而与封建领主、教会主教所组成的大会议（Magnum Concilium）。英王为避免贵族托辞推拒参与，签署"大宪章"（Magna Charta），与贵族约定"会议之协议亦可约束未出席者"。其中主要规定：国王欲增税捐，须经大会议批准；国王亦应遵守法律规定，并不得任意非法囚禁贵族。为了获得缴税承诺，英王对贵族提出的要求往往假意接受，待散会后则又进行个别接触，企图降低自己应负的责任。面对英王如此玩弄两面手法，贵族在1242年开会时，乃补充大宪章的约定，要求各领主不得私自回复英王有关捐税的要求，任何回复均只能集体的以大会议方式回复，大会议的主体性与约束性即滥觞于此。会议的主体与权威获得承认，议会独立也因而有了可能的发展空间。为了稳定财源，爱德华一世又进一步将会议改为定期集会。既为定期，会议的召开便不再是统治者所能随性决定，此一改变使得议会自主性又向前跨了一大步，议会也因此逐渐成为国家政事中心。有了较为自主的地位，议会当然难免担心英王会利用其它手段，造成议员问政的压力，于是在1404年议会又开始尝试建立议员的特权制度。特权制度允许议会以自身内规约束议员在议会内的言行，不必再受到议会外王权或司法程序的规范。此一概念的出现，无疑已为议会自主建立起一道坚固的屏障。

然而，有了议会自主的基础，并不保证议会就自然可以获得自主的内涵。1566年，议会以选举方式产生了自己的议长，使得自主的内涵进一步实现。但当时的都铎王朝（1485—1603）国王专权，议会遭受打压，百余年间竟有七位议长因此失去了性命。而议长当选人若未获得英王同意，也很少敢于就职。

但此一状况在斯图亚特王朝(1603—1649)以后开始有了转变,1642年英王查里一世拟逮捕五议员,议长威廉伦·索尔(William Lenthall)却冒着生命危险拒绝配合。他告诉查理一世:"我尊敬的国王陛下,我无眼可看也无舌可言,下院引领着我,我是这的奴仆。"①面对这样一位宁死捍卫议会自主的领袖,英王只有悻悻然而退,从此英王便未曾再尝试率兵进入议会。而在斯图亚特王朝(1603—1649),国王查理一世曾因财政窘困,被迫签订"权利请愿书"(Petition of Rights)。而自1679年开始,英王对于议会选出的议长人选,也不敢再表示拒绝。与自主选举议长约莫同时,议会也获得了认可,有权判定议员选举的结果。此一权利的象征意义应该大于其实质重要性,因为任何组织如果必须仰赖其它机构代为决定其成员的资格,则这个组织的自主性显然不算完整。国王与议会之间的对峙,日益恶化,终于在公元1649年爆发清教徒革命(Puritanic Revolution)。清教徒革命之后,英国采取共和政体,但随着护国官(Lord Protector)-Oliver Cromwell的逝世,亦宣告结束。

1688年在不流血的光荣革命(Glorious Revolution)当中,英国议会迎接荷兰王威廉三世登基王位。1688年光荣革命结束后的第二年,为了从法律和政治上限制国王的权力,议会通过了《权利宣言》,规定了议会所享有的权利,强调了下议院不受王室的直接或间接干涉。随后《权利宣言》被纳入到1689年的《权利法案》(The Bill of Rights),明确了议会管理其内部事务免受外在干预的权利,其中第9条明确规定:"在议会中言论或辩论的自由不应当在任何法院或者议会之外的地方被控告或质疑"。确立议会为英国的最高主权机构,不仅不再受限于王权干预,而且可以立法规范王位继承与王室特权。而为了避免议会因议长选举而失和,议长由议会多数党产生的惯例也自此确立。经过四百余年奋战,议会自主乃确立了其应有的轮廓。自此以后,承认民意代表之言论表决免责权,相继为各国宪法所仿效。1832年的议会改革法之后,确立责任内阁制,王室不再拥有实权。十九世纪英国议会制度发展,进而落实

---

① 在1642年1月4日,查理一世率领军队到议会,以叛乱罪为由逮捕五名议员。维基百科"下议院议长",http://zh.wikipedia.org/wiki/%E8%8B%B1%E5%9C%8B%E4%B8%8B%E8%AD%B0%E9%99%A2%E8%AD%B0%E9%95%B7

了议会主权。①

英国议会的议会特权事项,可归纳为以下事项:言论免责权(privilege of freedom of speech)、不受逮捕特权(privilege of freedom from arrrrest)、下议院集体谒见国王之权(the right of access to the Crown)、就议会议事请国王为最有利解释之权(the right of having the most favorable constructive placed upon its proceedings)、议会内部自主组织之权(the right to provide for the due composition of his own body)、议事自律权(the right to regulate its own proceedings)、下令非议会议员之退场权(the right to exclude strangers)、禁止将讨论结果对外公开之权(the right to prohibit publication of its debates)、就侵害免责权所施处法权及强制遵守权(the right to enforce observation of its privilege by fine、impressionment on expulsion)、拒绝陪审义务权(the right to enforce to be jury)。

二、议会特权制度的发展

当英格兰上下议院的议事规则不断发展成熟的时候,西半球美洲大陆上英属殖民地也开始纷纷建立,其中的第一个就是1607年的弗吉尼亚。弗吉尼亚很快建立了美洲的第一个代表大会制度,并由代表伦敦公司的总督在1619年签署生效。这个机构也分上下两院,下院由选举产生的市民代表组成,上院则是由总督指定的。其它殖民地相继建立后,也都成立了类似的会议。随着一代代英国移民的到来,英国的议会规则也就被带到了美洲。

在每一个郡、镇、甚至教区,殖民者将英国议会的规则和惯例移植过来,只要这些规则或惯例与本殖民地的宪章、私有权利或其它契约不相抵触。这种一般议事规则和各殖民地特殊情况相结合,并以书面文件为依据的新自治模式,代表了美洲独有的一段议事规则的发展历程,因为当时英格兰还没有宪法。这样,每个殖民地就都拥有了自己的立法机构,其从无到有的发展积累起来的经验帮助他们建立了后来各州自己的宪法。正是由于各殖民地这种将一般议事规则和各自特殊情况相结合的模式,致使在合众国建立后很久,美国各

---

① 国会主权亦称之为巴力门主权。巴力门主权意谓:"巴力门在英宪之下,可以造法,亦可毁法;而且四境之内,无一人复无一团体能得到英格兰的法律之承认,使其有权利以撤回或弃置巴力门的立法。是为巴力门主权的原理所有真谛,不能增加亦不能减少。"参阅戴雪着,雷宾南译:《英宪精义》,中国法制出版社2001年版,第116页。

地的人们所遵循的议事规则仍然有着非常大的差异;这种长期存在的差异,成为《罗伯特议事规则》得以脱颖而出的诱因之一。

许多前英国殖民地的国家参照英国下议院的议传统,建立起广泛的会特权定制度,并在宪法或法律中加以确认。如加拿大1867年宪法在序言中指明"建立类似于英国原则的宪法",印度宪法第105条明确了"议会与议员权利、特权和豁免权"。① 美国的宪法,虽然并没有引用威斯敏斯特议会传统,而是把类似英国权利法案第9条的内容表述在宪法第一条第一款和第六款,也被称为"言辞或辩论条款"。② 在美国宪法中关于议会自律权主要规定如下:(1)免责特权:两院议员除触犯叛国罪、重罪及妨害治安罪外,在各该院开议期间及往返各该院之途中,有不受逮捕之特权;两院议员不得因其在各该议院内所发表的任何演说或辩论,在任何其它地方受到质问(第六项第一款)。(2)议会组织自律权:众议院应选举其议长及其它职员(第二项第五款)。参议院应选举该院之其它职员,在副总统缺席或执行总统职务时,并应选举临时议长(第三项第五款)。(3)议员资格审查权:参众两院应自行审查各该院议员的选举、选举报告及议员资格(第五项第一款)。(4)议事规则制定权:参众两院得各自规定该议院的议事规则(第五项第二款)。(5)议员之惩戒权:各议院在不足法定人数时,有权依照各该院所规定的程序与罚责,强迫缺席的议员出席(第五项第一款)。参众两院得处罚各该院扰乱秩序的议员,并得经全体议员三分之

---

① 第一百零五条议会两院、议员、议会委员会的权力和特权等——(1)议会内应有言论自由,但须受本宪法与议会议事规则的规定的约束。(2)议会议员不因其在议会或其任何委员会内的任何言论或表决行动而陷入任何法院之诉讼;任何人亦不得因议会任何一院授权发表任何报告、文件、表决结果或议事记录而陷入任何法院之诉讼。(3)议会两院、议会议员及议会委员会在其它方面的权力、特权与豁免权,应由议会随时以法律加以规定。在有关规定做出以前,沿用《宪法(第四十四次修正案)法令》(1978年)第十五条生效前夕的相应规定。(4)第一、第二及第三款之规定,除适用于议会议员外,同样适用根据本宪法规定有权在议会其任何委员会发言或以其它方式参与议事者。

② 第一条第一款:"本宪法所授予的全部立法权均属于由参议院和众议院组成的合众国国会。"第六款"参议员和众议员应取得由法律规定,并从合众国国库中支付的服务报酬。两院议员,除犯有叛国罪、重罪和妨害治安罪外,在出席各自议院会议期间和往返于各自议院途中不受逮捕;也不得因其在各自议院发表的演说或辩论而在其它任何地方受到质问。参议员或众议员在其当选期内不得出任合众国当局在此期间设置或增加薪俸的任何文官职务;在合众国属下供职者,在其继续任职期间,不得担任国会任何一院的议员。"

二的同意,开除议员(第五项第二款)。

现今世界主要国家的议会特权都得到宪法保障。伊朗宪法第八十六条:"议员在行使议员职责的岗位上有发表意见的自由,不能因为他们在议会发表了某种意见或投了某种票而予以追究或拘捕。"而且,第八十四条还规定:"每个议员都对全体人民负责,有权对国内外一切问题发表意见。"而在新西兰、俄国、斯里兰卡等国家,议会特权受到成文法的保障。但在英国和加拿大,议会特权经体现于普通法传统中。此外,议会在一定程度上还独立于司法机关,例如议员拥有"言论免责权"和"不受逮捕权"等司法豁免、相关行为由议会的纪律部门处理的权力。因为在宪法权力分立原则要求下,为防范其它宪法机关干涉代表国民之立法权,行使其代表权与确保人民权益任务,故而表现出议会议事自主原则。倘若议会本身无权决定其议会内活动的有效性,则无法保障议会内言论自由。① 特别是澳大利亚和南非,试图对议会特权进行更全面的法律编纂工作,而不是依赖于宽泛的宪法规定。澳大利亚在1987年制定了"议会特权法案";南非在2004年制定了"议会和地方立法机构权力、特权与豁免法案"。

第三节 议会特权制度之构造

议会特权乃是随着议会之发展而来,随着不同国家之议会发展,内容当然有所差异,其范围既具有多层性又具有不确定性。

一、议会特权与议员特权

议会特权(议会自治)的意义或内容以及议员特权是否涵盖于议会特权等问题。并无实定法明确规定,学理上也存在分歧。议会特权不像议员言论免责权等议员特权有成文法上之规定。

有学者引用日本宪法学理论认为,议会自律(议会特权)乃议会行使其各项权能时,可自我决定之空间,即不受其它机关命令、指挥、监督之状态。其内

---

① 陈春生:《议员之言论免责与议会自律》,载《东吴法律学报》1995年第2期。

容可含:自主组织权与自律运作权以及议会议员之言论免责权与不受逮捕特权。① 就关于议会议员特权,一方面系个别议员权利,用以确保议员善尽其职;另一方面系维持议会自主存在之基础,以利议会自律权之行使。② 议会自律分为三大类:(1)关于议院运作之自律权,使议院就其权能之行使有自行决定之权能;(2)关于院内秩序维持权,其内涵包括对议员之惩戒、对议员以外之人之排除权,及院内警察权;(3)有关院内组织之自律权,其内容有院内组织决定权、院内职务选任权,及涉及议员之身体自由与资格之权能。③

也有学者引用德国宪法学理论认为,议会自律系议会藉助议事规则以规范议员参与议事过程。依此,为确保议会行使职权之自主性与独立性,议事规则必须由议会自行制定。其主要范畴是议会议事内容以及内部纪律。因而对于议事自治之讨论重心,转向讨论议事规则得规范之内容。申言之,关于议会之议事自治,其内容主要包含三项:与议事过程有关者、议会内部组织事项以及为维持议会内部秩序者。④

对照日本与德国学理探讨,可发现其范围差别在于,议员特权是否被包含于议会自治范围。议员特权,可细分为:人身自由权与言论免责权。议员拥有免责权的历史,可溯源至英国 1688 年光荣革命后制定的权利法案:议会议员在议会内的演讲、辩论或其它程序,不得在任何法院之中,或议会外之任何处所,予以弹劾或追诉。而议会议员之所以拥有免责权,其原因"莫不在于鼓励,并保障议员'勇于'发表政治意见,来表达民意,并藉以来形成议会的'意志及意见'(Willens-und Meinungsbildung),进而可以促使及影响一个(立法)政策的形成。所以,议会议员的'免责',保障议员在议会的'言论'及'表达'行为,不会受到国家(法院)的诉追,就是为了避免议员会有'因言贾祸'之惮。"⑤议会自治并不包含议员特权,区别有三:

---

① 照蔡茂寅:"国会自律权与司法权之界限",《台湾法学》17 辑,1996 年 9 月,第 523~524 页。
② 许志雄:"国会自律权",《月旦法学》27 期,1997 年 8 月,第 11 页。
③ 黄东熊:"日本国会议员免责权与国会自律",《宪政时代》19 卷第 4 期(995 年 3 月),第 55~59 页。
④ 许宗力:"国会议事规则与国会议事自治",收于氏着:《法与国家权力》,1996 年 12 月,第 314~316 页。
⑤ 陈新民:"议员的言论免责权",《宪法基本权利之基本理论(下)》,元照出版公司 1999 年 6 月版,第 256~257 页。

(1) 保障主体不同。议会自律系以作为议会议员集合体之"议会"为保障之对象,用以维持"议会本身"之自主性,并确保国议事程序之顺遂进行,因此,议会除了得以"议会自律"之名义排除其它国家权力之干预外,并得排除来自内部议会议员之干扰。反之,议会议员免责权则是专属个别议员一身之权利,其目的在用以对抗来自议会外部之国家权力,俾能遂行议会议员个人所受选民付托之职责。是以,议会议员免责权仅属对外之特权,于议会内部并无免责可言;反之,议会自律权则属议会本身对外之特权,同时亦属于对议会内部之统制权,从而,议会议员免责权不能用以对抗议会本身之秩序纪律维护,乃属当然。

(2) 保障重点不同:议会自律系以议会整体为单位,以之排除其它国家权力之干涉,是以,议会自律系以确保"议会整体意思"为主要目的,而非以保障个别议会议员之权利为重心,尤与保障议会议员言论免责权无直接之关系。反之,议会议员免责权之保障,虽亦可确保议会整体之自律性,惟此毋宁只是议会议员免责权的一种"间接效用",其重点仍在保障"议员个人之权利",准此以言,两者实属不同层面之问题。

(3) 多数决原则:议会自律实侧重于对议会中"多数议员"之保障;反之,议会议员免责权则倾向于对"少数议员"之保障。

尽管前述意见认为议会自律权与议员免责权分属不同领域,但彼此间效力所及,却非互相排斥。议会自律权除属于议会对外的特权外,亦属于对议会内部的统制权;而议会议员免责权则专属对外之特权,对议会内部则无免责可言。因此,即使议会议员在议会内之言行符合言论免责权之保障范围,而不受国家刑罚权的诉追,惟议会本身仍得对其加以惩戒。同时,议会议员在议会内之言行不符言论免责权之保障范围,而应受刑事制裁时,亦不妨碍议会对其行使惩戒权。其实议会自律权与议员之免责权,其共同之目的皆为健全发展议会制度,而分别提供与议员不受干涉的特权。其制定上的目的相同,仅是概念上相对之区别,并非绝对的截然划分。

二、议员特权的内容

美国宪法将议会议员的言论免责权(Privilege of Speech or Debate)与依法受领俸给(报酬)权、不受逮捕特权(privilege from Arrest)等并列于第一条第六项第一款中,而同款的后段"议员不得因其在议院内所发表之任何言论或辩论(Speech or Debate in either House),而在议院外受审讯(questioned)"。

(一)言论免责特权

这部分则被称为议会议员的"言论免责权条款"(Speech and Debate Clause)。议会议员言论免责特权乃英国议会(the Commons)为确立"议会至上"(parliamentary supremacy)原则,与王室长期斗争的成果。前此王室动辄以民、刑法(诉讼)压抑、恫吓好发议论的议会议员。光荣革命后,一六八九年权利法案(The Bill of Rights)第九条规定:"议会内言论、辩论或议事之自由,于法院或议会以外任何场所,不受告发或审问。"英国议会议员言论免责特权乃告确立,继为各国宪法所仿效 42。

给予议会议员言论免责特权的目的约可归纳为二:

1. 维护立法权的独立

允许议会议员在议会内所为言论(含辩论)于议会外不负责任,旨在"维护立法权的独立"(preserve legislative independence)或"保护立法程序的完整"(protect the integrity of legislative process)①。

2. 强化权力分立原则

美国联邦最高法院在 United States v. Johnson 一案中指出:"在美国的政府结构下。本条款并负有强化制宪先贤们所精心建构的权力分立原则的作用"②。继于 United States v. Brewster 案中复阐明:"言论或辩论免责特权旨在维护立法权的独立(legislative independence),而非立法权至上(legislative supremacy);该特权应以不改变政府固有的三权分立且衡平的方式适用"。③

我国现行宪法第七十五条规定:"全国人民代表大会代表在全国人民代表大会各种会议上的发言和表决,不受法律追究。而 1992 年 4 月 3 日通过的《中华人民共和国全国人民代表大会和地方各级人民代表大会代表法》又将言论免责权的主体范围扩大到地方各级人大代表。该法第三十一条规定:"代表在人民代表大会各种会议上的发言和表决,不受法律追究。"从而对各级人大代表的言论权利予以保障。日本宪法第五十一条规定两议院议员在议院中所作的演说、讨论或表决,在院外不被追究责任。④ 韩国宪法第四十五条规定议

---

① United States v. Johnson, 383 U.S. 169, 178 (1966); United States v. Brewster, 408 U.S. 501, 507 (1

② United States v. Johnson, 383 U.S. 169, 178 (1966).

③ United States v. Brewster, 408 U.S. 501, 507 (1972).

④ 《日本国宪法》(昭和宪法),见《世界各国宪法》编辑委员会:《世界各国宪法》(亚洲卷),北京:中国检察出版社,2012,第 496~497 页。

会议员在议会上的职务发言和表决,对议会外不负责任。① 德国基本法第四十六条第一项规定议员在任何时间均不得因其投票行为或者他在联邦议院或其委员会中所进行的意见表达而受到法院或者官方追害,或者其它在联邦议院之外所进行的责任追究,但其诽谤性的侮辱除外。② 法国宪法第二十六条第一项规定议会议员在行使其职权期间所发表的言论或所进行的投票,不受追诉、调查、逮捕、拘留或审判。③ 意大利宪法第六十八条规定议会成员不得因其在履行职务过程中所表达的观点及所投选票而被追究责任。④ 而美国1787年宪法第一条第六款亦规定了两院议员在议会为之各种言词或辩论,在议会外之任何场所均将免责。

从上述列举可以看出,尽管各国在文字表述上有所差异,但对于议员言论保护制度的建立却都是相同的。宪法上明定议会议员免责权之目的,乃基于保障议会议员在议会中行为及决定之自由,同时透过防止外来干预的保护网,使议会功能得以正常发挥,并促使议会能独立自由地形成本身之意志。言论免责制度之目的,在全面保障议会内之投票行为及言论自由免于受到其它国家权力不当之干涉。因此,其具有个人(主观)及制度(客观)之两项要素,二者且相互关联。就禁止追溯制裁之观点,乃是议员之一项特权;就保障议会内言论发表及意志形成自由之最终目标,即维护议会正常运作及功能正常发挥而言,其又属一种客观之制度性保障

言论免责权,绝非赋予议员有为所欲为之权利,而系"相对"权利。换言之,只有为议事需要,始有言论免责之可能;并基于言论免责,充分发挥议员为人民喉舌主张权利的角色扮演。至于首先将言论免责特权予以"相对保障"的国家,因该条款规定了议员"免责权"之例外,即犯有"诈谤罪"者,应排除受宪法的保障。此种制度为现今诸国所采。事实上,采"相对限制"理论,是要使不法行为,亦可受到立法院所通过的法律的制裁,以符合法治国家禁止"恣意及

---

① 《大韩民国宪法》,见《世界各国宪法》编辑委员会:《世界各国宪法》(亚洲卷),北京:中国检察出版社,2012,第240页。

② 《德意志联邦共和国基本法》,见《世界各国宪法》编辑委员会:《世界各国宪法》(欧洲卷),北京:中国检察出版社,2012,第183页。

③ 法国《1958年宪法》,见《世界各国宪法》编辑委员会:《世界各国宪法》(欧洲卷),北京:中国检察出版社,2012,第271页。

④ 《意大利共和国宪法》,见《世界各国宪法》编辑委员会:《世界各国宪法》(亚洲卷),北京:中国检察出版社,2012,第751页。

滥权"的理念。所以,即使宪法上,对言论免责权界定为"绝对保障"的权利,议会仍可考虑整体的宪法秩序,而以"内在限制"的方式出现,维护立法院的自律制度;更何况世界各国对此权的规定多已进步至"相对保障"的理论。在保障制度上,无论采用何者,都应对言论免责特权之限制范围有一番深入的了解,方能将研究所得的限制内容,转化为明文的规范。

以英、美、法为例,凡协助议会活动之人,均应受言论免责特权之保障;但在德国学说,则以议员本人为限。日本学者之见解,亦多与德国学者相同。议员免责权并非议会特权,实系议员个人在议会发言及表决时之特权,故此项特权应限于在"议会内"或"开会时"行使,但在此期间的免责致力,并不因任期届满而中断。

(二)不受逮捕特权

议会议员不受逮捕特权之产生,无非是恐怕政府为排除异己、入人于罪,恣意指控议员,擅予逮捕或拘禁,使得议员不能凭自由意志执行职权。是故,其立法目的在防止司法权或行政权恣意妨害议员之身体自由,阻碍议会功能之发挥。易言之,在保障议会之运作能力不因议员丧失履行宪法任务之能力而受损,并同时维护民意代表之尊严。在君主立宪国家,不受逮捕特权之任务在保护议员免受行政机关追捕,保障并维护议会之运作能力,防止行政机关对于议会之组成加以干涉或对议会成员之行为能力加以侵害(萧文生,1996:49)。尔后因近代立宪主义兴起,强调权力分立原则之三权分立,为避免行政、司法权力遭到滥用,企图影响立法机关之议决及动向,破坏权力分立体制,因而仍沿续此项制度,特别是在政党政治发展下,防止反对党遭到不当逮捕之意义更为明显。

大体而言,英美法系国家之不受逮捕特权制度早期仅适用民事案件,刑事重罪无适用余地,而现行实务则为议会对介于民事及刑事重罪之案件以个案处理。英国议会议员不受逮捕特权始于爱德华时代(Edward Ⅲ)之法律,惟此项特权之范围、意义及其实施事项系由议会逐渐以法律、决议及个案判例加以规定及变更。刑事重罪不得适用不受逮捕特权,若议员因刑事重罪遭受拘押,则逮捕拘禁机关,应将被逮捕原因及地点等通知其所属议院,议长应将之提出议院会议报告,静待依法处理。倘此后议员被判有罪,议院应予除名,另行改选递补。

至于大陆法系国家则适用于刑事案件。议员之犯罪行为得享此特权始于法国,多数大陆法系国家从而效之。法国乃第一个将不受逮捕特权适用于刑事案件的国家,其主要考虑在于避免参议院及国民议会的运作遭所属议员之不当司法诉追干扰。该国不受逮捕特权制度首见于1789年之人权宣言,第第26条规定"不得根据议员在行使职务时所发表的意见或所投的票而对议员起诉、搜查、逮捕、拘禁或审判";亦可见于第三共和"法国公权关系法"及第四共和宪法第二十二条规定。现行之制度则见于1958年第五共和宪法第二十六条第二项规定:"议员在议会闭会期间,非经其所属议院办公厅的同意,不得逮捕。但现行犯、经核准起诉和经确定判决者除外。如经议员所属议院的请求,对议员的拘禁或起诉,应即停止执行。"是以,此特权仅针对重罪及不法行为,至于违警处罚及民事案件欠缺明确法律依据,而不包括在内。

继法国宪法承认议员之犯罪行为可享不受逮捕特权后,德国亦随之仿效。两国之保障制度,仅有微细差别。1850年普鲁士宪法第八十四条第二项规定:"各议院之议员,会期中,非有该院同意,不得为犯罪之审问或逮捕。但现行犯罪或犯行之翌日被捕情形,不在此限。"同条第三项规定:"因债务之逮捕时,仍必须议院之同意。"似与英美法系之不受逮捕特权制度有关,然尔后之欧洲大陆宪法已欠缺因民事债务可免逮捕之规定,此亦可自1871年德意志帝国宪法第三十一条、威玛宪法第三十条规定可见一斑。至于现行基本第四十六条第二项之规定,则为:"…二、非经联邦议会之许可,联邦议会议员不得因犯罪行为被追诉或逮捕,但在犯罪当场或在犯罪次日被逮捕者,不在此限。三、此外,非经联邦议会之许可,不得对议员之个人自由加以限制,亦不得开始采取第十八条所定之程序。四、对联邦议员采取任何刑事诉讼程序及第十八条所定之程序、羁押及其它对个人自由之限制,如经联邦议会之请求,应停止之。"第四十七条更有议员可"拒绝提供证物"及"不得扣押相关文件"之规定。

日本宪法第五十条规定:"两议院议员除有法定情形外,在议会会期中,不得逮捕。在会期前逮捕之议员,如其议院有要求时,应于会期中释放之。"依议会法第三十三条规定:"各议院之议员,除院外之现行犯情形外,会期中非有议院之同意,不得逮捕。"其赋予各议院对所属议员被逮捕之适法性及必要性,有判断权能。然对于逮捕出于显然适法且必要者,尚不因其为议会议员,即可限制适当之犯罪搜查权或司法权之行使。顾及国政审议之重要性,司法机关对议会议员之逮捕,要求更高必要性之理自明。议院则对适法且必要之逮捕,亦应无条件同意。至于会期中逮捕议员之许可,亦认为附加期间之限制,无疑乃忽视逮捕许可裁量权之不法措置。因议院之逮捕许可裁量权系依宪法及法律规定之程序,决定是否许可逮捕之权能,而对于宪法及法律规定逮捕以外之方法,并无同意或要求之权能。

不受逮捕特权之目的,在确保议会议员正常行使职权,不致因其成员政治立场不同遭恣意逮捕,而导致立法功能瘫痪。然本项特权究属议员本身或议会之权,相对于我国学界多认为言论免责权系专属议会议员一身权利,用以对抗议会以外之国家公权力而言,国内外学界则有不同看法。有认为不受逮捕特权之主要目的并非在保障个别议员之利益,阻止或延缓合法国家诉追措施,而系维护议会之运作能力。此项制度事实上是赋予议会拒绝或同意之裁量权限,而非赋予议员个人何等特权,议员自无从放弃亦无法要求议会取消不受逮捕权。[1] 而日本学者则有主张不受逮捕特权,系防止司法权及行政权滥用逮捕权,藉以妨害议员活动,损及议会机能之发挥,因此系议员之特权;亦为议院自身之特权。认为议员个人之私权可否定,但议员自体之特权不容否定。[2]

在性质上,言论免责权系"个人阻却刑罚事由",并不阻却构成要件之该当性、违法性及有责性,属"实体法"层面问题。而不受逮捕特权属诉讼程序上个人之刑事诉追障碍,暂时性保障议员不因犯罪或其它违法行为,在议会外遭受逮捕或拘禁,乃"程序法"层面问题。只要此项诉讼障碍继续存在,诉讼程序及实体判决自无法进行。美国宪法第一条第六项第一款中:"参众两院议员,除所犯系叛国罪、重罪及妨害治安之罪之外,在各该院开会期间及往返于各该院之途中,有不受逮捕之特权(privileged form arrest)"。此被称为议会议员的"不受逮捕特权"(Privilege form Arrest)。美国宪法的此项规定,大致与英国所采的原则相同。关于不受逮捕特权在英美两国,均应解释为仅限于民事方面,而不及于刑事之审判。美国联邦最高法院在1908年的Williamson v. United States案[3]中,对于条款中所谓"叛国、重罪、妨害治安"的解释,认为已经把所有的刑事罪名排除在不受逮捕特权之外,因此该条款并不能使议员免于刑事案件之逮捕。

---

[1] 陈爱娥(1997),〈言论免责权、不受逮捕特权及议会自律原则—兼评司法院大法官释字第四三五号解释〉,《月旦杂志》,第31期,页115。

[2] 日本宪法学者齐藤见解,然亦有学者土桥认为不受逮捕特权非议员之特权,而系反射议院之逮捕同意权之所谓反射权而已。参见吕乔松译(1980),〈日本宪法判例选译"议员之不逮捕特权"〉,《宪政时代》,第5卷第4期,页94。

[3] Williamson v. United States,207 U.S. 425 (1908)。

三、议会特权的内容

(一)内部组织特权

所谓内部组织权即议会拥有组织内部人员或单位之组织设置权,即议会拥有正副议长选任、委员会设置、委员选任及其程序、议会党团设置、专案小组成立等等内部组织权能。

1. 正、副议长选任权

英国上议院议员的资格认定有两种情况,一是议会通过制定法律对上议院议员的资格做出规定,例如终身贵族、圣公会大主教是当然的上议院议员;二是上议院通过决议对某些人是否成为上议院议员做出决定。不管是哪种情况,上议院议员的资格认定大体是由议会决定的。英国下议院议员的资格认定。19世纪中期以前,对于一个特定的候选人是否被取消了选举资格或一个公民是否有选举权,下议院享有排他性的决定权。这一权利为上议院在巴纳迪斯顿诉索姆案①的判决中所正式承认。19世纪中期以后,根据1868年《议会选举法》,上述管辖权被授予了法院。现在,关于选举申诉的决定权归由王座分庭法官主持的选举法庭所有。尽管目前法院有权判定议员是否经由正当程序选举产生,但某人是否具有当选下议院议员的资格,以及他最终能否当选则是由下议院自行决定的。

现在下院对议员资格的管理权限已大大不如从前。过去由下院来裁决议员选举纠纷,现在这一权力已交给法院。不过,现在下院仍有权决定下列事项:第一,宣布某个选区的议席出现空缺;第二,颁布进行补缺选举的命令;第三,取消它认为不适宜担任议员者的议员资格。下院对议员行为的管理主要是指议员在议会外兼职牟利活动的管理。下院很早就明文规定,禁止议员以职权谋私。当然并非所有的院外兼职谋利活动都是不正当的。下院对正当的院外兼职活动,如兼任律师、教师、业余写作,向来不予禁止。1975年,下院明确规定了对议员在院外兼职的管理制度,要求议员必须全面申报其院外兼职和收入,必须直接申明院外兼职与他在院内工作之间的具体利益关系,不得接受资助者对他在院内行为的具体指示。下院各个委员会的设立、变更与取消,

---

① Barnardiston v. Soame (1674) 6 How. St. Tr. 1063, at 1115. see, V. Shyamishore, *Parliamentary Privileges and the Judiciary-A Search for the Common Ground*, Commonwealth Law Bulletin, 2007, Vol. 33, p. 443-460.

下院的议事规则，全院大会秩序的维持，下院辩论记录的出版等等都由下院自己来管理，其它机构和人员不得插手或干预。

2. 委员会及特别委员会设置权

下议院根据《下议院会议常规》①第152条设立了18个部门专责委员会，负责监察政府部门的开支、行政及政策。部门专责委员会包括国防委员会、教育及技能委员会、内政事务委员会及财政委员会。下议院亦设有非部门专责委员会，其中包括程序委员会②、议会现代化委员会③、遴选委员会④、交流委员会⑤、政府帐目委员会、欧洲法例专责委员会和标准及特权委员会。

除专责委员会外，下议院亦设立常设委员会，负责详细审议公共法案。下议院亦设各个负责研究欧洲共同体文件及授权法例的常设委员会，以及苏格兰、威尔士和北爱尔兰最高委员会。下议院有时须就某法案或某法案的部分进行委员会审议阶段程序。为此，下议院会组成全体委员会，而所有下议院议员届时亦会自动成为全体委员会的委员。所有全体委员均会由筹款委员会主席担任主席。筹款委员会主席是下议院首席副议长，他/她是透过首相动议的议案而获得委任的。私人法案委员会负责审议由议会以外的人士或机构倡议

---

① The Departmental Select Committee System-Commons Library Research Paper, Research papers RP09/55, http://www.parliament.uk/briefing-papers/RP09-55.pdf

② 程序委员会是根据《下议院会议常规》第147条而设立的，职权范围是"研究下议院处理公共事务的做法及程序，并作出建议"。多年来，程序委员会曾就财务程序或下放权力的影响，以至审议条约等范围广泛的事宜作出建议。

③ 下议院于1997年首次委任议会现代化委员会，现届国会的现代化委员会则于2001年设立。《下议院会议常规》并没有就议会现代化委员会作出规定。议会现代化委员会的职权范围是"研究如何修订下议院的做法及程序，使之更切合现今的情况，并就此方面作出建议。"议会现代化委员会提出的建议包罗甚广，由改革立法程序、更改议程格式，以至为专责委员会拟定明确职务。

④ 遴选委员会是根据会议常规而成立的。遴选委员会的首要任务是委任国会议员加入常设委员会，并提名国会议员加入多个专责委员会。

⑤ 交流委员会是下议院根据《下议院会议常规》第145条委任，委员会处理一般与专责委员会相关的事务。交流委员会会向议院在开支预算日就开支预算如何辩论作出建议。在2002年，委员会获授权听取首相就公共政策事宜提供的证供。该委员会大部分的工作，是包括批准专责委员会或个别委员会委员出外探访的开支。该委员会亦处理有关政府部门就专责委员会报告响应的延误和质量事宜，委员程序泄露事宜，委员会开会地方安排、辩论及报告事宜，委员会工作范围重复事宜，及其它专责委员会共同关注的事宜。

的私人法案。该等私人法案一经通过,会赋予该等人士或机构特殊的法定权力。① 此等法案通常就兴建铁路、海港、船坞、码头或桥梁的事宜作出规定,或赋予地方主管当局特别权力。

英国上议院委任了多个专责委员会研究特定事项,例如:宪法委员会、经济事务委员会、欧洲联盟委员会(辖下定期委任6个研究相关事宜的小组委员会)、宗教罪行委员会及科学科技委员会(辖下定期委任两个小组委员会)。上议院亦经常委任其它专责委员会研究以下事宜:(1)上议院的内部事务(例如程序委员会及特权委员会);(2)私人法例;及(3)公共法例某方面的问题(例如法定文书及合并法案联合委员会)。

(二)议事程序特权

立法机关的议事活动是一种集体参加的合意性行为,必须在法定程序规制下进行。所谓议事程序权,乃指与议事过程有关事项,包括开会日期、次数、时间、议事日程安排、提案方式、议案审查、政党协商方式、时机、公报印行等攸关议事运作相关事务。下院的议事自主权包括全院大会的议事和各个委员会的议事,属于议会自治最主要保障之目的与核心范围。

在中世纪,议会的集会仰赖君主决定是否召开,现代议会集会则不须由议会以外之其它机关决定,议会享有自行集会之权限。在英国,议事运行是议会中最重要的工作内容,因此维持议会运作的议事自律权亦成为议会特权内涵之一。因而对下列事项不受法院干预:(1)议会法案通过的程序在议会两院,只要法令经过两院的提议且通过并由英王御准,法院就不能干涉两院是按什么程序通过的;(2)议会特别委员会的议事程序;(3)议会委员会向议会提供的报告的有效性;(4)下议院对它所要讨论或考虑的事项所做出的决定;(5)议会为其议事活动制定规则以及确认上述规则是否被遵守。

(三)议事规则制定权

1. 议事规则之法本质(Rechtsnatur),即其在整体法规范秩序中之定位

宪法既然授权议会自订议事规则以规范其组织与程序,向来学说因此认为,议会实践议会自治之法规范形式即为议事规则,因为议事规则属于议会内

---

① 私人法案委员会属小型委员会——如有呈请反对有关私人法案,研究该法案的委员会只设有4名委员;但如没有反对有关私人法案的呈请,研究该法案的委员会则设有7名委员。第一类法案委员会的委员及主席均由遴选委员会挑选。第二类法案委员会的主席由筹款委员会其中一名副主席担任,而委员则由主席从遴选委员会委任的小组中挑选。

部规范,应最符合议会自治之要求71。议事规则之制定乃议会自治事项最主要表现形式,甚至有认为其居于核心意义,因此多将议事规则自治与议会自治等同视之72。

议事规则研究的内容是宪法领域的程序问题,"议事规则"这个词的原意是指英国议会协商议事时所遵循的规则和惯例,类似英国的普通法,是通过先例和习惯,经过长期不断积累发展而成的。① 内部规则制定权,乃是议会为维持内部议事运营而拥有制定相关议事规则权,或者针对内部规则进行修正或解释权。因此,在议会自治原则下,议会得制定内部规则,彰显其自主精神。

议事规则是有关代议机关的会议组织程序、议事程序以及应当遵守的规则的规定。议事规则之制定乃议会自治事项最主要表现形式,甚至有认为其居于核心意义。由于议会自律权,乃为使议会独立自主决定处理议事过程相关事项,排除其它国家机关一切干涉。因此,以内规方式制定的议事规则,最符合议会自律原则。以德国法制为例,德国基本法第四十条第一项第二句直接赋予联邦众议院议事规则制定权:联邦众议院之议事规则,由联邦众议院自行订定。有关议事营运自主决定的权限,为议会自律权最核心的内容,而议事规则的制定权,是其中最具体的表现。关于议事规则的规范性质和法律地位,众说纷纭。许宗力教授整理德国学理大致上有以下几种争议:

(1)习惯说

德国学者 Hatschek 认为成文化的议事规则,乃是一种惯行的规则(Kon-vent-ionalregeln),并无法律上拘束的责任。此些惯行规则,依其适合之目的,在某些场合被遵守,有些被忽视。惟有经长时间的惯行与被承认,方具有效力。②

(2)法规命令与行政规则混合体说

议会议事规则可分成两个部分:一为规定议会内部组织与职权之行使,例如表决、参加开会、提议、质询、委员会与其它内部机关之设置等。其目的在补充宪法与法律规定,故为法规命令。另一种则是与议会本身权限无关,例如:提案方式、发言次序、会议纪录与表决方式等。其目的在于使议会以最适宜的

---

① 参见【美】亨利·M·罗伯特著:《罗伯特议事规则》,袁天鹏、孙涤译,格致出版社、上海人民出版社 2008 年版,第 1 页。

② 陈春生:"议员之言论免责与议会自律",《东吴法律学报》,第 115 页。

方式进行,故为行政规则。①

(3)规章说

德国公法界认为议会议事规则并非议会内部的惯行规则,而是具有法的拘束力之类似自治团体的"自治规章"(autonome Satzung)。此种自治规章源于宪法授权,不同于一般自治规章,纵使其位阶不比法律高,亦应高于一般自治规章。② 议会议事规则系自主规章之说法,流行于德国十九世纪后半时起,学者 Kurt Perels 认为,议事规则系自主发动的帝国议会之补足规定。其它任何机关,对于帝国议会所定之议事手续规定,没有参与权与同意权。Paul Laband 亦认为,联邦参议院或帝国政府在议事规则制定时,没有参与和提出异议之权利,只有帝国议会之意思,才能决定议事规则之制定。③ 当然,还有其它见解,如公法协议、不具法规性质之内部规范、议会内部规范、特殊的法规构成体等。德国学界与联邦宪法法院多数见解均采"规章说",主张议事规则之性质应以自治规章说较为符合现实,议事规则内容亦受国家之监督、其有限制的效期如同其它限时法的规章、以及议事规则亦有不容许规避之情事。④

香港基本法 75 条第 2 款规定,立法会议事规则由立法会自行制定,但不得与本法相抵触。原香港立法局的议事规定由香港立法局自行制定,但《皇室训令》第 23 条明文规定,"立法局为自己之议事程序制订常规条例及法令,唯该等规则不得与英皇制诰及皇室训令及其它训示相忤逆。"现行香港特别行政区立法会议事规则由香港特别行政区立法会于 1998 年 7 月 2 日订立的。其内容包括立法会主席的选举、向政府提出的质询、议案、发言规则、会议规程、表决、特定议案的处理程序、法案的处理程序、财政程序等 14 项。

然而现行的议事规则中的一些规则既具有程序性质,同时又不可避免地涉及立法机关与政府之间权力的实体性关系,而这些规则在基本法中确实没有规定,如由立法会主席对议员是否可以针对政府法案提出修正案来裁决的

---

① 许宗力:"国会议事规则与国会议事自治",收于氏着:《法与国家权力》,1996 年 12 月,第 325～334 页;

② 陈新民:"国会自律权的法理初探",《宪法基本权利之基本理论(下)》,台北:元照 1999 年 6 月版,第 281 页。

③ 陈春生:"议员之言论免责与议会自律",《东吴法律学报》,第八卷第二期(1995 年 3 月),第 113 页。

④ 许宗力:"国会议事规则与国会议事自治",收于氏着:《法与国家权力》,1996 年 12 月,第 325～334 页;

问题?这些裁决看起来是一个程序性的,但它直接影响着政府和议员提案权的分工,从而,对政府与立法会之间的关系有着重要的影响。立法会的议事规则是指立法会议事的内部守则,它主要是立法会的内部程序性的规则。但有些程序性规则又必然影响到实体性决定以及其与其它机构的权力配置的关系,因此,议事规则不能与香港基本法的规定相冲突。

2. 议事规则之效力

第一个层面系议事规则本身之效力,亦即人与时之效力;第二个层面在于,与其它法规范相互抵触时,何者效力较为优先。按议事规则之特殊性肇因于其系内部规范,因此其效力有局限性,与一般外部法之效力之具有普遍性不同。此可从人与时之效力面观察。关于前者,议事规则对议员有法拘束力,亦即对其可赋予权利或课与义务;就后者言,议事规则规范事项若涉及议事程序之进行或涉及其它国家机关,原则上议事规则不得对其课与义务或赋予权利,若宪法明文规定时则属例外。以宪法增修条文第三条第二项第一款规定为例,立法委员在开会时,有向行政院长及行政院各部会首长质询之权。因此,如以议事规则之形式规范质询程序,行政院仍有遵循之义务,因为该义务系宪法课与,并非议事规则所创设77。为使每届议会均能独自决定议会运作,不受上届议会影响,议事规则中渐次发展出"议会不连续原则",使议事规则仅适用于该届议员任期,此又称议事规则之不连续性(Diskontinuit? t)。换言之,每一届议会虽得自订议事规则,然其规则"时之效力"随着该届议会任期届满而消灭。该原则由会期之不连续性推导而出。所谓"议会不连续原则"78居于民主原则之下位,理由在于民意代表之再次更新及民主正当性之次第定位,其深层意义亦即,新民意不受到旧民意拘束79。议会之所以能自行制定规则,该权限来自宪法之授与,由此可知,议事规则之法位阶必低于宪法。较有争议者,系议事规则与法律内容相抵触时,何者效力优先。学说见解纷歧80。本文见解则认为,制定法律与制定议事规则之权源均来自于宪法,因而二者应不分上下位阶,同属规范事项之权限分配81。

(三)议事秩序权

议事秩序权,主要内容为议会纪律权之维持,及惩戒事项与方式。为使议事程序进行顺畅,议员必须充分讨论与行使职权,因此维持议事程序之和平进行,确有其必要。对于破坏议事进行或议场秩序者,议会对其应行一定之惩戒或制裁。议会秩序特权囊括其它议会内部管理之自律权,例如议长拥有下令非议会议员退场的排除非议会议员之权(the right to exclude strangers)、对侵害免责特权所加处罚强制其遵守特权之权(the right to enforce observation of its Privilege by fine, imprisonment, or expulsion)等。

1. 议事秩序维持权

一直以来,议会有权对现任议员及非议员(包括前任议员)采取纪律处分及作出惩戒。这些权力是议会对议会事务施加控制的一部分。这些权力源自"专有审理权"(或"专有审判权")这项议会特权。议会必须对其本身事务的所有方面有全权的控制:包括自行订定本身的程序、决定其程序有否遭到违反及随后应采取的对策。事实上,行政机关及各级法院均承认议会有权制定本身的规则,并且对其作为立法者所运用的程序有不可置疑的权力,是确保议会具独立性的最重要一项特权。① 大部分机构组织对其成员施加若干程度的纪律。只要违反纪律行为所订的罪行及惩罚合情合理,有关程序公平公正,这做法就无任何不妥。

英国议会的特点,是议会本身亦具有惩罚非议会议员的固有权力。这项惩治管辖权源自议会亦具"议会高等法院"的地位②;及上下议院妥当履行职能对方法的所需。倘若非议会议员不当地干扰议会,或不当地干扰议会议员或职员履行公职,议会必须有权采取适当行动作出响应,以保障本身的利益。

---

① 议会特权联合委员会(Joint Committee on Parliamentary Privilege)出版的"议会特权第一份报告书",1999年3月30日。

② Erskine May 所著的 Treatise on the Law, Privileges, Proceedings and Usage of Parliament:"该项权力似乎源自人们在中世纪对"国会"一词的概念,认为国会基本上亦是法院,即"国会高等法院"。上议院议员具独立权力作出惩,该项权力源自他们身为君主法庭的成员。下议院议员权力并没有类似的古老宪制依据。事实上,在19世纪,有人曾以此作为反对下议院具有刑法管辖权的理由,下议院便提出反驳,指这是把立法权与司法管辖权互相混淆。(Holroyd in Burdett v Abbot (1810) 104 ER 501; R Atkyn 就议长 Williams 爵士一案提出的论据(13 State Tr 1380))。下议院议员在证明下议院是一个记录法庭时(此事在法律上从未有任何定论)所遇到的种种困难,与这些问题有关。然而,无论当中涉及哪些法律论点或宪制方面的论点,实际的情况是,下议院在16世纪及17世纪曾多次行使权力,向犯事者施加罚款及判处监禁。这些犯事者包括下议院议员或非下议院议员,后者包括郡长、裁判官甚至高级法院的法官。"第22版,Butterworths,1997年,第80~81页。转引自香港立法会秘书处:《议会对在过往会期若干失当行为所施加的制裁措施:一些海外的参考数据》,第2页。http://www.legco.gov.hk/yr00-01/chinese/library/cin02.pdf

由议员或非议会议员作出的干扰行为,均属于"藐视议会"的行为。①

第四节 议会特权之落实:议会惩戒权

为使议事程序进行顺畅,议员必须充份讨论与行使职权,因此维持议事程序之和平进行,确有其必要。对于破坏议事进行或议场秩序者,议会对其应行一定之惩戒或制裁。英美国家所以能有效约束官员尊重议会,是因为议会拥有具体惩戒权。议会做出"藐视议会"决定的权力在普通法国家具有悠久的历史;同时也为越来越多的国家所接受,甚至被认为是一项必不可少的议会特权。

一、议会惩戒权的内容

对扰乱议事秩序的议员,议会应有"事后惩罚"权力,因此对议员之惩戒权本质上属于议会内部之司法权。英国贵族院原本是司法体系最高终审法院,一直被称为"议会的高等法庭"。贵族院对忤逆议会规定或是藐视议会权威者,施予逮捕及惩戒。平民院,在经过不断抗争后也于十六世纪取得惩处权。相较于议会外之侦审机关,并考虑议会本身对于事实与信息掌握较为迅速方便,因此将此司法权(即惩戒权)归由议会行使。英国法院并不认为议会惩处,会破坏"非受司法审判不得被剥夺自由及财产"的法治原则。

"藐视议会"并没有明确的定义,各国的实践也不尽相同。英国议会发展历史远久,其法律非以成文为主,因此有关"藐视议会"的之内容相当广泛。举凡扰乱议会议事程序之进行、恐吓或妨碍议会议员与职员、窜改或隐藏议会文据、拒绝议会传召、贿赂议员、威吓或阻止议会证人出席、贿赂证人、拒绝回答议会问题或提供资料,甚至议员违反议会之命令、在议会中进行或收受贿赂、违反财产申报及其它有关议员操守之规范等等,都可视之为藐视议会。美国议会行使藐视惩罚权的情形大略可分为两种:一是处罚某些伤害议会权威及

---

① 美国国会有权调查议员的所有利益,包括已申报及未申报的利益。倘若现任议员因拒绝提供数据或改文件而被判罪名成立,他们会分别受到参众两院的处分,参众两院并可将其违反刑事法律的证据送交司法部长。与英国国会不同,美国国会无权调查前任议员的行为。然而,司法部可根据美国的法律,就前任议员的违规行为提出起诉。

尊严的行为,如贿赂、诽谤及妨碍议事;二是处罚拒绝作证或提供文件的证人。前者因为使用的情形较少,法院较无法清楚定义这类行为;后者则因使用于调查之中,而有较多司法审查的机会,相关的争执也比较多。

美国承袭英国传统,美国众议院及参议院各有本身的纪律处分机制,两者的运作模式十分相似。议会对议员采取纪律处分的权力来自美国宪法,当中订明参众两院"可决定其议会程序的规则、惩治行为不检的议员,并可在三分之二议员通过下,开除议员的议席"。① 在第90届议会前,众议院没有为众议员,或众议院的常务或常设委员会订立正式的行为守则,以调查及汇报众议员、众议院高级人员及雇员的不当行为。针对众议员不当行为的指控,原先由临时专责委员会审理。在1967及1968年,众议院修订《众议院规则》,把公职行为标准委员会设定为众议院的常务委员会,以及拟订新的众议院规则第23条,作为众议员、众议院高级人员及雇员的《公职行为守则》(Code of Official Conduct)(以下简称《守则》)。众议员的不检行为,包括与议会程序无关或在议院外的冒犯性言行,须受到《公职行为守则》规管,而《守则》已纳入《众议院规则》。《守则》第1条明确:"众议院可援引该条文,就议员的冒犯性言行采取纪律处分措施:"众议院的议员、高级人员或雇员在任何时候作出的行为,必须反映众议院的尊严。"

1795年,两名土地投机商兰达尔(Robert Randall)与威特利(Charles Whitney)企图向国会议员提供土地和现金,以获得对他们购买2000万英亩土地的支持。1795年12月28日,美国众议院首次动用藐视惩罚权以维议会尊严,议会决议授权议长指挥议会警卫传唤意图贿赂两人。次年1月4日,经过院会辩论后,兰达尔被众议院裁决藐视及侵犯议会特权,由议长训斥后将其拘禁一周。② 美国议会惩罚藐视议会行为的方式有二,其一是以议会内规处置,亦即参众两院对于在院会期间扰乱秩序的议员或非议员之人施以拘禁的惩罚;另一惩罚方式,是经刑事诉讼程序,由法院审判之。然而,美国是三权分立的成文宪法国家,对于议会惩戒权的运用,比英国多了些限制:

---

① 美国宪法第一章第5条第2款。

② Louis Fisher, Constitutional Conflict between Congress and The President, Princeton, N. J.: Princeto-n University Press, at 186(1985); Nancy Lammers, supra note 2, at 187.

(1)1821年Anderson v. Dunn案①,议会的藐视惩罚权首次为联邦最高法院审查。原告安德逊企图贿赂一个众议员,以求协助通过一个议案,因而被逮捕,并被带至众议院答辩其藐视的责任。他在被训斥之后开释,事后他即对众议院的警卫长提起"施暴殴打及非法拘禁"的诉讼。在本案中,联邦最高法院认为,若不承认议会有权处罚藐视行为,将导致议会"暴露在各种激动情绪的威胁之下,且其将为粗鲁无理、善变、甚或阴谋所干扰"。若任令议会惩戒权过分扩张,也会使议会破坏他人尊严。法官故而表示,议会不能完全移植英国的成例,享有无限惩戒权。因此,议会行使惩戒权时,须"适当配合其目的",刑期也不应超过议会任期。换言之,若议会在闭会前一天发生抗拒作证案子,议会惩戒最多只能拘留当事人一天。而且,惩戒目的既是为取得所需信息,一旦证人愿意合作,惩戒便应终止。

(2)1881年的Kilbourn v. Thompson11案中,联邦最高法院认为议会在行使藐视惩罚权时,必须受到法院"最审慎的检验"。本案中法院承认议会可以在其它合法行使调查权,或是惩戒议员时行使此罚金或拘禁的权力,但是法院不认为议会有一般的藐视惩罚权。最高法院的结论认为,议会调查权不能扩张到,对于正在法院合法进行其程序的争议为调查,因此基于这个调查所做出的藐视决议是无效的。②

(3)1897年的In re Chapman案③中,联邦最高法院区分议会固有的惩罚权与刑事上藐视议会罪两者之不同。"我们认为议会两院均未自我剥夺此一本质固有的藐视惩罚权。……,议会在1857年的立法④系为辅助其宪法功能的实现,但是议会并没有将本身的藐视惩罚权授与他人",即其否认议会有将其固有的藐视惩罚权授与司法部门。法院认为,证人先因议会固有的藐视惩罚权而被拘禁后,再论以刑事藐视议会罪,并不违反宪法修正案第五条的"双重危险之禁止"款。联邦最高法院认为,刑事的藐视议会罪与议会固有的藐视

---

① Anderson v. Dunn, 19 U.S. (6 wheat.) 204 (1821).

② Todd D. Peterson, Prosecuting Executive Branch Off-icials for Contempt of Congress, 66 New York University Law Review, at 610 (1991).

③ In re Chapman, 166 U.S. 661 (1897).

④ 为防止有人利用会期限制心存侥幸,同时也为了表示对人身自由权的尊重,议会于一八五七年立法,将拒绝出席议会作证,或拒绝提供信息等情事,列为藐视议会的不检行为,可以透过司法提起诉讼。一旦认定有罪,可处以一个月以上一年以下徒刑,或一百至一千元罚款,议会不必再审判,刑期也不受议会任期限制。2U.S.C. §§192-194

惩罚权系属二事,前者系对抗国家,后者系对抗议会。

(4)1916 年的 Marshall v. Gordon 案中,联邦最高法院认为固有的藐视惩罚权,只能做为机关的自卫手段。认为议会固有的藐视惩罚权"不包括为处罚而处罚",而是由自我防卫的权力引伸出来的,"这个权力系用以防止妨碍的行为,或确保立法任务的履行",法院承认议会可用藐视惩罚权惩罚不合作的证人,"强迫那些拒绝合作者,使得议会能实现其立法功能",但本案中 Marshall 的行为并未妨碍或阻挠立法工作。①

(5)1935 年的 Jurney v. MacCracken②,是议会动用固有藐视惩罚权的最后一个案例以后就不再有行使固有藐视权的案例出现。一八五七年制定刑事"藐视议会罪"以补充固有藐视惩罚权的运用,然而议会还是偏好行使固有的藐视惩罚权,尤其在十九世纪以前,议会对固有的藐视惩罚权的使用仍非常频繁。在 Jurney v. MacCracken 案中,证人在接到传票后毁损传票所要求的文件,虽然后来尽力恢复原状,也未严重妨碍到调查,但仍被议会处罚。联邦最高法院认为,议会在进行立法工作时,为确保其表现,需要固有的藐视惩罚权配合。该权力应该被扩张,将损坏文件与不提出文件同等看待。否则证人将受到鼓励而湮灭文件以避免揭露于议会,又可不受议会的惩罚。一般来说,议会若是获得了文件是不可以惩罚证人的,但是在这个特别的案件中,惩罚过去的藐视行为是一个适当的手段,以维护议会拥有此必要的、命令提供证据的特权之主张。议会之所以处罚本案中的证人,是为避免将来可能同样发生妨碍议会功能的行为。

二、议会的惩戒权范围

纪律惩戒权乃是议会秩序权最重要之权,针对违反会议规则或影响议会声誉之议员,议会得予以适当之惩戒,以维持议会内部自律之精神。鉴于诽谤言论容易引起媒体的广泛关注,从而在相当大的程度上损害议员个人名誉,议会可能勒令议员停职。因此,议会可以委任议会委员会进行调查,并可以依特权对提供虚假证词的证人进行处罚。③

---

① Marshall v. Gordon, 243 U.S. 521, at 545 (1916).
② 294 U.S. 125 (1935).
③ E. Campbell, *Parliamentary Privileges*, *Department of the Parliamentary Library*, Commonwealth of Australia, 2000, p. 15.

议会有权施行以下的惩罚：

(1) 交付监狱羁押。在 18 世纪及 19 世纪初,有关的刑罚通常是交付守官羁押,或交付监狱羁押。无论下议院当届会期于何时届满,下议院有权将犯事者扣押至当届会期结束为止。上议院则有权无限期扣押犯事者。上下议院近期并没有对议员或非议员行使这项权力。①

(2) 判处罚款。下议院有权判处罚款,但下议院最近一次行使这项权力是在 1666 年。在 18 世纪,下议院的此项权力受到法院质疑,并应视作已失效。上议院仍然保留判处罚款的权力,但上议院实际上有何方法强制犯事者支付罚款,这点亦成疑问。下议院认为,勒令犯事者停职,已是判处罚款的一种惩罚,因此没有必要保留判处罚款的权力。

(3) 正式训诫或严厉谴责。这种惩罚亦适用于非议会议员或前任议员。最近一次是一名非议会议员在 1957 年被传召到下议院席前作出道歉或承担后果,包括可能被羁押等后果。

(4) 在一段期间内被勒令停职(及不获付薪酬)。下议院的议员可被勒令停职至议会会期结束为止。上议院无权勒令一名议员永久停职。①

(5) 开除议席。这项权力已有半个世纪没有行使过。对上一次有议员被开除议席是在 1947 年,该名议员被裁定一项刑事控罪,罪名成立并被判处监禁 12 个月。

实际的情况是,倘若议员被裁定严重藐视下议院,下议院会勒令该名议员停职及/或作出训诫;倘若是非下议院议员(包括前任议员),下议院会传召该人到其席前作出道歉或承担有关后果。在 20 世纪,上议院未有必要对议员施

---

① ①让一名贵族在国会享有"席位、职责及发言权"的传诏令状,不能扣起而不发给一名贵族。贵族可基于法规或普通法,以破产或未及法定年龄为理由而被暂时取消议员的资格。议会特权联合委员会(Joint Committee on Parliamentary Privilege)出版的"议会特权第一份报告书",1999 年 3 月 30 日。见第六章：采取纪律处分及作出惩的权力。

②J. Waugh, Contempt of Parliament in Victoria, *Adelaide Law Review*, 2005, Vol.26, p. 29.

③非议会成员在议会或议会特别委员会中做出声明或发表言论属于议会议事行为,同样受到免于诽谤诉讼的议会特权的保护。例如,戈芬诉唐纳利案就是一个典型案例。王座法院的菲尔德法官认为,特别委员会为达到调查目的有权要求证人出席并回答相关问题,否则构成对议会的藐视。因此,证人向议会委员会所做的声明构成了议会特权的一部分,它不能构成诽谤诉讼的根据。Goffin v Donnelly [1881] 6 QBD 307

加任何处分。正如 Wangh 所指出的,议会所拥有的为了确保其顺利运作的特权包括惩罚干扰或阻碍的力量——这种干扰已构成藐视议会。②

由于议员是议会中最重要的成员,而议会自律规范对象主要为议会成员,因此在英国议会制度中的议会内部自律权主要着重在议员行为部分,内容可分为保护权与惩戒权部分。保护权即议会对于议员具有保护之义务与责任:包括言论免责权(privilege of freedom of speech)③、不受逮捕特权(privilege of freedom from arrest)、下院议员集体晋谒国王权(the right of access to the Crown)、依议会议事程序请国王为最有利解释之权(the right of having the most favorable Construction Place Upon its Proceeding)、拒绝陪审义务之权(the right to refuse to be July)。惩戒权即议会对议员亦具有惩戒权,对于议员有损议会声誉或妨碍议事进行的行为,议会具有完全惩戒权,以维持议会运作,包括:资格审查权、除名权、补选令发布权(the right to provide for the due Composition of its own body)、禁止将讨论内容对外公开权(the right to prohibit publication of its debate)等。

《会议常规》只载有处理议院内扰乱秩序的行为的条文。见《会议常规》第43及44条。在诺伦勋爵出任主席的公职人员标准委员会及下议院公职人员标准专责委员会建议下,1995年7月19日的下议院决议通过《议会议员操守准则》(Code of Conduct for Members of Parliament)。准则第8条订明:"议员在任何时候的操守,必须有助维持及加强公众对议会诚信的信任及信心,并且绝不应作出任何令下议院或其全体议员的声誉受损的行为。"这项条文适用于议员"在公务上的所有方面",以及规管所有议员以议会议员身份所作出的行为,而不论在议院以内或以外。下议院有多种制裁措施,可纪律处分其不检行为属藐视议会的议员。该些措施包括要求有关议员亲身向下议院道歉、谴责、罚款、勒令有关议员在一段期间内停止履行其职务、开除议席及监禁。上议院亦有一套《操守准则》,目的之一是"为上议院议员提供指引,订明要求他们在履行议会职务及公职时应有的行为标准"。《准则》大部分是根据下议院的《操守准则》修改而成。议员尤其必须"时常作出符合其个人名誉的行为"。

在英国下议院,议会标准事务专员(Parliamentary Commissioner for Standards)负责处理议员的不检行为。下议院的《会议常规》第150条只订明,专员"由下议院委任"。至于向下议院提名专员的过程,则并无既定程序。于2002年由下议院决议案委任的现任专员,是由负责管理下议院人事事宜的下议院管理委员会(House of Commons Commission)正式提名。该委员会的成员包括担任主席的下议院议长、下议院首席议员、一名由反对党领袖提名的下议院议员,以及3名由下议院委任的其它议员。成员均非部长。①

英国上下议院各有本身的纪律处分机制,两个机制是以"专有审判权"这项共有特权为基础。有关的审判权指"议会必须对本身事务的所有方面有全权控制:包括自行订定本身的程序、裁定其程序有否遭到违反及随后应采取的对策"。这项特权包括议会可纪律处分及惩罚行为不检议员的权力。②

20世纪90年代初期至中期,英国发生了一系列下议院议员"付费提问"以及公共服务方面的丑闻之后,下议院采取了更为严格的自我管理体制,例如设立了议会标准和特权委员会,制定了议员行为规则,并任命了一个议会标准监察专员负责对议员的行为进行调查并报告给议会标准和特权委员会。对于议会标准监察专员能否公正地调查议员违反议员行为标准的案件,以及议会标准和特权③④委员会与下议院在前者调查的基础上能否做出公正的裁决,人们曾经有过担心。以上所叙特权"本质上是议会作为整体而获得的,这就意味着议员只能就任何否认他们权力或对他们所做的威胁,阻碍到议会职能时,方可主张特权。"④为此,议会委员会曾提出一些改革建议,例如给予议员上诉权利,或者由法院、其它独立法庭审查议会或议会标准和特权委员会做出裁决。但是,这些建议并没有得到议会公共生活标准委员会或下议院的支持。因而,议会或议会标准和特权委员会依据议员行为规则对相关议员所做出的裁决不受法院干预。

---

① Erskine May, *Parliamentary Practice: The Law, Privileges, Proceedings and Usage of Parliament*, Butterworths, 2004, p. 236-237.

② "专有审判权"是"在国会享有言论及辩论或进行议会程序的自由"的主要组成部分,并获得《1689年人权法案》第9条保障,见议会特权联合委员会,《议会特权——第一份报告书》,1999年,http://www.publications.parliament.uk.

③ Blackburn & Kennon, *United Kingdom*, *Joint Committee on Parliamentary Privilege Parliamentary Privilege-First Report*, Joint Committee Reports, Session 1998-99, 1999, p. 3.

④

第三章 议会特权的法律限制

议会特权的保护是把双刃剑,它可以保护议员在议会中充分表达意见的自由,反过来也可能被议员以议会特权为幌子滥用特权从而对公民和机构造成损害。因此,各国在保障议会特权的同时无不加以规制。

第一节 议会特权必须受到限制

一、议会特权的滥用:从 R v.Chaytor and others 谈起[①]

在英国,一般来说,议员补贴内容有三大项:生活补贴、第二套住房补贴、办公室补贴。生活补贴属于福利性待遇,第二套住房补贴则是针对很多议员因在伦敦议会开会期间,个人"居住"的移动而产生的额外费用。议员可能会在所在选区和伦敦各拥有一套住房。按照有关政策,议员的"第二套住房"可获得一定补贴,每年补贴数额最多可达 24222 英镑(36333 美元)。办公室杂费补贴则是指议员在开展工作时总要聘用秘书、顾问、助手等而产生费用的事实,包括 2.2 万英镑的助手补贴,以及 1.04 万英镑的通信补贴和文具邮费的开销。除以上三大项之外,还可以报销通信费等一些杂项。

英国的议员们大多把议员补贴视为福利,搜集票据甚至是伪造票据报销。2009 年 5 月 8 日,英国《每日电讯报》在头版位置刊登了《内阁花费的真相》一文,披露了以布朗首相为首的部分内阁成员的公款报销状况。曝光的资料显示,英国议员的报销项目包括壕沟清洗、虚假房贷,甚至还有狗粮。议员每月最多能拿到 400 英镑(约合 600 美元)的伙食补贴,且不需要收据。而一些议

---

① http://www.supremecourt.gov.uk/docs/UKSC_2010_0195_judgment_v3.pdf.

员每月报销的数额都恰好是 400 英镑。议员每月可以获得 250 英镑(约合 375 美元)、无须收据的补贴,这使得议员以清洁、修理为名要求拿到补贴,且每个月数额均是 249 英镑。5 月 11 日,《每日电讯报》曝光的对象是布朗的对手大卫·卡梅伦领导的保守党。5 月 12 日,《每日电讯报》称,议会第三大政党自由民主党前领袖孟席斯·坎贝尔和该党议员安德鲁·乔治也涉嫌报销丑闻。工党议员哈里·科亨套取 31 万英镑住房补贴,保守党议员德里克·康韦向妻儿发放近 40 万英镑的秘书费。英国议会的主要政党都卷入"报销门"。

根据英国《信息自由法》,英国议会网站 2009 年 6 月 18 日公布了约 120 万页的文件,涵盖下议院议员从 2004 年到 2008 年的各类报销单和发票。按姓名顺序,人们可以在网上查到 646 名议员四年来申报补贴的清单。英国前首相布莱尔在离任的前两天,报销了近 7000 英镑的屋顶维修费用。布莱尔离开唐宁街的时间是 2007 年 6 月 27 日,他在 25 日提交了一份"屋顶维修"的发票,价值是 6990 英镑。发票显示,维修工作是从 6 月 8 日开始的,这表明布莱尔在宣布了自己的离任日期后,仍然安排了可以报销的房顶维修工作。文件显示,下议院费用办公室将布莱尔的这笔费用报销额降为 4453 英镑。此外,尽管布莱尔在 2007 年只担任了不到三个月的首相,担任议员的时间也只有三个半月,但报销额度却是以半年计算的。这份文件中还曝光了一些官员五花八门的开销。如保守党的财政大臣乔治·奥斯伯恩报销了购买 DVD 盘片的 47 英镑,而这些 DVD 是记录他本人发表《金钱的价值》演讲的实况。保守党文化大臣杰里米·亨特 2005 年 10 月报销了一张话费清单,价值为 1 便士。

议员们不当使用办公费用和津贴中饱私囊的行为引起英国民众愤怒。为平息众怒,下议院议长迈克尔·马丁宣布辞职,议会成立了单独的委员会对议员津贴的使用情况进行"大清查",存在问题的议员纷纷退缴津贴、认错受罚。时任英国首相布朗代表政界人士向公众道歉,并宣布将监管议员补贴明细的权力移交给一位依法独立的监察专员。2010 年 2 月 4 日公布一份调查议员滥用报销机制的报告显示,内容严厉批评议会津贴制度存在严重缺陷,392 名前议员或现任议员数年来巧立名目,"骗取"超过 100 万英镑(约合 160 万美元)补贴。检察当局正式起诉 4 名国会议员欺诈和伪造账目。

皇家检控署以"会计信息失真"(false accounting)罪名对国会下议院议员、执政工党成员艾略特·莫利(Elliot Morley)、吉姆·德怀恩(Jim Devine)和戴维·蔡特(David Chaytor)提出指控,并将以同样的罪名对国会上议院议员、保守党成员保罗·怀特(Paul White)提出指控。现年 57 岁的莫利已经被指控犯有两项与会计信息失真有关的罪名。英国皇家检控署（Crown Prosecution Service）公布的电子邮件声明显示，莫利曾被控在 2004 年 4 月与 2006 年 2 月之间多报了约 1.44 万英镑（约合 2.25 万美元）的抵押贷款报销款项，第二次则是被控在 2006 年 3 月到 2007 年 11 月之间多报了 1.6 万英镑（约合 2.5 万美元）。现年 56 岁的德怀恩也面临着两项与会计信息失真有关的指控，他被控在 2008 年 7 月到 2009 年 4 月之间利用假发票申请了 3240 英镑（约合 5068 美元）的清洁费相关报销款项，此后又在 2009 年 3 月申请了 5505 英镑（约合 8611 美元）的文具费相关款项。现年 60 岁的蔡特面临着三项与会计信息失真有关的指控，涉案金额分别为 1950 英镑（约合 3050 美元）、12925 英镑（约合 20219 美元）和 5425 英镑（约合 8486 美元）。现年 69 岁的怀特则面临六项着指控。2011 年 1 月 7 日，英国前议员蔡特被判监禁 18 个月，3 月 31 日德怀恩被判监禁 16 个月，5 月 20 日，莫利被判监禁 16 个月。

二、议会权力行使必须受到制约

R v. Chaytor and others 一案只不过从一个侧面反映出议会自肥现象。英国的议员不仅领着高薪，还通过兼职赚取高额外快。英国议员的平均工资大约 6.5 万英镑，但他们通过法律事务、咨询、担任公司高管等兼职所获报酬则可达工资的 13 倍。其实欧洲其他各国也有议员拿纳税人钱财补贴自身开销的案例。在意大利，国会议员除了每月 1.17 万欧元薪水外，每月还有 4000 多欧元的一般开销费用以及 4190 欧元的助理与选民服务费用。除此之外，他们可免费搭乘国内线火车、飞机，也不必缴高速公路过路费。看电影、上剧院也都是免费，出国则有每年总额 3328 欧元的补助。法国国会议员每月银行账户都会收到 5837 欧元汇款，作为一般开销之用，原则应与职务有关。欧洲议会议员每月最高可申报 1.754 万欧元作为一位助理的费用，另外还有 4202 欧元的本国一般开销费用及最高 4148 欧元差旅费。

立法机关不断出现的"自肥事件"，反映出立法权与行政权关系的扭曲以及直接民主与间接民主的关系紧张。政府为了争取议会的支持，有时必须向议会或个别议员妥协，甚至进行利益交换，难免会有牺牲民众福祉的情况发生。欲遏止议会层出不穷的自肥案，建立民众对代议制的信心，就必须多管齐下才能发挥效果。应积极推动立法，订定议员伦理准则（应包括利益冲突与回避原则、议员兼职的限制、财产公布、议员费用与退职酬劳支领标准等）。英国于 2009 年 7 月 1 日实施一项新规定：要求下议院议员申报兼职的收入和工作时间。这是自议员滥用公务开支的"报销门"丑闻后实施的针对议员行为的约束条款。

第二节　英国议会特权限制的普通法传统

在普通法的发展中,法院对议会特权事务的不同程度的审查与法院在某些判例中对议会特权事务的消极避让形成鲜明对照。在英国普通法的发展过程中,对于议会声称拥有决定自身特权的绝对权力这一观念,法院在不同时期都进行了不同程度的质疑。在确认议会拥有基本特权的前提下,法院对议会特权行使的干预与审查呈现出逐渐增强的发展趋势。

一、阿什比诉怀特案[①]

早在18世纪初期,上议院就对议会声称拥有决定自身特权的绝对权力的观点提出了不同看法。

在该案中,爱斯勃雷郡议会议员阿什比(Ashby)于1702年的英国大选期间作为选民参加选举,但被当时的艾尔斯伯利市(Aylesbuy)市长怀特(White)所阻止。阿什比向法院提起诉讼,起诉爱斯勃雷郡郡长怀特以及治安官员,要求他们给予赔偿。议会下议院对此很是不满,一再强调选举是议会的内部事务,应该由议会自己来处理。"根据议会惯例,除非由专门的议会立法规定,无论是选民的选举资格,还是公民的选举权利,都应该由下议院来决定。"[②]而且下议院还作出决定,"阿什比就爱斯勃雷郡议员选举过程中的选票问题,在普通法法院向怀特以及其他郡的治安官员提起诉讼,是对下议院管辖权的藐视,应该为其违反立法机关特权的行为负责"。[③]

当时,下议院享有对有争议选举作出裁决的权力。尽管阿什比并没有实施其选举权,但是他所要支持的被选举人却最终当选,该案涉及的并不是对选举结果的争议,因而不存在下议院行使上述管辖权的问题。然而,王座法院的

---

① Ashby v. White [1703] 2 Ld Raym 938.
② W.C.Costin, J.Steven.Watson, *The Law and Working of the Constitution*: Documents 1660-1914, Adam and Charles Black,1961, p.193.
③ Holdsworth, *A History of English Law*, Methuen & Co.Ltd,1937,Vol.6, p.271.

三名法官认为原告并没有直接明显的损害结果因而没有救济权,不能在法院提起诉讼。判决坚持认为上述问题是议会特权之一,不在法院的权限范围。

霍尔特法官①表达了议会主权和法治作为优先于议会特权的宪法原则的主张。他认为,首先,公民的权利不可侵犯,特别是选举权。选民享有选举权的前提之一是有产者,而这些有产者之所以享有选举权是因为其完全保有地产,除了向其领主履行一定不带奴役性的役务外,他有权自由、完全不受限制地占有、处分其地产。换言之,选举权是一项保护财产的实体权利。而且,选民的选举权也是一项不能通过普通法上的判决就能剥夺的财产权。② 每一项权利都应该有其救济途径,尽管被损害方并没有什么明显损害或者损害极小,但是损害行为本身就足以构成起诉的原因。此时,关键并且唯一的问题是自治市镇的选民是否有权对侵犯自己选举权利的行为人向法院提起诉讼。既然原告有选举权,那么当其权利受到侵犯之际,法律就赋予了他寻求救济的权利。诉讼正是救济的方式之一。"如果当事人因为这类事务向法院提起诉讼,就必须由法院来解决,任何人都不能成为自己案件的法官。如果司法权和立法权都掌握于下议院之手,那么国民的生命、自由和财产都将受到威胁。尽管下议院有权决定选举具体事务,但是并不能从源头上决定权利授予人民的形式。"

于是,阿什比向上议院提出上诉。上议院推翻了王座法院的判决,上议院认为,议会可以对其既得特权的行使进行判断,但是这一特权是否存在,是属于法院处理的法律问题。而且上议院还否定了下议院享有决定一切有关选举事项的专属权力的主张。

霍尔特对于法院、成文法与议会特权的关系表明的立场逐渐地获得了理念上的合理性和司法与政治实践上的支持。在随后不久的帕蒂案③中,霍尔特法官坚决主张议会特权对普通法和成文法的次级地位。他说:"提起那样的诉讼被下议院宣称为违反了他们的特权,然而这种宣称不会使得那样一种特权在以前就不是特权。但是假如他们享有上述特权,他们应当表明存在这种先例。……他们的这一特权通过使人们受到监禁在很大程度上关涉人身自

---

① 约翰·霍尔特(Lord John Holt,1642-1710)是英国"光荣革命"后的首任王座法院首席大法官,一生历经律师、下议院议员与首席法官等多重角色的转换。霍尔特作为上议院的法律顾问参与了1688年的光荣革命,同时也是1689年权利法案起草制订者的一员。

② John Phillip Reid, *Constitutional History of the American Revolution*, University of Wisconsin Press, 1986, p.109.

③ Reg. v. Paty[1704] 2 Ld. Raym.

由，而未经议会立法人身自由是不能受到管制的。"①

二、斯托克戴尔诉《汉萨德议会议事录》编辑②

《汉萨德议会议事录》是记录英国议会辩论内容的官方报告，因为曾长期由汉萨德家族编辑所得名；而原告斯托克戴尔先生则是一名狱监。当时，原告认为被告所编辑的议事录中有部分内容对其构成了诽谤，因此与被告对簿公堂，并最终打到高等法院。在诉讼过程中，被告辩称：编辑出版议事录是奉议会之命行事，属于议会特权（英美法国家将议会自律权称为议会特权）的范围，因此不受法院管辖。对此，首席法官丹曼一方面承认议会特权是英国宪政的"基石"；但另一方面，丹曼法官也指出，议事录编辑出版含有诽谤他人内容的出版物的行为并不属于议会特权，因此判决原告胜诉、被告须作出赔偿。

在这一案件中，高等法院提出了一个重要的原则：法院不能审查议会特权本身，但可以审查某项行为是否属于议会特权。也就是说，法院首先要审查相关行为是否属于议会特权，如果属于议会特权就不能进一步审查，反之则可以对其本身的合法性进行审查——这样，法院并没有侵犯议会的自律权，符合"议会是自己事务的主人"的要求；但由于法院有权判断某一具体行为是否属于议会自律权，因此实际上握有"最终解释权"，这又符合了"最终裁决者"的角色。③

斯托克戴尔案所提出的关于如何保护议会出版的文件的特殊法律问题后来由议会通过制定1840年《议会文件法》解决了。该法第1节授权议长发布批准书以阻止针对根据任一议院的命令所出版的文件的法律诉讼。1840年下议院曾经通过一项决议指出，任何法院都无权直接或间接地讨论或决定提

---

① Reg. v. Paty[1704] 2 Ld. Raym 1113.
② Stockdale v. Hansard.
③ 当然，与大多数开创性的案例一样，"斯托克戴尔诉《汉萨德议会议事录》编辑"案并不单纯是法律推理的结果，同时也反映了各方实力的对比。作为司法权的代表，丹曼法官当然不会不希望将议会自律权（议会特权）本身也纳入司法的管辖范围中；是不能也，非不为也。丹曼法官的这一判决在议会掀起了轩然大波，被抨击为"赤裸裸地篡权"；当两名治安官奉法院的执行令进入被告的办公地点扣压相关财物时，被下议院以"藐视议会"为由逮捕。这一次，丹曼法官判定下议院的逮捕行为属于议会特权，不受法院管辖——议会在这一案件中获得了最终的胜利；但"法院不能审查议会特权本身，但可以审查某项行为是否属于议会特权"的原则却得以保留，并最终成为一项宪法原则。在宪政体制中，议会与法院经过互相博弈，形成了微妙的平衡，并成为立法权与司法权关系的典范之一。

交到法院的涉及议会特权的任何问题。在前述的斯托克戴尔诉汉萨德案中法院就拒绝承认下议院的这一决议。在该案中,针对下议院报告是一种议会议事行为因而不受司法管辖权管制的主张,首席法官登曼勋爵认为,那样的主张是与议会主权和法治的传统理解背道而驰的。下议院或上议院在特权事项上的宪法权限仅仅适用于对现存特权的应用。在现存特权的行使上,普通法院不会干涉。但是议会不能授予其新的特权。而且,确定议会现存特权的范围的权力并不属于以决议为其根据的议会,而是以普通法为根据的法院。登曼勋爵的推理遵循了霍尔特法官在阿什比诉怀特案和帕蒂案中的判决。但是在更为普遍的意义上说,该法律并没有提供解决法院司法管辖权与议会特权保护之间矛盾冲突的最终宪法依据。

斯托克戴尔案充分表明了法院所持的主张,即下议院毫无疑问享有必要的和重要的特权,但是法院而非下议院是议会特权范围的裁定者。尽管下议院就其管辖范围内的事务所作出的决定不受法院审查,但是法院有义务调查提交到法院的事项是否在议会的管辖范围之内。

要把握法院与议会特权关系的历史发展,还有一个如何理解1689年《权利法案》第9条的问题。对此,在英国法学界中大致有两种观点。一是认为第9条排除了在任何地方提起涉及议会议事行为的诉讼,这是一种传统的广义解释。二是认为第9条仅仅具有禁止议会议事过程中的所言和所行成为刑事或民事诉讼对象这一效力,它并不阻止议会议事行为在别的地方被用作证明所实施的违法行为的证据。这是一种较为狭义的解释。从英国普通法的发展来看,前一种解释为多数人所接受。尽管枢密院在普雷布尔诉新西兰电视有限公司案①中对议会材料可以用于诉讼证据的主张予以否决,但法官布朗-威尔金森勋爵(Lord Browne-wilkinson)在该案中也表明了法院在处理立法机构、言论自由与司法利益三者之间关系的一种合理态度。他谈到了相互冲突的三个公共政策问题:首先是保证立法机构能够自由地行使其代表选民的权力的需要;其次,保护言论自由的需要;最后,保证所有相关证据可以提交到法庭的司法利益。长期以来,法律一直确定第一种利益在这三种公共利益中必须占主导地位,因此诉讼当事人不能质疑议会中的所言和所行。然而,第一种公共利益占主导并不必然导致其他两种公共利益被抛弃,否则就不会存在利益冲突以及对公共利益进行平衡的问题了。因而,《权利法案》第9条中议会

---

① Prebble v. Television New Zealand Ltd [1995] 1 AC 321.

的言论自由不应当在任何法院或议会之外的地方被控告或质疑,这一条款并不意味着它完全不可以被控告、质疑或审查。正如英国学者杰弗里·马歇尔所指出的,"如果这些行为没有一个可以在议会之外的任何地方被实施,那么公民批评他们的代表的行为或议事活动的权利将不会存在"。① 显然,按照马歇尔的观点,1689年《权利法案》第9条的言论自由特权在很大程度上阻止了公民言论自由的有效和实质行使。

值得注意的是,1996年《诽谤法》第13节修改了1689年《权利法案》第9条的效力。该节"关于议会议事行为的证据"第(1)款规定:当某人的行为是议会的行为或与议会议事相关的行为是诽谤诉讼中的问题时,他可以放弃任何法律或法规所给予的保护,这一保护即议会议事行为不应当在任何法院或议会之外的地方被控告或质疑;第(2)款规定:当某人放弃上述议会特权的保护时,上述法律或法规不能用于阻止提供其行为的相关证据或作出相关的陈述、评论或判决等,后者不应当被视为违反了任一议院的特权。事实上,阿拉森诉海恩斯案②的判决推动了该法的通过。在该案中,王座分庭认为,被告海恩斯的抗辩是为了表明原告即下议院议员阿拉森的行为是受到了不适当动机的刺激而作出的,这是为1689年《权利法案》第9条所禁止的。但是在该案中,实施议会特权而不中止诉讼对被告是不公平的,因为议会特权阻止了被告提出他所希望提出的唯一辩护并且会允许原告在不公正的基础上继续其行为。最终欧文法官中止了下议院议员提起的诽谤诉讼。尽管在汉密尔顿诉阿尔·菲伊德案③中,上议院的判决确认了不得把涉及议会的所言、所做或决定作为法律诉讼证据,然而,需要澄清的是,上述禁止并不适用于对放弃了特权保护的下议院议员所提起的诽谤诉讼。

---

① Geoffrey Marshall, Impugning Parliamentary Impunity, p.512.
② Allason v. Haines [1996]EMLR 143.
③ 在下议院议员尼尔·汉密尔顿起诉阿尔·菲伊德之前,他曾对《卫报》提起诽谤诉讼,因为后者声称汉密尔顿有"付费提问"的行为。这一诉讼起初不被受理,因为议会特权本来是阻止被告依据议会会议记录的证据为其抗辩的,因此汉密尔顿本来无法为自己辩白。在1996年《诽谤法》第13节通过之后,汉密尔顿放弃了特权,以换取受理。然而,由于其他的原因审理并没有进行。汉密尔顿后来起诉阿尔·菲伊德诽谤,放弃了依据1996年《诽谤法》第13节对议会特权的相关规定。Hamilton v Al Fayed(No. 1)[2002]2 ALL ER 224.

在斯托顿诉斯托顿案①中，斯卡曼法官在对议会特权与普通法和法院的关系中作出了有利于法院的裁决："我并不认为，我在高等法院审案时……必然要答应必须适用来自于议会习惯的法律。我认为，为了在特定案件中确定特权是否产生，以及如果产生，它的范围和效力是什么，我必须把普通法视为司法判决中的推理根据。"

20世纪90年代前后法院加大对议会特权事务的审查力度。英国学者利奥波德认为，自1839年的斯托克戴尔诉汉萨德案以来一直到20世纪90年代初期的150年间，法院与议会之间在特权事务的管辖权问题上并没有产生重大的争议，其原因是议会与法院之间已经形成了对各自权利和特权的一种互相尊重和理解。② 显然，这种互相尊重和理解的一个重要方面是议会对法院审查有关议会特权事务权力的某种认可。

从20世纪90年代前后普通法的发展来看，议会和法院对待议会特权的态度产生了一种变化：下议院已经认可只有当议会有必要正当行使其权力时才实施议会特权；而某些法官希望采取更为强硬的方式反对在涉及议会特权的事务上对公民寻求法院救济实施限制。后者的典型例子是波普尔韦尔法官在罗斯特诉爱德华兹案③中的判决。在该案中，被告爱德华兹在《卫报》上发表了一篇文章，声称下议院议员罗斯特在议员利益登记中没有公开他作为某些能源机构的顾问身份，罗斯特为此提起了诉讼，他认为这篇文章暗示了他为了不正当利益故意将不可泄露的信息透露给了某家供热公司，而这些信息是他以下议院能源特别委员会委员的身份所获得的，这对他构成了诽谤。在关于议员利益登记是否属于议会议事行为的问题上，副总检察长认为议员利益登记以及与之有关的实施和程序是议会议事行为的一部分，并且与之相关的证据不能在诉讼中被采用。波普尔韦尔法官则认为这一问题属于灰色地带，在这一地带中议会或法院是否拥有对此作出决定的管辖权是不清楚的。议员利益登记簿是一种公共文件，法院无法敏锐地找到一个理由来排除法院的管辖权，因而除非议会对议员利益登记属于议会特权进行立法，否则法院不会排除采纳与议员利益登记有关的惯例和程序作为诉讼证据。显然，波普尔韦尔

---

① Stourton v. Stourton [1963], p.302.

② Patrieia M. Leopold, *Proceedings in Parliamentary: The Gray Area*, UKPL, 1990, p.476.

③ Rost v. Edwards [1990] 2 ALL ER641.

法官在这里作出了议员利益登记并非议会议事行为这一大胆的结论。

三、皇家检控署诉蔡特案

在蔡特案中,遭到指控的4名议员否认任何指控,并表示将坚决维护自己的权利。认为津贴及办公经费制度由议会制定,其报销程序和内容属议会内部事务,报销行为属于履行自身职责的行为,受1689《权利法案》第9条所规定的"议事特权"的保护,不应受到非难,即使他们行为不当,也应由议会调查并惩处,司法机关无权管辖。

高等法院桑德斯法官作出裁决驳回了被告的主张,他认为议会的津贴和报销制度是"议事特权",即议会有权自行制定相应的制度和规则保障议员履行职务,但被告们通过伪造账目虚假报销的行为不是报销制度的一部分,与履行议员职责无关,报销行为不享有"议事特权"。法院将其个人行为排除在制度之外,没有干涉议会的运作,也没有阻碍议员们履行职责。

2010年6月,该案上诉至上诉法院,被告们坚持认为报销行为本身就是议员报销制度的一部分,与他们所参与的议事活动联系紧密,只有议会才有权处理他们。上诉法院民事庭庭长廖柏嘉法官、高等法院首席法官贾奇法官以及高等法院王座法庭首席法官安东尼·梅爵士共同审理了此案,他们的裁决观点与桑德斯法官一致,被告应当在刑事法院接受审判。法官们指出,"议事"应当被限缩解释为与立法程序有关的活动,被告的报销行为不属于议事活动,与确保议员们自由发言的"议事特权"毫无关系。以往的判例或是表明"议事特权"与议员实施议会职能的活动有关,或是指出"议事特权"存在于议会大厦之内,与议员履行职务的行为有关。

与此同时,上诉法院注意到了议会对此案的反应,贾奇法官说,如果议会认为法院审理此案是对议会主权的一种潜在侵犯的话,他们(议会)会让法院知道自己的观点……但议会在这个问题上保持了沉默,很明显,议会在此问题上干涉警方调查或检方指控是不合适的。

10月,案件上诉到了英国最高法院,被告们坚持执法机构包括法院对他们没有管辖权。理由是:(1)根据1689年《权利法案》第9条的规定,"议会内之演说自由、辩论或议事之自由,不应在议会以外之任何法院或任何地方,受到弹劾或讯问",议员们享有"议事特权"。(2)依照法律规定及惯例,议会上院与下院之间互不干涉彼此事务,院外机构更无权干涉议会事务,议会对议会事务享有"排他性的管辖权"。在本案中,报销计划由议会制定,有关该计划的监督和执行的权力也该属议会，报销制度及报销行为属于议会事务，应当由议会解决，只有议会有权对此事进行调查或对议员进行惩处并要求议员退还款项。

11月10日，9位最高法院大法官共同审理了此案，由于本案实体部分的审理（即被告是否有罪的问题）因管辖权问题处于中止状态，为不影响案件的继续审理，大法官们先给出了裁决结果，一致裁决驳回三名被告的上诉，刑事法院对议员们的报销行为拥有管辖权。12月10日，大法官们给出了裁决理由，菲利普斯法官和罗杰法官为本案撰写了主要判决意见。

大法官们认为：

第一，关于议员报销费用的行为是否是1689年《权利法案》第9条所规定议会内的议事行为的问题。

法院认为，议会已经表示"议事特权"的界限应当由法院来界定，法院应在界定该特权时认真谨慎行事。在法院看来，倘若"议事特权"范围宽泛，在议员滥用特权时，将会使权益受到议员侵害的人无法得到救济，并使犯下刑事罪行的议员逃避法律惩处，因此，法院对1689年《权利法案》第9条的立法原意进行限缩解释是合理的。由是，第9条所指的"议事特权"直接指向的是议员在议会和议会委员会内的演说及辩论的自由，无涉其他。法院在考虑议员们在议会与委员会之外所从事的行为是否是议事行为时，需要考虑该行为与议会职能的关联性，并进一步考虑这种行为的实质是什么，以及如果议员该种行为不享有"议事特权"是否会影响议会事务。

经考虑，法院发现，议员的报销行为与议会职能无关，与报销制度无关，属个人行为，法院对报销行为的审查不会阻止议员的言论或辩论自由，只会阻止议员们类似的不实报销行为。所以议员们在此并不享有"议事特权"。

第二，关于被告提出的议会对议会事务的"排他性管辖权"问题。

首先，议会指出他们（议会）并未宣称在处理议会内所发生的刑事犯罪行为时，议会具有"排他性管辖权"，甚至即使该刑事犯罪行为与议会的议事活动有关或干涉了议会的议事活动，议会也不会对这些犯罪行为享有"排他性管辖权"，足以说明，法院与议会有着不同的、相互重叠的管辖权，即议会有权对藐视议会、侵害议会议事活动的行为按照自己程序的处理，而法院则有权对刑事犯罪分子进行审判。

其次，在本案中，皇家检控署针对议员的起诉行为仅与补助和津贴计划的执行有关，并不涉及议会及其委员会制订的计划本身。因此，检方的起诉与议会事务无关。此外，议会在着手对此计划进行反思并对议员进行纪律调查期间,并没有反对警方的调查,而是与警方积极合作,进一步说明了本案不存在议会的"排他性管辖权"问题。

最终,大法官们认为,皇家检控署针对涉案议员所提出的指控没有侵犯议员们的"议事特权",也没影响议会的"排他性管辖权",刑事法院对此案具有管辖权。议会过去一直认为它是自身特权的唯一和绝对的裁决者,声称其拥有决定自身特权的性质和范围的排他且固有的权力。而英国普通法发展到今天,对于法院与议会特权的关系所确立的一般原则是:议会享有必要的和重要的特权,议会对其特权范围内的事务享有排他性的管辖权;议会对特权的行使仅限于现存的特权,即非经成文法授权,它不能创设新的特权;议会对特权的行使不能违背议会主权和法治原则;法院拥有对议会所声称的对特权的性质和范围的裁断权,因而对于议员所声称的特权是否存在以及如果存在其适用范围是什么的争议,法院可以进行调查。但是如果一项所声称的特权适用于法院正在审理的案件,他们会认可议会在该事务上具有排他性管辖权并拒绝对这一事务进行司法管辖;法院在审查议会特权是否受到侵犯时,开始从功能主义标准来考虑而不再考虑特权的来源。

第四章 议会调查权之比较观察

议会调查权,乃是议会为行使制定法律、审核预算、检讨政策与监督政府的职能,面对政府机关、行政官员或有利害关系之人民,所实施必要调查的权力。

第一节 议会调查权的起源与发展

一、议会调查权的起源

英国是议会制度的起源地,议会调查权滥觞于17世纪的英国,英国议会成立调查委员会的历史可以上溯至1340年,国王开征新税时,由议会成立调查委员会进行调查,作为议会协商同意时的参考,但这类调查主要为承认国王行动或是协商的参考,尚不具有自主决定或监督政府的性质。至16世纪时,下议院认为其对选举纠纷拥有最后的决定权,因而开始对选举纠纷进行调查。在光荣革命之后,1689年通过《权利法案》,确立了议会的最高主权,有权质询政府的财政开支,下议院根据中世纪以来的习惯,设置调查委员会以监督政府财政收支是否符合法律规定。此时调查的性质与过去大相径庭,议会对政府已拥有主动支配的权力。

1689年设特别委员会,调查在爱尔兰战争失利之原因,调查结果认为Londonderry总督Lundy有叛乱之嫌,遂上奏英王召回审判,此为国会调查权之滥觞。在18世纪以后,调查委员会通常为立法做准备并启动立法程序,英国议会调查权进入全盛时期。针对重要事件,议员认为有必要知晓者,议会均比照调查,有时并设立调查委员会来统整执行。1871年,英国制定了《议会证人宣誓法》(*Parliamentary Witness Oaths Act*),规定两院及委员会均有令证人宣誓之权限,如违反议会基于调查权所发之命令时,构成侮辱国会罪,由议会自行处罚。嗣因调查之实施,间或渗入政党之感情与偏见,为求公允起见,乃于1921年制定《调查法庭法》(Tribunals of Inquirly Act),议会针对官员违法失职,得决议进行调查并指派专人组成调查法庭,借强制性的司法程序,供国会行使质询、弹劾等权之参考。

议会调查委员会包括选任委员会、皇家委员会、审议委员会、专家委员会及行政监查使,前两者负责立法目的及行政效能,而皇家委员会系基于英女皇指派,皆由超党派专家组成,其报告系立法参考的有效依据;审议委员会由政府的国务员指派任命组成,针对各种政策作调查;后两者承袭前两者的标的,针对立法目的及监督行政部分发挥实际效益。虽然受到内阁制度的影响,让整个国会调查权的部分成为政党政治的囊中之物,但其仍然有权力分立原则等的适用。加上其有各种委员会的成立,且不妨害司法程序的进行,另外如行政监察使制度等特殊性,还是让其调查结果能够作为立法建议方针。

二、议会调查权的发展

(一)法国议会调查权

法国自从大革命以后,仿英国之例,认为调查权系议会之天赋权能。除少数帝制宪法(如1852年宪法)外,其余多数宪法均默认国会享有调查权,只是未明文规定而已(法国第四、第五共和宪法均无关于调查权的规定)。1914年,法国曾经制颁《调查委员会作证法》,明定"国会有强制证人到场作证或提出文件,并使其宣誓之权,对于违反者,得向法院告发,由法院宣告处罚之。委员会之委员,由有关常设委员会提出名单,大会以连记投票选任,人数为30人以下。在第五共和宪法中虽然并无规范,但有关国会调查权的规定,仍以1958年11月18日第58—100号有关国会职权行使法令为本,而在参议院与国民议会的组织规则中亦有相关规定。不过,为了避免此类委员会的组织过于膨胀扩大,行政命令中指名了委员会的存在期限不得超过6个月。总之,政府基本上并不希望此类特别委员会经常存在继而成为监督制衡力量。因此,第五共和以来,国会特别委员会的功能并未有所发挥。

(二)德国议会调查权

德国之国会调查权具有相当历史,自1816年德国萨克森—威玛—埃森纳森邦(Sachsen-Weimar-Eisenach)宪法第91条赋予该邦国会成立调查委员会的权利,迄今,德国的国会调查权发展史已近两百年。1831年德国黑森邦

(Kurfurstenthum Hessen)宪法第93条,1849年帝国宪法草案第99条,1850年普鲁士宪法第82条即有国会调查权的规定。德国统一后所制定的1871年帝国宪法却无有关于此之规定。1919年的威玛宪法也曾有类似之规定,而现今之德意志联邦基本法第44条明文规定,众议院经国会议员四分之一以上之提议便应设立调查委员会,以保障国会少数党之权利。德国在2001年由于制定了调查委员会法,整个国会调查权制度更加完整;德国国会调查权制度最大的特色是少数权的设计,确实对国会调查权制衡的功能,发挥了举足轻重的作用。

德国的国会调查权制度,在1919年的威玛宪法第34条规定了国会调查权后正式确立。"联邦议会得设置调查委员会,于议员五分之一以上请求时,应设置之。"1949年之基本法沿袭威玛宪法,也在其第44条规定国会调查权:(1)联邦议会(Bundestag)有权,且在四分之一成员申请之下,有义务成立调查委员会,委员会以公开审理方式调查必要的证据。公开方式得排除之。(2)调查证据准用刑事诉讼的相关规定。信件、邮政及电信秘密仍不得侵犯之。(3)法院及行政机关有法律协助及职务协助之义务。(4)调查委员会之决议不受法官之审理。法院不受对于调查基础事实之评价与判断的拘束。1969年,联邦众议院根据基本法第44条,增订议事规则第74条之一(今56条),使联邦众议院有权成立项目调查委员会(Enquetenkommission),从事立法调查工作。至于弊端调查则仍由调查委员会(untersuchungsausschuss)执行。德国议会调查权有四大特色,包括:(1)区分丑闻调查委员会及立法调查委员会;(2)少数权的承认;(3)强制权的赋予及(4)个人权益之保障。

关于(1),三权分立制度借由行政、立法及司法三权之间的均衡,保障人民的权益。议会是为了实现宪法任务、掌握必要信息,必须拥有调查权。不同调查事项所需信息及撷取的方法要有所不同,丑闻的调查目的在于还原事实真相,故由代表人民行使监督权的议会成员组成,而立法调查目的就系以专业知识来作为调查分析依据,故其成员组成上必须加入非国会议员的专家学者。

关于(2),少数权承认系德国的特色,在内阁制国家较为少见,因为监督行政的权能,就需要加强议会少数与反对党权利地位的保障。政府与议会的多数既然已经结合,少数权的承认在行政与立法之间,已不再是国会对抗政府,而系反对党与执政党的抗衡。而这样的制度下最重要的是调查报告可以提出不同意见书,若调查程序依旧由多数党主导,则少数意见难以排除障碍获得通过并向社会公布。德国实务上,调查委员会大多是由反对党申请成立的,其议会少数与反对党权利地位的保障亟须加强,已为不可忽视的议题。

关于(3)和(4),德国议会调查权的强制权及个人权益保障部分,强制权的部分系为了让议会独立于行政部分,基于其职务之权能以搜集必要之信息,而在调查委员会法针对强制执行的部分中,大部分援用刑事诉讼法的相关规定,而较为可惜的是对于国会调查之特殊性并未制定专法。在个人权益保障中,注重在调查程序中保障个人权益,即在新制定的调查委员会法中加强人权保障这部分,包括私人何时可以拒绝提供证言、文件,或者若调查证据违反正当程序等,从宪法到执行程序的规范。

(三)美国议会调查权

美国联邦宪法对于国会调查权并无明确之规定(亦即未将国会调查权直接入宪),其国会调查权制度的建立实借由多数的判例与国会的运作经验逐渐累积而成。美国各州在英国殖民时期仿效英国制度行使调查权。英国议会的调查权也传播到其殖民地,如1722年马萨诸塞议会传召军事官员说明某军事行动的失利;宾夕法尼亚参议员设立常设委员会审查政府的支出并享有传召作证的完全的权威;① 罗得岛的调查委员会在各地巡回召开听证会;② 弗吉尼亚参议院赋予其委员会传召证人或搜集文件的权力。③ 大陆会议也行使调查权,至少是传召个人的权力。联邦政府成立后,虽然宪法并无明文规定国会此等权限,但因殖民时期的先例,国会调查权并没有受到质疑,联邦法院亦在判决中加以承认。从公元1792年美国众议院设置七人委员会以调查克莱尔(Arthur St.Clair)将军出征印地安人而落败之原因开始④,此种调查监督权之运用,在往后的美国历史上不断出现。曾经担任美国财政部长的汉密尔顿就

---

① James M. Landis, Constitutional Limitations on the Congressional Power of Investigation, 40 *Harv. L. Rev.*, 1926, Vol.153, No.209, p.166.

② Ernest J. Eberling, *Congressional Investigations*, Columbia University Press, 1928, p.17.

③ C.S. Potts, *Power of Legislative Bodies to Punish for Contempt*, 74 U. Pa. L. Rev., 1926, Vol.691.

④ St.Clair 将军带领军队与印地安人联盟作战,属于美国西北印地安战争史的一部份,结果是印地安人获胜,美国军队遭遇前所未有的惨败;总统华盛顿要求将军 St. Clair 辞去职务;国会也组成调查会调查事件始末。

曾因为性丑闻,受美国参议院组成的"雷诺事件调查组"①的调查。

议会调查权在18、19世纪较少受到司法挑战。著名案例诸如Killbourn v.Thompson、McGrain v.Daugherty,美国联邦最高法院所表示之见解,均间接成为支持国会调查权制度存在与运作之依据所在。法规范例如《美国联邦法典(United States Code)》②、《参众两院议事规则》、《1921年预算会计法》、《国会预算暨保留控制法》等对议会调查权行使的程序进行了规定。

(四)日本议会调查权

日本在战前原无国会调查权的规定,战后新宪法正式赋予国会国政调查权。新宪法第62条规定:"两议院得各作关于国权之调查,并要求有关证人出席及提出证言与纪录。"国会法第104条亦规定:"各议院或各议院之委员会基于审查或调查之必要,请求内阁、政府机关提出必要之报告或纪录时,内阁及政府机关应提出之。"同法第106条规定:"各议院基于审查及调查,请求证人或参考人时,得依其他规定。"1947年,议院证言法规定:证人应作宣誓(第2条);为虚伪陈述者,应处3个月以上10年以下有期徒刑(第6条);拒绝到场、提出文件、宣誓或证言者,处1年以下拘役或1万元以下罚金(第7条),至此方使得国政调查权成为一真正的国会调查权。另外,日本在2001年通过实施《情报公开法》,更使国会调查权迈向了一个本质与机能上的新意义。

19世纪以来,各国宪法大多将国会调查权规定于宪法之中,国会调查权得以成为实证宪法授权之权力。20世纪的宪法普遍在规定议会的组织和职权时,对议会的调查权作出了规定。如西班牙宪法第76条规定,众议院和参

---

① 汉密尔顿在费城与一位雷诺夫人偷情,被雷诺夫人的丈夫勒索。于是,汉密尔顿给了勒索者一些钱财,但被要挟给他在财政部谋一永久职位时,汉密尔顿断然拒绝。于是丑闻外露。国会派出了一个以门罗为首的三人委员会到汉密尔顿处进行调查,目的是经济问题。但没等三人开口,汉密尔顿就把雷诺夫人的事情全盘托出,三人大出所料。当时他们约定,这一切不得外传。国会的调查证明汉密尔顿在金钱上是完全清白的。但不久,记者卡仑德在报上披露了汉密尔顿的桃色纠纷,汉密尔顿的声誉大受打击。

② 美国联邦法典(United States Code)第二编第六章中,国会传唤证人等与调查权运作相关之规定:(一)任何人经国会传唤到场作证或提出文件资料者,如故意作假或拒绝回答,得科以每斤100元至1000元之罚金,及一个月以上一年以下之拘禁。(二)任何证人无权因配合调查将有害名声而拒绝作证或提出文件资料。(三)作伪证或拒绝配合调查者,议长应以书面移送联邦地区检察官侦办。相关论述参见廖元豪:《论立法院调查权的界限与范围——释字第五八五号解释与美国经验的参照》,载《台湾本土法学杂志》2006年第78期。

议院(在一定情况下两院联合)可以任命调查任何公共事务的委员会。希腊宪法第 68 条第 2 款规定,议会根据议员的要求决定设立由议员组成的各种调查委员会。意大利宪法第 82 条规定,各院可以从本院议员中任命一个调查委员会,该调查委员会与司法机关相同的权力和限制进行调查和研究。葡萄牙宪法第 181 条规定,议会依照议事规程设立各类议会委员会,并可成立调查委员会或其他专门委员会。瑞典王国政府组织法第十二章第 6 条规定,议会应当选出一名或数名督察专员,负责根据议会的指示对公务员执行法律与其他法规的情况进行监督。

第二节 议会调查权与其它相关权力的辨析

议会调查权具有监督或制衡行政权的功能,议会主导的行政监督手段还有行政监察调查和质询等,使议会调查权具有独特的属性。

一、立法调查与行政监察调查

议会主导进行的调查还有其他情形。在英国,19 世纪议会进行的调查由议会设立的委员会行使。议会委员会的调查由于经常被作为党争的手段而逐渐失去人们的信任。

1921 年英国议会制定了《裁判所和调查法庭法》,调查法庭(tribunal of inquiry)设置的目的在于促使行政、立法、司法三大部门通力合作,以调查政府官吏违法失职。当国会决议对政府官员违法失职的行为进行调查时,政府亦指派专家组成调查法庭调查事件的始末,人员通常都由法官或律师担任,其拥有类似法院的权力与特权,且调查过程采取司法程序。依照该法的规定,在议会两院作出关于进行调查的决议后,由国王或一名主管大臣任命一个调查法庭进行调查。调查法庭通常由一名高级法官主持,并由一两名律师协助。调查法庭完成调查之后,向议会提出报告。调查法庭的报告须对有关事实进行真实、公正的陈述,必要时对有关人员应负的责任提出意见。

由调查法庭进行调查的事项可大致分为两类。一类是对宣称公职人员有腐败行为或不当行为进行调查。如 1936 年对泄露预算秘密的调查,1948 年对宣称大臣和文官收受贿赂的调查,1957 年对泄露银行提高利率消息的调查。另一类是难以启动普通民事、刑事程序进行调查而又受到公众关注的重大事件。如 1966 年的煤矿灾难事件，1972 年北爱尔兰的伦登德里星期日血案。调查法庭在询问证人、调查证据时享有高等法院的权力。证人如拒绝出庭，或拒绝回答调查法庭提出的问题，调查法庭可提请高等法院按藐视法庭罪予以处罚。1963 年调查法庭对宣称海军部雇用间谍一事进行调查时，两名记者因拒绝透露他们的消息来源而被高等法院判处监禁。

英国下议院之立法调查权由特别委员会行使，而将监察调查权授权给"议会行政专员"（Parliamentary Commissioner for Administration）行使。英国下议院在 1967 年仿北欧国家颁布《议会行政专员》，设立了首个英国议会行政专员，其职权为调查议会议员交办政府机关违法损害人民权利之事实，并加以处分。监察调查与立法相辅相成，其区别如下表：

议会行政专员调查与立法调查比较①

区别标准	议会行政专员调查	立法调查权
性质	非政治性、功能性、消极性	政治性、代表性、积极性
范围	瑕疵行政	政策问题
对象	有关公务员、证人	政务官、高级公务员
方式	秘密	公开
角色	仲裁人	政策价值评估者
功能	行政违失之纠正	修法、制法或政策变更之建议
目的	处理民怨、苦情救济	开放政府、阳光政治

议会行政专员是下议院议员，每年须向下议院提交工作报告。由不同政党的国会议员所组成的议会行政专员特别委员会就议会行政专员的工作进行检讨及提供支持。议会行政专员有权调查政府部门、行政机关，以及其他大部分公营机构的工作。议会行政专员的权力十分广泛，可传召个别人士及索阅相关档案。他可以要求审阅一切有关档案，以及会见任何有关官员，务求查出事情的真相。而特别委员会亦有权传唤证人，调阅文件及纪录，必要时，委员可至现场勘查，院会休会期间，特别委员会仍然可继续行使职权，不受影响。

英国尚有所谓的皇家调查委员会，系由政府指派人民代表、学者专家、主

---

① 罗传贤：《如何行使立法调阅权初探——英国立法调查与监察调查二制并行之借镜》，载《立法院院闻》第 21 卷第 8 期。

管该事务之政府官员所组成,透过对政府及相关问题进行调查,以供立法参考,并受政府部门支持协助,凡此不仅在公正超然上、人力财力上、深入调查上,其效能均比美国优越,且对国会立法做出显著贡献。2005年的《调查法》为英国目前的公共调查委员会的组建提供了法律框架,在这个框架下,首先,政府内阁大臣可以根据需要组建有权强制传唤证人或收集誓言证词的调查委员会。其次,内阁大臣还可以针对特定的公众热点问题组建非法定模式的专门调查委员会。再次,还可以由枢密院委员会执行,另外还包括皇家专门调查委员会和议会专任委员会等。

二、质询权与调查权辨析

各国议会的质询制度不一,其质询方法大致可分为普通质询、正式质询两种。从另一个角度去理解,亦将质询分为询问(question)与"质问"(interpellation)。

质询制度起源于英国,由请愿权发展而来,是指在议会开会时,议员针对内阁的施政方针、施政报告或其他重要事项,向内阁总理或者内阁组成人员提出质问或疑问。英国议会对政府的首例质询出现于1721年的贵族院,由贵族院Cowper伯爵提出。1783年,下议院议长柯恩瓦利斯对下议院议员向政府提出问题要求答复的做法首次作出如下裁决:"任何一位议员可以认为他有权向一位大臣,或一位担任官职者提出问题。后者有权采取他认为合适的态度,或答复,或不答复。"1869年,下议院的工作通告首次开列一个新栏目为"Questions",即质询。它特指平民院议员向大臣提出要求其回答的问题。工作通告刊登出来是为了让大臣们读后准备答案,此时,平民院的全院大会定时供议员们提问,并由大臣当场作答,所以可以将1869年视为平民院的质询制度建立的时间。随着议会政治的发展,质询件数日增,为了因应这种情势,1886年左右,才又有书面质询的实行。英国议会的质询方式属于"询问"类型,其目的仅在了解政府的行政措施,或公开重要政策的真相。询问结束后不交付表决,不能成为全院之议题。亦即此种询问既不引起激烈辩论,更不会推倒内阁。

而质问也就是正式质询,此种质询不仅是质询者与被质询者之间的问题,而且得成为全院之议题。质询涉及的一般是与公共利益相关之重要问题,因而会引发一般性辩论并造成国会辩论,辩论之后,往往伴随着信任投票(vote of confidence),这很可能会造成政府危机或内阁改组。因此,许多国家对是否采用质问形式态度谨慎,担心频繁采用质问的形式会影响内阁稳定。欧洲大陆各国,常采用正式质询,有学者认为欧洲大陆各国,内阁频繁更迭,正式质询制度,实乃原因之一,尤其以法国第三共和时代最为严重,故法国第五共和宪法,废除正式质询制度,以免重蹈覆辙。当前采取倒阁性质询者,尚有德国、西班牙等国家。

质询的对象一般是内阁总理或内阁成员,所以质询制度是内阁制国家的一大特征。总统制国家基于三权分立的观点,认为国会议员对于总统及各部部长没有质询权力。但是美国国会委员会在审查法案时,常通知有关部长或高级官员以证人身份到会作证,实际上是以此答复议员对政府某项措施的询问,作为议会议决的参考。因此,美国虽然没有质询制度,但国会议员实际上仍然在行使质询权。不过美国不在国会大会中进行质询,而是在各委员会中进行。美国为总统制创始者,参众两院委员会并无英法等国之质询制度,但基于调查权的运作,有性质类似的听证制度,作为国会和行政部门间沟通的主要桥梁。

香港立法会对质询权的行使非常频繁。1998—1999年度,立法会议员提出的口头质询有206项,补充质询1209项,提出要求政府以书面答复的质询585项;2003—2004年度,议员提出了155项口头质询,并提出909项补充质询,此外,议员提出了457项要求政府以书面答复的质询;2004—2005年度,议员提出口头质询、补充质询以及要求政府以书面答复的质询分别为155项、977项和454项,若以质询总数最少的2003—2004年度计算,政府需要回答的质询达到1500多个,平均每天需要面对质询4个。

三、议会调查权构成要素

(一)调查权行使主体

各国国会的功能都有质询、弹劾、财政审核权、提交不信任案及调查权等,议会调查权无论是源于英国调查爱尔兰战争失利或者是瑞典的监察专员制度,该项权能俨然成为国会实施宪法赋予任务的有效工具。各国国会调查权实施的组织大致上可分为三类,包括由议会直接成立的专门委员会、专门委员会内所设的小组委员会及临时性的调查委员会。

议会专门委员会即针对各项与公共利益相关的事项进行讨论,许多国家的议会对应政府各部门设置常设性专门委员会,对政府机关行政活动作完整的监控。常设性专门委员会可以行使调查委员会的权力,于必要时传唤证人、搜集证据。专门委员会内设小组委员会行使议事调查权,在调查时,经授权可以代替专门委员会行使调查权。经常出现在各国的调查委员会组织便系议会为调查特定事件或案情而成立的临时调查委员会,例如日本通过参议院议决后得成立调查委员会,且于其《参议院议事规则》第80条规定相关的组织和运作规则;法国《国民议会议事规则》第104条规定"国民议会根据本规则的条件,经过审议、辩论和表决,形成一个关于建立调查委员会或监督委员会的决议案……";德国联邦议会经过四分之一的议员请求,亦可成立临时调查委员会。这些调查委员会之主要职责,当然是成就立法目的及监督行政机关,所以国会调查权之行使,当然是以国会职权为范围,而其调查特定事件或案情,亦须以国会之职权为圭臬,不得逾越权力分立之界线。

19世纪初期,英国议会的选任委员会常负责调查事务以作为立法的准备,19世纪中期则渐由皇家委员会作为调查单位,负责处理政府政策是否失当、政府官员有无滥权及辅助立法的工作。20世纪开始后,皇家委员会的调查工作逐渐衰微,而逐渐由政府各部门的审议委员会(Departmental Committee)处理调查的工作。选任委员会是一个兼具调查与政策决定功能之委员会,其具有自主权,可自行决定调查的范围、项目、议程、开会时间及证人的传唤。委员会的主席由委员互推产生。在调查过程中委员会可传唤证人,如有违抗命令,不到场作证或不提供证据,委员会可向国会报告,以藐视国会罪(guilty of contempt)追诉,如作伪证则可能被依伪证罪起诉。皇家委员会的黄金年代是19世纪中期,当时正好是英国工业革命发生后,皇家委员会成为调查政府及准备为数众多的社会、工业政策革新之首要工具,大部分现代英国政府的架构与责任体系都可归诸皇家委员会的调查所致。皇家调查委员会系当国会决议调查某项事件,或政府部门认为某一事项必须调查时,政府即据此指派若干专家、学者、人民代表、政府主管组成之,其成员虽由英王基于国务大臣(Secretary of State)建议,然均保持颇为公正客观之立场。在调查过程中可举行听证会、传唤证人,但证人可自行决定是否出席,不得加以强迫。委员会必须将调查的结果向政府行政部门提出,再由政府转送国会,作为国会在改革或立法时之参考。皇家调查委员会对于英国的社会经济转型扮演了重要之角色。

英国现在的议会调查权,一般由国会之选任委员会、特别委员会,或政府各部门之审议委员会来加以行使立法调查。下议院的委员会中,基于议事规则所设置的委员会则依据规则,基于决议所设置的特别委员会则依据其决议,拥有召唤证人、要求提出数据及纪录的权限。上议院的委员会，依据议事规则拥有听取证言的权限，依据设置决议，拥有着详细的调查权（下议院议事规则第86条、第86条A条，及上议院议事规则第63条）。

（二）调查对象

就议会调查权而言，举凡与公共利益相关者，国会都可发动调查。从理论上讲，无论是行政官员或者是一般民众、组织，只要与调查事件相关者，都可以成为调查之对象，一旦成为调查对象，当然有义务配合调查。调查对象可以分为：

1. 证人

作为证人出席听证会或者是提供作证，是最常见的调查对象属性。例如美国《众议院议事规则》第67条规定："调查听证会程序中，可要求证人出席听证会。"日本《参议院议事规则》第182规定："为了审查或者调查，得要求证人出席。"德国《调查委员法》第20条至第23条规定出席的证人包括官员及一般民众，且证人皆有出席之义务，其陈述的事实得作为调查结果的参考依据，同时也是伪证罪及拒绝证言的处罚对象。

2. 专家学者

专家学者是指在调查过程中，因为执行调查之议员可能对某些专业领域较不了解熟悉，借由专门人士的知识说明更能厘清案件的真相。旨在借重专家学者之专业知识以补议员专业学识之不足。例如德国《联邦议院议事规则》第110条规定在特定事件中可以听取专家的意见；日本《参议院议事规则》第106条规定各议院基于调查，可以请求参考人列席提供意见。因专家学者具有与调查事件相关的专业知识，其说明当然是对案件之调查有正面效益，而有助于厘清案件的真相。

3. 私法人组织或个人

只要与公共利益相关者，私法人组织或个人都是调查权可以实施的对象。美国经常因为特定事件邀请相关人员列席说明，如金融风暴后，由奥巴马总统签署法律成立的国会金融危机调查机构向高盛集团发出一份传票，要求其提供有关贷款抵押支持证券的档案和信息，并要求高盛首席执行官 Lloyd C. Blankfein 和首席财务官 David Viniar 等高阶管理人员来面谈。德国的特别调查委员会以其专业知识和收集的资料，召开公听会邀请政府人员及社会相关人士到会备询，作出项目研究报告，而对于调查对象在决定调查措施时，不会侵犯宪法所保障的任一基本权利，若以私人领域为调查对象时，必须要基于相当的社会公益目的,始得为之。所以调查委员会进行调查时,一切有关的国家机关、社会团体和公民都有义务如实向其提供必要的文件资料,让调查委员会针对调查事件获得相关信息,以利于真相之查明。

4. 政府官员

政府官员受国会质询除了一般的行政事务外,尚有如调查权实施时所必须列席作证的事项,此时的行政官员系以证人身份出席,配合事件调查提供事实回答。但行政官员在特定时候,例如基于公务上之守密义务,系可以拒绝提供证言的,如日本宪法第65条为了确保行政权之公务得以民主运作,故课与公务员守密义务;而法国国会职权行使法令第6条第2项亦规定若涉及国家安全等机密事项者,受调查人员可以拒绝提供相关文件。可见政府官员列席国会备询是应尽之义务,除对于行政上应守秘密之有行政特权外,均有回答事实提供意见之义务,以配合事件调查,让真相能够水落石出,而达成调查之目的。

(三)调查方式和手段

议会调查权的调查方式大概都以召开听证会,收集证人证言及相关事实材料、函请其他机关提供信息,而这种调查方式是职权运行的具体表现,例如英、美及日本等国家都有实施的相关调查案例,故国会调查职权运行也彰显相当之成效。调查委员会举行听证会后会将相关意见汇集,整理成事件调查报告向国会报告。

调查手段指的是调查委员会在实施调查时所采取的具体措施,一般来说,调查手段是多样性的,但因为容易与人民权益冲突,故各国议事规则上,对于其程序及实体规范上较为严谨,通常会限制议会传唤证人的目的、以类似刑事诉讼法保护当事人的律师陪同或不违背利己之证言陈述等措施实施调查。例如日本《参议院议事规则》第182条规定:"为了审查或者调查,如果提出要求证人出席的动机,由议长提请议院决定后,要求证人出席。如果委员会作出要求证人出席的决定,必须经过议长要求证人出席。"《众议院议事规则》第257条规定:"议院为了审查或者调查要求证人或者参考人出席时,应由议长通知证人或者参考人。"日本《议院证言法》第1条规定:"在要求证人出庭证言时,必须事先通知其旨。""证人得以选任律师作为辅佐人。"美国《众议院议事规则》第67条规定:"听证会要求传唤证人出席听证会,但要求传唤时,调查委员应得到议会同意才允许,而且调查听证会的证人可以由其律师陪同,以便在涉及宪法权利时提供咨询,各种委员会或小组委员会发出的传票,也只有经本院授权或在其指导下,方可强制执行。"而这些调查手段的规范都系期待能给予调查对象合理的保障,让整个调查结果符合正当程序及合法性,以不违背人民基本权益保障之宗旨。同时调查手段也不得违反比例原则,更要符合正当法律程序,受调查人之权益保障与违反规定者之处罚规定,需要等量齐观,不宜偏废,如此才是让国会调查权能妥慎行使之基本要求。

第三节 议会调查行为的种类及其特征

一、议会调查权的种类

（一）立法调查

国会制定或修改法律时,必须借由国会调查权,明了社会情事的发展,广泛听取人民的意见,汇集专家学者的智识,以制定出完备且切于实际的法律,人民的权益才可获得保障。故国会为辅助立法工作所做的调查活动,谓之立法的调查。① 立法调查的内容有一个历史演变过程,英国在18世纪议会权限高涨、君权衰退时期,议会常常设置调查委员会作为制定或改废法律的预备审查机关;而时至今日,议会所审议的重要法案,几乎全为政府提案,立法调查的实权由议会旁落至行政机关调查委员会,政府各部附设委员会承担立法调查职责。

例如,影响各国公司治理、会计原则深远的《萨班斯—奥克斯利法案》(*Sarbanes-Oxley Act*)是美国国会根据安隆有限公司(Enron)、世界通讯公司(Worldcom)等财务欺诈事件破产暴露出来的公司和证券监管问题所立的监管法规所制定的。这个法案对美国《1933年证券法》、《1934年证券交易法》作出大幅度的修订,在公司治理、会计职业监管、证券市场监管等方面作出了许多新的规定,对于金融秩序发挥相当之监督管制效果。美国联邦法院在United States v. Bryan 一案中的判决提出:调查主题如果与某种可能的立法事项有关,该主题即属议会调查权范围,进而推定该主题之关联性与重要

---

① Nelson M. McGeary, *The Development of Congressional Investigative Power*, New York Octaon Book Inc.,1966,p.23.

性。① 国会调查权系附属于国会立法权下衍生的固有权限,即便调查的结果没有立法,但只要系强化现行法或对现行法执行方法之效果确认,即可以解释国会系基于立法目的而作为之调查。

(二)监督性调查

监督性调查又称为政治调查。议会调查权发动的目的系为监督行政机关之作为,彻底发挥权力分立效用,确保人民权益。在实际的运作上,运用国会调查权了解政府官员有无贪赃枉法失职的行为,以便进一步决定是否对之提起弹劾,并可对于行政部门的政策执行予以监督,以防止行政部门怠忽执行国会所通过的法案。当政府措施发生重大疑问时,议会通过查询达到监督政府的目的。

实际上,议会调查权的起源与此有关。英国议会组成调查委员会对1689年爱尔兰战争失败进行调查,为议会调查权滥觞。在 Mc. Grain v. Daugherty 案中正式承认基于行政监督目的之调查系适法的。所以权力分力架构下的民主体现便系在于每个权力间的制衡功效,立法机关为了对民意负责,应该要监督行政机关的作为,这也是调查权发动的原因。

基于监督行政目的执行调查的案例有许多,例如,美国国会于1946年所通过的《国会重组法》(*The Legislative Reorgaization Act*),成立的"立法重组委员会"提出:"为协助议会注意法律的施行,参议院或众议院各委员会,应经常注意各行政机关对于任何法律之执行情形,各委员会为达成此项目的,并应研究各行政机关向议会提出之各项有关报告及资料。"②可见,议会职责在于随时注意、监督行政机关的作为。若行政机关拒绝主动提供议会欲调查所需情报时,应该由议会在监督行政机关的前提下,主动发动调查权,要求相关人员与会说明及提供书面资料。

(三)选举调查

选举调查也称为议员资格调查。在英国,1868年议会选举法将选举诉讼划归高等民事法庭管辖,1949年选举法划归高等法院管辖,在法律上,议院虽然可以废弃法院判决,自行判决,但实际上议院从未行使此种职权。可见,下议院仅具形式权限,实质审理权限属于法院,下议院对选举诉讼调查权逐渐移

---

① United States v. Bryan, 58 F.3d 933, 944 (4th Cir. 1995).

② Joseph P. Harris, *Congressional Controal of Administration*, Brookings Institution, 1964, p.279.

转到法院手中，以避免政党干预选举诉讼。在美国，选举调查主要包括有关议员当选资格的调查，如调查议员选举的费用是否超过法律的规定，费用的募捐是否合法，议员是否有不法的行为。美国宪法第1条第5款第1项即规定"参、众两院应自行审查各该议院之选举，选举结果之报告，及议员之资格"。

著名国会调查权案例"水门事件调查"属于选举调查的典型案例。这个案件由1972年发生在水门大厦的非法闯入案，1974年导致美国历史上第一次、也是迄今唯一一次总统辞职结果发生。事实上，因为尼克松连任委员会总顾问获得25万美元实施破坏选举的计划，其在位于水门大厦的民主党全国总部安装电话窃听器，查阅民主党的文件资料，经媒体报道成为众人焦点，但尼克松仍成功连任。因争议越来越大，故参议院成立总统竞选活动特别委员会举行由电视播放的公众听证会，水门事件的事实陆续被揭穿，而美国独立检察官的制度也因这个案件得以确认。

除上述案例外，其他如调查议员选举的费用有无超过法律规定，费用的募捐是否合法，议员在选举期间有无不法行为，都是国会调查权属于选举调查的范畴。而如1928年Frank L. Smith和William S. Vare在选举时因为涉嫌竞选基金的丑闻，所以被剥夺议员的身份等，均属于较受瞩目之选举调查案例。①

（四）情报性的调查

议会为散播消息创造时势，以助新法之通过或旧法之废止，并进而发动社会舆论，引导民意，加强对政府监督所进行的调查即为"情报性调查"。在重大社会转型期，为制定新法或修改、废除旧法，议会通过调查行为，充分调动民

---

① 在1928年史密斯（Frank L. Smith）与范尔（William S. Vare）均当选参议员，但因其二人涉嫌竞选基金的丑闻，而遭参议院禁止报到进入参议院。Adam Clayton Powell当选为联邦众议员，虽然其具备宪法规定的当选要件，但是众议院禁止其就任。众议院根据一个特别委员会的调查报告做成决议，该报告指出，上诉人曾不当主张豁免权，以规避诉讼。另外，并不当挪用众议院基金供自己和他人使用，又曾对该院进行不实的报告。众议院于第90届会议开始时，依据美国宪法第1条第5项第2款的规定，以307比116票禁止其就任，Powell因此向联邦法院提起诉讼。Powell主张禁止其就任的众议院决议违宪，并命众议院不得拒发其薪饷，下级法院驳回Powell的请求。见鲍威尔诉麦科马克案，Powell v. McCormack, 395 U.S. 486 (1969)。

意,引导社会舆论。① 例如美国在20世纪60年代马丁·路德·金借助国会的调查活动来传播民权运动理念。此外,有学者认为国会调查具有"社会安全阀"的功能,更能把可能导致国家分裂的敏感问题,预先在国会殿堂而非街头来解决。②

二、议会调查权的特征

如果说质询权与倒阁权(不信任投票)是国会监督政府之政治性措施,弹劾权系国会为纠举政府官员违法失职的司法性措施,则作为工具性措施的调查权,其作用可谓介于二者之间,而兼具政治性与司法性。因此,国会调查权的政治性与司法性质,配合法律的规范与强制作用,在国会的权能与作用上,发挥了其应有的工具性机能。

(一)立法辅助性

1."固有权力说"或"独立权力说"

议会调查权应属议会执行立法权所必要之"天赋权力"(又称为"固有权力",inherent power),或至少为一种"潜在职权"(implied power)。

英、美等国虽未有明文规定,但在历史的发展过程中,多将国会调查权视为固有权力,唯英国为内阁制,美国为总统制,实际上,国会此种"职权"的赋予,基本上与政治体制采"内阁制"或"总统制"有相当程度的关联性。就典型传统的"内阁制"设计而言,内阁成员可以由国会议员兼任,故内阁与国会基本上系属于一体,是坐在同一条船上,具有利害与共之关系。若有发生之情形,乃是从"少数保护制度"的精神出发。然而在"总统制"的国家里,其政治结构制度是完全分权,国会又是提出法案的唯一机关,国会调查权对立法基本资料的搜集及重大弊案之揭发,具有重要之功能,乃是制衡行政部门的重要利器。故在总统制下,国会调查权是个常常受到讨论的重要议题。所以国会调查权之权限大小与政府体制具有不可分离之关联性,唯在认定上,虽因不同体制,在议题发展上会有不同之结果,唯先进民主国家皆将国会调查权认为是一种国会本来就具有的固有权力。

---

① Nelson M. McGeary, *The Development of Congressional Investigative Power*, Octaon Book Inc., 1966, p.30-31.

② Loch K. Johnson, Investigations, in Donald C. Bacon etc. ed., *The Encyclopedia of United States Congress*, Simon & Schuster, 1995, p.1147-1148.

英国是典型"国会至上"的国家,其法学界认为下议院是"英国的主权者"、"国家总查询者"(General Inquisitors of the Realm),对于下议院所要调查的事项很难加以限制及判断,只要和公益有关均可加以调查,而下议院也有权决定调查事项是否属于其所执掌之范围内,故英国国会调查权之性质接近独立权能说。

日本宪法第41条明定议会为"国权之最高机关及国家之唯一立法机关",故有学者认为日本议会地位和英国议会一样超乎行政、司法,其所扮演的角色不仅是立法机关,同时也是最高机关,而内阁及最高裁判均居于国会之下,由此推论出国会调查权为一独立权能,是为实现国会之统括作用而设,因此议会调查权在性质上是属于无范围限制的实体职权,而非仅辅助立法、预算等权的程序权。然而日本学界之通说却主张宪法所谓"国会系国权之最高机关",不过是政治宣言罢了,盖"最高机关"之含意若指国会之活动完全独立于其他机关之意志,则依宪法之其他规定及实际情形,国会未必是"最高机关",因为日本宪法规定,国会的召集权原则上系属于天皇(实质上则属内阁),而也给予天皇解散众议院之权限,且倘若"最高机关"是指国会之意志为终局之决定,则国会也未必最高,因为日本的法院对国会制定的法律是否合宪有审查权,一旦认为法律违宪时,得拒绝适用,因此日本的国会调查权乃是辅助国会之宪法诸项职权的辅助权限,其行使本质自不得逾越国会之宪法诸项权限的范围。① 调查的目的必须是使议院能有效地行使立法、预算审议、行政监督等宪法上的权能。调查对象与方法受到权力分立与人权原理的制约。②

2. 附属权能说

此说则认为,调查权仅属"执行职权之应有功能",只是一种工具而已。

受英国议会传统之影响,美国国会一开始就把国会调查权视为国会立法权所必需,将国会调查权视为立法权的一种附带权力。早期依据美国判例所显示的原则,认为调查权是立法权的一项辅助权能,为辅助国会履行其宪法上权能的工具权,其从属性甚为明显。因此,国会调查权的行使范围自然受限

---

① [日]宫泽俊义著,董璠舆译:《日本国宪法精解》,中国民主法制出版社,第295~298页。

② [日]芦部信喜著,林来梵等译:《宪法》(第三版),北京大学出版社2006年,第277~278页。

制,而非漫无限制。例如,1881年美国联邦最高法院于Kilbourn v. Thompson①案中提示调查权之行使,不得破坏三权分立之原则,而且调查事项应限于国会立法权之范围。在1927年McGrain v. Daugherty②一案中,美国联邦最高法院便指出"国会调查权乃为辅助国会立法之用,是国会搜集资料的一项重要权力";又如"水门事件"中,地方法院法官Gesell便认为"国会委员会作为政府弊端最高调查权的角色,是有其限度的,它只能用于辅助国会的立法功能",且美国最高法院不但经常限制国会调查权之范围,也拒绝国会作为"国家总查询者"概念③。

对于国会调查权持"固有权力说"或"附属权能说",虽不影响于国会如何行使的程序,但重要之区别应在于国会调查权所获得之证据及其所认定之事实,是否对其他机关发生拘束力的问题。亦即若采"固有权力说",实施国会调查权之结果应具有法拘束力;相反的,如果只是"附属权能",其调查结果只能够在立法权行使的范围内发生法效力,对其他机关不生拘束的结果。

(二)集体性

立法会行使国会调查权必须先经由立法会决议通过后始得行之,而立法委员系属民意代表,其执行职务须以集体方式为之,不论其系行使立法调查权或为了追究弊案而调查,并非以独立之身份为之,故应组成委员会行使。该委员会必须另符合议事规则。诸如主席推选、出席人数、可决人数、通过人数、复议等程序,皆须有明文规定。

(三)政治性

调查权本孕育且成长于国会立法权范围之内,更随立法范围之扩张而伸张,但是,其权力内在的政治色彩,却随实际的需要及政党政治的运用,逐渐增浓。

立法调查权作为一种非常态的立法信息权,它的动因既然在于与行政权的互信遭到破坏,它的功能即在于进行独立的信息搜集,以便将行政权(包括

---

① Kilbourn v. Thompson, 103 U. S. 168.
② McGrain v. Daugherty, 273 U. S. 135.
③ 在制宪会议中,立法部门被认为是国家的"最高调查者",但Philip Kurland认为,这个名词只是适用众议院在行使弹劾权的唯一权力时,并不表示国会具有全面性侦查的权力(broad power to probe),这个名词只是殖民时沿袭自英国下议院的传统。参见Richard M. Fried, Executive Privilege, in Joel H. Silbey ed., *Encyclopedia of the American legislative System*, University of Chicago Press, 1994, p.1456.

议会中的政治对手)不当或违法行为公之于世,而进行政治宣传,使被调查人的诚信和声望受损,而达到政治制裁目的。立法调查权的目的是进行政治制裁,而不是法律制裁。立法调查权可能由执政党的议员发动,也可能由反对党的议员发动,由执政党议员发动的调查权,通常比较没有成效,它的政治制裁效果,充其量是执政党从政人员的下台,在立法调查权的理论和实务上,并不重要。比较重要的是由反对党所发动的立法调查,这种立法调查权的本质是政党斗争,借由事件真相的公布,进行政治宣传,正面地说是提供人民正确的政治信息,负面地说就是损伤政治对手的诚信和声望,所要达到的政治制裁,就是借由人民的选择,促成执政权的转移。尤其当反对党为议会少数时,无法利用预算及强有力的质询程序监督执政的政府,拥有发动立法调查的权力,就落实民主政治及责任政治而言,极为重要。换言之,就立法调查权的政党斗争特质而言,亦符合宪法权力制衡的原理,而具有宪法上的正当性。

无论内阁制国家还是总统制国家,调查权的行使与政党政治紧密联系在一起,"立法机关在决定行使(尤其是对行政机关的)调查权过程当中,政党政治和媒体似乎扮演了一个太过重要的角色"。[①] 调查权及调查委员会常为政党实现其政治目的的工具,对于怀有政治野心的国会议员而言,掌控调查有利于使大众支持其监督行政部门。因此,议会调查权易成为国会议员用以增加声望或提高地位的政治性工具。下面以德国为例加以说明。德国联邦众议院依基本法第42条第1项规定四分之一议员即有权要求众议院设置弊端调查委员会,在德国议会内阁制体制下,议会调查权遂成为反对党的一项重要公手段。《德国联邦众议院调查委员会法》第4条规定,调查委员会的成员与代理成员数目依各党团的席次比例决定;第5条则规定调查委员会成员与代理成员由党团加以任命及解任。弊端调查委员会的成员当然是以联邦众议院的议员为前提。由于弊端调查委员会的组成基本上乃以政党比例组成之,导致即使在少数党要求下任命调查委员会,仍有多数党主导调查委员会的运作。遇到重大政治事件,委员会中反对党成员尽其全力要挖掘丑闻,执政党人员自是与执政党同一阵线,调查委员会的多数报告与少数报告,在德国学说上被讥为比例的真实。少数党在多数党不愿启动调查机制来为难政府,又无法突破调查委员会运作困境的情况下,使得联邦众议院自1949年至1999年才任命33

---

① Kalah Auchincloss,Congressional Investigations and the Role of Privilege,43 *Am. Crim.L.Rev.*,2006,Vol.165,No.1.

个委员会。为了改善调查委员会的运作状况,2001年6月19日,联邦制定了调查委员会法规范相关行使议会调查权的程序。

(四)准司法性

调查权作为议会贯彻其职权上所必需之工具性权力,议会可以在不依赖政府来源的情况下通过调查委员会独立获得它所需要的信息,因为调查委员会拥有准司法权,可以像法院那样强制收集证据并要求任何有关机构提供咨询,对于无故抗拒调查或违反作证义务之人,可科处罚金或监禁,以防止被调查人或证人伪造、变造、湮灭或隐匿证物,或为虚伪的证言。对其他证人的传唤、询问及各种证据之获得,盖准依司法机关审查案件所用的程序进行[1],例如德国联邦基本法第44条第2项前段规定"调查准用刑事诉讼法程序之规定"。

调查权的行使涉及很多专业的司法程序。1871年英国制定《议会证人宣誓法》,规定各特别委员会有权传唤证人,调阅文件及纪录,假如有人拒绝出席作证,该委员会得报告下议院以"藐视罪"追诉,如证人作伪证亦可能被依伪证罪起诉。依照英国宪法理论家尔斯金美(Erskine May)在其著作《国会规程》(*Parliamentary Practice*,第23版)中指出,藐视议会的一般定义为:"任何足以干扰或阻止议会或议员执行任务的举措或疏忽,这种干扰可以是直接或间接的,或许之前没有先例,可是其结果仍然可以定义为'藐视议会'。"[2]"藐视"一词的含义十分广泛,因为可构成妨碍上下议院或其辖下委员会履行职能的行为多不胜数。上议院和下议院均具有裁定有关行为是否构成不当干扰(若是不当干扰,即属藐视行为)的独有权利。在美国,1921—1924年间,时任美国司法部长的道赫迪(Harry M.Daugherty)被控滥用职权,经美国参、众两院协商后,设立五名参议员组成特别委员会调查相关指控。该特别委员会传唤了道赫迪的弟弟摩利(Mally S.Daugherty)出席作证并提供证物,唯摩利两次拒绝,参议院于是通过一项决议案要求逮捕摩利到院,摩利被捕后向地方法院申请人身保护令,地方法院判决逮捕摩利之行为为非法,并下令释放摩利,其理由是参议院的调查和逮捕令逾越了宪法赋予的权限。该案后来上诉到最高法院,最高法院判决认为在立法实践上,经由要求作证者出席作证的方式,以

---

[1] 曾繁康:《比较宪法》,三民书局1993年版,第339页。

[2] Erskine May, *Treatise on the Law, Privileges, Proceedings and Usage of Parliament*, Butterworths,1997,p.128.

确保获得必要之数据乃系立法权之特质与属性,而国会调查权是立法功能的主要且适当之辅助。①

然而,议会的调查权在本质上与司法调查权并不相同。议会调查权的行使需要司法机关的合作。在三权分立的美国,立法权、行政权与司法权是泾渭分明的。即使立法机关国会在行使其调查权的时候,涉及司法程序的仍然是需要通过法院来协力合作完成的。比如传召证人的传票是通过法院来签发的。如果涉及有违反调查权的情况,触犯了藐视国会罪,也是通过起诉到法院,由法院来予以刑罚。而如果证人的权利受到侵犯,也可以寻求法院的司法保护。

议会的调查权乃是议会的"辅助性权力",目的是辅助议会行使宪法上所赋予之职权。即议会调查权是一种信息取得权,目的是协助议会取得必要的信息,以判断进一步该采取何种适当措施的辅助权力。行使调查权的委员会的成员,一般不是法律专业人士。故其权力往往溢出范围遭到滥用,加以委员多半又缺乏遵守司法程序的人格修养,各委员会又均系政党组织,因而往往会成为打击政府、损毁被调查者名誉或成就个人声望的工具。就追究责任而言,国会调查权最后的目的,仅能追究政治责任,而非司法责任。司法责任之追究仍须由司法机关依法进行。倘议会在调查过程中发现违法情事,就法律责任部分,国会可以送请司法机关处理。国会不能采取强制的搜索、扣押、羁押等行动,也不能进行审判,或处以刑罚。

(五)欠缺法律拘束力

议会调查不会产生任何的拘束力。此外,法国国会调查权的组成需要经过法制委员会的审议通过,且须经过司法部长确定该系争事件尚无进入司法侦查阶段之情事,这是其比较独特的地方。若审议事项与行政权力核心冲突时,行政机关可以基于此等正当理由不予提供,但调查委员会有任期的限制,一但超过时间,无论调查完成与否,都需要将报告提报缴回国会,能否再次发动调查要看议长有没有反对意见,此项议长看法即成为左右国会再次发动调查的关键因素,也是反对党想要行使调查权不易排除的障碍。

---

① Mcgrain v. Daugherty, 273 U. S. 135.

第四节 议会调查权的界限

议会调查权制度由立法机关行使,原本就是政府体制下的制衡机制;而立法机关代表民意行使职权,亦有监督的作用。然而,议会调查权也存在局限性,曾经担任美国参议院水门事件调查委员会主席的欧文指出,国会的调查可以作为"撬开藏污纳垢盖子的工具",也可能"贬低我们的原则,侵犯公民的隐私,为蛊惑人心的政客和卑鄙肮脏的家伙提供讲台"。[①] 所以,对于议会调查权的研究趋向于如何从实质上和程序上对其进行有效的限制,以保证其发挥其积极方面的作用,而防止其消极方面的影响。[②]

一、议会调查权的目的限制

议会调查权的事项范围,即为议会行使调查权之标的与对象,此应该对于宪法所赋予的议会职权有重大关联的事项,才能行使调查权。例如美国最高法院在 1957 年瓦特金斯诉美国(Watkins v. United States)一案的判决中,作了明确的解释:"议会调查权是立法权固有的权力,其范围相当广泛,它包括追踪有关行政机关执行法律与草拟所需法律的调查,也涵括那些由于在社会、经济或政治制度的缺失得由议会加以救济、补救的调查,同时也应包含对联邦政府贪渎、无效率或浪费问题的揭发调查。"[③]可见,议会调查权的范围以其职权行使有关之事项,只要是议会行使职权所必要者,就是议会调查权之范围,然亦不能违反权力分立之分工原则,也不可违背权力制衡机制。

(一)实现立法目的

议会的立法权范围包括法律制定、法案准备与起草,所以除形式意义法律外,其他如有助于将来立法之制定或修正,亦属正当的立法目的,故任何与立法目的相关之调查权,例如辅助立法的调查、行政监督及报道之机能履行,都

---

① 周伟:《各国立法机关委员会制度比较研究》,山东人民出版社 2005 年版,第 604 页。
② William P. Marshall, The Limits on Congress's Authority to Investigate the President, *U. Ill. L. Rev.*, 2004, Vol. 781, No. 8.
③ Arthur Maass, *Congress and the Common Good*, Basic Book, 1983, p. 214.

应该可以扩张解释成议会为了实现立法目的所为之调查。就美国宪法而言，其"前言"显示所有的政治权力来自人民，其第1条规范立法权，因为行政、司法的组织与运作，都要由立法权来订定规则。而第2条规范行政权，明确表示行政权就是在执行立法权所给予的任务，不能超越法律之外而任意作为，此即依法行政之概念。在第3条就规范司法权，即人民与人民之间，或人民与政府之间如有关于法律之争执，即诉诸司法处理，也必须要依法律来审判。所以司法仍然后于立法，此系清楚说明其宪政制度之三权分立彼此之关系。就此观之，西方民主国家之三权分立宪政制度，行政权与司法权皆须依据立法机关制造之法律来尽其"依法行政"与"依法审判"之职权，所以代表人民之国会，显然在职权之行使上有其重要性，基于立法目的之达成，当然要具有调查权。

美国最高法院对立法权与调查权之关系作了以下解释，根据这些判例里所揭示的原理原则可以决定调查权之范围：(1)即使调查决议中，未特别明示立法之目的，倘从决议本文中，立法之目的得明白的推定，则其调查即为适法。亦即调查的释宪性受到推定。从而调查之结果对于未来采何种行动，并无预先表明之必要①，因为调查只是为了决定应作何种立法行动，调查所达成的结果，本就无法预期。(2)即使调查的结果不一定要拿来立法，仅须强化现行法或仅是对于现行法执行方法之效果的确认，这样的调查目的仍是适法(Sinclair v. United States)。基于立法目的而为审问之权限，不应以获致立法之劝告与否来判断其适法性(Tounsend v. United States)。(3)若调查的目的系为了有效地达成立法及其他活动，所为必要的信息收集，即便其他活动并非宪法上所认定之范畴，但若真的有为其他活动所致之信息搜集行动，并无法使得整体的调查手续无效，因为无论有无滥用调查权，应无法成为否定调查权之根据(McGrain v. Daugherty)。

所以依照上述说明，可以知道任何与立法过程相关的程序所行使的调查，其行为均应为适法。而且对于行政机关进行调查之行为时，基于监督制衡之必要性，可以推定系基于立法目的之调查，这样的结论也间接使得调查权"及于所能思及的最大范围"。另外，若完全表明立法之意图时，或可知有此意图时，相关立法者当然希望受调查之对象或标的都能够被涵盖，唯不能逾越行使立法目的所为之调查。也就是说，国会调查权之行使以立法目的所为之调查为其核心界限，不得跨界行使与立法目的无关之调查，然与立法目的周边相关

---

① McGrain v.Daughery,273 U. S. 135(1927)

而有助于立法职权行使如立法准备之搜集资料,应该是可以附带在可行使之范围内,即有助于立法目的之达成,是国会可以行使的调查权。

美国下级法院的许多判决中所陈述的调查权范围更为广泛,其认为调查合法性的推定范围有逐渐扩大之趋势。其实美国最高法院在 Oklahoma Press Publishing Co. v. Walling 案①中,对于调查权的解读为其"不受调查之盖然结果预测的限制",亦即其已将调查权之对象视为较立法之范围更为广泛。从而,以本案判例理论为基础,自始即严厉批判 Kilbourn v. Thompson 一案中之判例意旨:"调查权的结果出现有效法律若不明显,则调查完全无益。"反之,上述 Oklahoma 案中的调查权结果非盖然性的学说更受到沿用,认为调查权行使的条件,只要有关联性就可以作为议会执行该调查权的范围。

美国对于国会调查权调查的范围解释较为宽松,甚至可以说对于国会调查权并非有很多之限制规范,除了立法目的、过程外,甚至对有关联性的活动所为之调查,都可以解释为为了立法目的而行使的调查权。美国国会调查权亦有被滥用的情形,例如 1946 年众议院所设非美活动委员会,虽然引起非议,但国会调查权仍为司法界所赞成。

(二)对行政机关的监督

除具立法功能之外,议会的重要功能就是控制功能。议会控制功能的意义在于,通过议会各种审查与决定程序,议员得以获取足够信息,从而对行政权展开直接或间接影响与监督。依据一个国家宪政体制(总统制或内阁制)不同,各国议会控制权限大小或内容范围皆不相同。议会如欲强化其控制功能,必须提升对信息的掌握能力,亦即增强信息取得能力以及信息处理能力。前者可通过质询、调查委员会、举办公听会等,要求政府相关机关提供资料。如果要求私人提供信息,则须依据法律规定为之。后者,因信息之大量且专业,必须借改善信息分析使用能力始足以达成,因此议会委员会调查权的行使具有必要性。

参照美国议会的职权,不难发现从联邦议会对于政府支出及法律执行状况的调查到各种国家重要事项的调查,美国议会都被赋予很深厚的民意来监督整个国家行政部门的运作与成效,以确定民众的权益没有被剥夺。而美国国会为了加强对行政权的监督,在 1946 年成立"立法改组委员会"订定立法

---

① 美国联邦最高法院判决,Oklahoma Press Publishing Co. v. Walling - 327 U.S. 186 (1946),http://supreme.justia.com/cases/federal/us/327/186/.

重组法则（*Legislative Reorganization Act of* 1946），亦即"为协助国会注意法律的施行，参议院或众议院之各委员会，应经常注意各行政机关对于任何法律之执行情形，各委员会为达成此项目的，并应就各行政机关向国会提出之各项有关报告及资料"。这也直接确定国会之行政监督机能，毫无疑问，代表人民行使立法权之国会，对于行政权之监督是本分，是天经地义的道理。

在美国联邦议会最早基于行政监督目的，而调查行政机关活动之事例，即为 1792 年下议院对于印地安战事惨败所为之调查，当时华盛顿总统允许财务部长及陆军部长出席下议院作证，唯美国判例并未承认议会得基于行政监督之目的行使调查权。但在 McGrain v. Daugherty 案中，表示即使授权决议中没有明白表明为实践立法目的而为之调查，但如果有助于未来立法，调查亦属合法，就此一案例建立了国会对于司法部腐败事件之调查系为适法，亦即事实上承认基于行政监督目的而为调查。总之，要公权力所行使事项有弊案发生，国会调查权就可以介入，此亦为国会监督行政之主要思考点，所以国会职权之行使面向不应以立法目的为单一职责，监督行政当然也是主要工作项目。

（三）引导民意

此部分国会调查权的行使范围主要系由美、日国家的学者提倡，其认为议会之功能应该包括提供国民信息，意即"知的权利"，发挥报道作用（Informing Function）。国会既为由人民直接选举产生，则其代表人民之本质即属主要之角色，除上述监督行政与立法功能是国会核心职权外，国会议员亦有服务选民之功能，所以基于代表与服务人民之必要，国会就调查职权行使所获得之信息，当然要公开让人民知道，此亦可发挥教导民众之功能而有报道作用。

关于国会调查权的报道作用案例，包括 1953 年美国联邦最高法院在 United States v. Rumely 49 说明议会之报道机能为必要不可或缺，1957 年最高法院在 Watkins v. United States 案中表示"自联邦议会历史非常早之时期开始，联邦议会即一贯地行使此一机能"，及 1972 年 Gravel v. United States 案提到"联邦议会与人民间的对话，自独立以来，即为代表制度之必要要素而受到承认"。从这些判例都可以知道国会调查权执行的范围是为了实践对人民的报道作用，借由对公众信息的提供，确定人民有被告知的权利，也确定报道本身系可以成为调查合法性之根据。借由舆论的效果来驱动民主的实践，这样对行政机关也会发生被报道作用。

国会调查权行使之目的是多元的，实现立法目的与监督行政部门是最重要的制衡功能，而以国会机关之代表民意与国会议员之服务选民来说，报道作用也是国会调查权行使不遑多让的任务,就政府信息公开及教育民众之义务而言,其重要性亦不宜忽略。

国会调查权的目的在于辅助宪法赋予国会执行相关职权,包括其调查事项过程或者是期待修正、产出结果的部分事项,都与其职权有重大关联性,任何因为上述缘由而发动的调查,皆应该被含括在国会调查权的范围内,唯包括此项权限,但不限于满足人民知的权利,这也是国会调查报告为何要公之于世的原因。这种辅助性的工具,不能超越它作为辅助立法的本质,在所为职权行使之活动中,例如监督行政机关,也都是要基于保障人民的权利,希冀未来可能达成立法目的等。所以国会调查权之行使,无论是立法职权之行使或行政监督之目的,均要以人民之角度出发,以落实服务选民之目的,所以上述三种目的只是从不同之角度观察,不必强调其功能性,就重要性而言当属无分轩轾。

二、行政权对于立法会调查的限制

基于权力分立原则,议会委员会对于总统提出调查需求仅为请求而非强制命令,因为总统的权力系直接来自宪法而非议会创设。

(一)行政特权制度的产生与发展

行政特权概念源于美国,韦氏美国法律大百科定义为"总统与高阶行政官员得拒绝提供政府机密与私密对话给法院或国会,以免妨害政府有效运作与决策的权利"。① 行政特权是美国三权分立政治体制的"直接产物"②,根植于宪法确立的三权分立政治体制之中。③ 总统拥有行政特权(executive privilege),意即总统或获总统支持之各内阁部长,如判断信息的提供系会违反公共利益者,得拒绝议会之文书提出请求、命令。"行政特权"这个名词亦于1958年被正式提出。④ 在理论上,行政特权是指"为了执行实施法律的宪法

---

① Definition of "Executive Privilege", West's Encyclopedia of American Law, http://www.enotes.com/wests-law-encyclopedia/executive-privilege.

② J. Richard Broughton, *Paying Ambition's Debt: Can the Separation of Powers Tame the Impetuous Vortex of Congressional Investigations?*, 21 Whittier L. Rev., 2000, Vol.797, p. 814.

③ United States v. Nixon, 418 U.S.683, 708(1974).

④ Raoul Berger, *Executive Privilege*, Harvard University Press, 1974, p.1.

职责,总统必须对一定类型的文件和通讯予以保密"。① 行政特权首先被用来抵制国会的调查,故美国著名的政治科学家罗奥尔·伯杰(Raoul Berger)教授简洁地将之定义为"总统拒绝向国会公开信息的宪法权力"。② 尼克松政府国务卿威廉·罗杰斯(William Rogors)则认为,"行政特权是总统封锁消息的一种行为,也是总统出于维护总统权力的宪法完整性的一种需要。如果总统将一切情况公之于众的话,这不仅妨碍行政部门执行公务,而且也有损于公共利益"。③

作为三权分立宪政体制的产物,行政特权源于宪法至上和权力分立原则,意味着宪法机构依据宪法享有的权力在宪法规定的范围内具有独立性和至上性,宪法机构在行使其宪法权力时,有义务尊重其他机构对其宪法职责的履行,不得仅以本方权力行使的需要否定其他宪法权力的正当性。美国实行三权分立,关于国会调查权之行使,虽政府部门大体均能予以尊重,但基于三权分立的原则,自1792年华盛顿以来的总统都不能免于与国会发生冲突,尤以杰克逊(Andrew Jackson)担任总统时,其间之冲突最激烈。美国历届总统们也力谋避免让个人遭到舆论的抨击,特别是当国会要求的文件或档案不完全、歪曲、不正确或偏差之际为尤然。拒绝国会调查委员会所应提供资料要求的历届美国总统包括:华盛顿、杰佛逊、门罗、杰克逊、泰勒、波尔克、裴摩尔、林肯、葛兰特、海耶斯、克里夫兰、罗斯福、柯立芝、胡佛以及胡佛之后的所有总统。如此长久的惯例,以及国会并不太将此等事件移送法院的态度,已经显示了权力分立制度允许总统在某种情况下,可以拒绝国会的提交数据的要求。

在行政与立法的分际上,行政体系是否能以业务机密为理由,拒绝国会索取资料进行调查,亦为调查权运作的一大灰色地带。行政部门控制信息权力的用语上有"行政豁免权"(executive immunity)、"通讯特权"(communication privilege)、"总统特权"(presidential privilege)、"行政特权"(executive privilege)、"国家机密特权"(state secrecy privilege)等等。

---

① The 1992-93 Staff of the Legislative Research Bureau, An Overview of Congressional Investigation of the Executive: Procedures, Devices, and Limitations of Congressional Investigative Power, 1 *Syracuse J. Legis. & Pol'y* 1, 1995, Vol.16.

② Raoul Berger, *Executive Privilege: A Constitutional Myth*, Harvard University Press, 1974, p.1.

③ 江心学:《行政特权:美国总统的护身符》,载《解放军外语学院学报》1993年第3期。

国家机密特权是行政特权的下位概念。"行政特权是基于宪法上权力分立原则所生,是一个有限权力,为保护总统与幕僚的通讯,不被国会与大众所窥探。目的是要幕僚间提出诚实与公开的讨论意见,免除被公开于大众的疑虑。而当诉讼的对造证明出有信息需求的需要性大于隐私权利益时,法院可以要求政府提出。""而国家机密特权是在法律层次被广泛承认的绝对权力,并且有较多的案例说明。一旦该特权被主张了,不论对造证明出多大的证据需要性,都不能对抗特权,不像行政特权般有折衷方案。"①行政信息是庞大、无所不包的,而行政权之所以主张特权,是为了拒绝其他非行政部门的信息请求(国会、法院、大众)。国会透过质询、文件调阅、调查委员会形式请求信息;法院则是因证据需求要求行政机关提出文书或是证词;一般大众则是依据信息公开法规要求信息;行政特权的主张是针对国会或者是法院,而对于私人请求信息被拒绝,也必须透过司法救济。

在"国会调查权与行政权"方面,争议之主要系由所谓"行政特权"(ececutive privilege)而来。有学者认为,如果法院想要向行政体系索取资料,行政体系有权以国家机密为理由加以拒绝。但此一理由对国会而言并不适用,因为宪法明文规定国会拥有宣战及支持武装部队之权,行政体系并无立场以国家安全的理由,拒绝国会分享信息。故而,在1966年通过的《信息自由法》(*Freedom of Information Act*)中,美国政府列举了九类行政体系可以不向外界公开的档案,但却特别声明并不列为保密的对象。行政部门保留信息有两种方式:依照法律(例如政府信息公开法)某些信息可以保留,或者是依行政权。两者应严做区分,以避免混淆;特别是在两种情况竞合时。换句话说,行政特权是依照法律没有任何保留信息依据时,才可以主张。

(二)行政特权与议会调查权的互动

美国自水门案以降,法院见解始终认为此特权之主张,并非不受审查,系需经审核,始能发生,已成定论。

1. 克莱尔将军调查案

1792年国会第一次行使调查权,对克莱尔 Arthur St.Clair 将军远征印第安部落战败原因予以调查。作战部长 Knox 将国会要求提供的请求告知总统

---

① Robert M. Pallitto and William G. Weaver, *Presidential Secrecy and the Law*, Johns Hopkins University Press, 2007.

华盛顿,因为涉及权力分立,总统召集所有重要官开会。① 在会议中,华盛顿基于权力分立,认为行政部门为维持公共利益应保护机密而不应提供任何数据原本;所以拒绝提供原本,但是决定相关人员应国会要求亲自到国会并回答问题。② 最后的结果是华盛顿还是准许提供调查委员会数据的拷贝本。

华盛顿总统主张,如果总统认为公开相关信息有损公共利益,则有权予以保密。理据有二:一是根据三权分立的原则,任何其他机构均不能强迫总统公开通信,二是保密对总统履行管理国家和外交事务的宪法职责极为重要。③ 华盛顿总统创造了行政特权的先例,并为其他美国总统所援用。④

这个事件有两个意义:一是总统可以基于机密的理由,拒绝提供文件,从此以后为历任总统所仿效;二是行政首长虽未于国会作证,但是在委员会前为之。不过行政首长是为了保护文件的机密性而出席委员会,其依据并不是总统的指令,反倒是国会本身的要求所致。不管总统的主张是否被国会承认为宪法上权力,他是第一个主张行政特权的案例。影响后来的伯尔叛国案、水门事件与克林顿总统的弹劾案,都根据权力分立原则,提出行政特权主张。

之后在华盛顿与大英帝国签订《杰伊条约》(Jay Treaty)时,众议院又再一次做成决议要求提供他对全权代表的指示以及条约交涉的来往信件。国会的理由是国会负责款项的发放,基于审查他们需要相关信息以符合宪法的付托。华盛顿认为在条约交涉过程中的机密是必要的,宪法也赋予他全权的谈

---

① 有些学者认为这是内阁的起源(beginning of the Cabinet)。Adam Carlyle Breckenridge, *The executive privilege: Presidential control over information*, University of Nebraska Press,1974, See also, Louis Fisher, *In the name of national security*, University Press of Kansas, 2006, p.214.; Kalah Auchincloss, *Congressional Investigations and the Role of Privilege*, 43 AM. CRIM. L. REV.,2006,Vol.165, p.167.

② Joseph P. Harris, *Congressional Control of Administration*, Brookings Institution,1980,p.251.

③ See J. Richard Broughton, *Paying Ambition's Debt: Can the Separation of Powers Tame the Impetuous Vortex of Congressional Investigations?*,21 Whittier L.Rev. 797,2000, p.815-817.

④ See Kalah Auchincloss, *Congressional Investigations and the Role of Privilege*, 43 AM. CRIM. L. REV.,2006,Vol.165, p.188.

判权限,在缔结条约时他只需要跟参议院共享此一权限。① 不过,他倒是指出,要是众议院以弹劾为由来开口,他会欣然配合。

2. United States vs. Burr(1807)案

杰佛逊(Thomas Jefferson)总统在位时,副总统 Aaron Burr 被指控叛国,他企图率领一批政治人员以及军事人员建立一个独立于美国的新国家,但是最后因证据不足而无罪释放。众议院也曾就 Burr 阴谋案作出决议要求总统提供数据,决议内容是"总统应该将行政部门的数据提供于国会,除非他认为基于公共利益而不能公开者"。② 杰佛逊断然拒绝,因为保护无辜的人以及避免危及嗣后可能会出现在司法程序中的相关人等。Jefferson 指出:"信件的内容(因为国会要求提供信件往来),常常是掺杂着谣言、推测与猜测,从此种信件还原真实是不太可能的;此外基于证据法则,应尊重隐私以及机密性,原则上不能因为安全或是司法正义的理由而要求公布姓名,除非该当事人的罪行已经无可置疑时。"③

美国联邦首席大法官马歇尔指出,应该是由司法部门经过检视以后,才来决定文件的揭露是否会危及国家安全。不过,杰佛逊总统完全不予理会法院的传票要求,在回信给本案检察官时表示法院无权判定文件是否涉及国家安全,检察官表示愿意提出信件的所有部分给法官马歇尔,而且建议法院没有发出传票的必要,并希望马歇尔可以基于保护国家机密的理由,裁示该信件内容非本案所必需的证据。④ 终究,马歇尔并未逼迫总统交出手中的文档,而杰佛逊也宣称是自愿配合。⑤

而在早期国会调查权时期,则出现了以 1821 年的安德森诉邓恩(Ander-

---

① Hamilton 在《联邦党人》(*The Federalist*)第 75 篇中也认为国会本质上不适合作为缔结条约的机构:"国会是一个变动、人数众多且复杂的组合体,不适合从事外交事务;因为这需要精准复杂知识、稳定以及相同的观点、对于国际事务的统一认知。所以不适合由一个人数众多而且想法不同的团体为之。"

② Adam Carlyle Breckenridge, *The Executive Privilege: Presidential Control over Information*, University of Nebraska Press, 1974.

③ Adam Carlyle Breckenridge, *The Executive Privilege: Presidential Control over Information*, University of Nebraska Press, 1974.

④ Richard K. Neumann Jr, The Revial of Impeachment as a Partisan Political Weapon, 4 *Hastings Const. L.Q.*, 2007, Vol.161, P.207.

⑤ United States v. Burr, 159 U. S. 78.

son v. Dunn)①为代表的宽泛的调查权,以1881年科尔本诉汤普森(Kilbourn v. Thompson)②为代表的狭隘的调查权以及代表再次回复到宽泛的调查权的1897年查普曼(In re Chapman)③案。

在 United States v. Reynolds(1953)案中,美国联邦最高法院认为总统在维护国家安全的情况下,可以拒绝交出军事、以及外交机密。不过,判决书也警告,总统不能恣意宣称国家安全遭到威胁而享有绝对的行政特权。④

3. United States v. Nixon 案

直到20世纪50年代的艾森豪威尔政府时期,"行政特权"一词才正式出现。⑤ 行政特权与国会调查权的冲突在1976年 United States v. Nixon 一案中全面爆发。⑥ 特别是美国联邦最高法院在1974年 United States v. Nixon

---

① 美国联邦最高法院于1821年的 Anderson v. Dunn 案中表示意见,认为国会处罚藐视国会者并不违宪,是国会宪法上的权力之一,若不承认国会有权处罚藐视行为,将导致国会"暴露在各种激动情绪的威胁之下,且其将为粗鲁无理、善变,甚或阴谋所干扰"。Anderson v. Dunn, 19 U.S. (6 Wheat.), pp. 228-229.

② 联邦最高法院1881年在科尔本诉汤普逊一案的判决中提出,国会有调查权,但其调查事项应限于国会的立法权范围,其行使不能破坏三权分立的原则。Kilbourn v. Thompson.103 U.S.168, 190(1881).

③ 1897年的 In re Chapman 案中,当时参议院为调查某些牵涉支持糖业托拉斯游说关税法案(Sugar Trust)的参议员,传唤糖业托拉斯经纪人 Chapman 出席作证,但其拒绝出席,进而引发争议。联邦最高法院认为,"国会对两院议员的调查是一种合法的行动",并认为"惩戒和开除议院成员是参众两院宪法上的权力,对于玩忽职守的参议员,有关廉正与操守的调查,皆应列入参议院宪法权力范围之内"。In re Chapman, 166 US 661 (1897).

④ 一台军用飞机在飞行中测试秘密电子装备坠毁,导致数字民间观察员死亡。他们的妻子依据侵权法(Tort Claims Act)控告美国政府;并且依据联邦民事诉讼规则第34条(Rule 34 of the Federal Rules of Civil Procedure)要求政府提出空军意外调查报告与生存者在报告中所做的证词。地方法院准许原告请求,认为证据需要性已经证明;而侵权行为法要求政府如私人般负赔偿责任,所以不能针对任何行政机关所持有的资料主张特权。Reynolds v. United States, 98 U.S. 145 (1878).

⑤ 这一用语源自众议院非美活动调查委员会(House Un-American Activities Committee)以麦卡锡命名的听证会。J. Richard Broughton, Paying Ambition's Debt: Can the Separation of Powers Tame the Impetuous Vortex of Congressional Investigations?, 21 *Whittier L. Rev.*, 2000, Vol.797, p.817.

⑥ See Kalah Auchincloss, Congressional Investigations and the Role of Privilege, 43 *AM. CRIM. L.*, 2006, Vol.165, p.186.

案所持见解最具代表性。在该判决中,美国联邦最高法院针对总统所被命提出之证物属性,进行类型区分而赋予程度不同之保护。首先,就涉及"军事、外交或敏感之国家安全机密",美国联邦最高法院表示并不适用一般之个案具体权衡操作模式,而有必要给予此类信息特别保护。简言之,纵使检察官证明在系争案件中有利用此类证物之需求,亦不足以突破总统得拒绝提出此类证物之特权保护。总统就此类信息所得主张,为"国家机密特权"(state secrets privilege),并非仅系一般的"相对特权"(qualified privilege),而系"绝对特权"(absolute privilege),盖继续维持此类信息秘密性所具有之公共利益,已远远地超越所命揭露此项信息在系争个案中所得获致之利益,从而无须再由法院进行任何的个案利益权衡。上开之价值判断与基本原则,实早寓于美国联邦最高法院在本案前所作成之其他判决之中,在本案判决后更继续地被下级法院所遵循。其次,在不涉及军事、外交或敏感的国家安全机密情形下,对于法院命令提出的证物,如果该证物将揭露总统认为有必要保持秘密的事项,或涉及与政策决定、形成有关的讨论、沟通等信息,则该证物在原则上即推定为总统得拒绝提出(presumptively privileged),此拒绝提出之特权乃系"相对特权",得透过检察官证明其有特别需求该证物之必要,以突破此种相对特权之保护。所谓"特别需求该证物之必要"系指该证物必须与系争案件密切相关而为在该案件中实现刑事司法正义所不可或缺,同时无法经由其他途径取得时,始足当之。同时,受此相对特权保护之信息,并不限于总统个人亲自参与讨论之对话沟通,即使系总统幕僚间之对话沟通,只要是在为总统提供建议意见之讨论、准备过程中所为,亦包括在内。①

在前述 United States v. Nixon 案之前,美国联邦最高法院于 1953 年 United States v. Reynolds 案不仅确立了"国家机密特权"绝对性,并表示了基本处理原则,如果存在"合理危险"强制该证据开示将泄露在国家安全利益下所不应揭示之机密,法院即应判定该国家机密特权之主张正当,而不应坚持欲亲自审查该机密内容(即使由法官单独秘密审查亦然),否则将危及此特权原欲保护之机密安全。1978 年联邦地区法院在 Halkin v. Helm 一案中,并援引美国联邦最高法院 1953 年 United States v. Reynolds 案及 1974 年 United States v. Nixon 案之判旨,认为应该给予"国家机密特权"最大限度之尊重。总之,美国司法实务已确立一项原则,亦即,一般行政特权属于"相对特权",法

---

① United States v. Nixon, 418 U.S. 683 (1974).

院可进行个案利益衡量,以决定是否接受总统拒绝提出证物的主张;国家机密特权则系"绝对特权",或受"接近于绝对"的保障,①总统只要表明有关信息的揭露存在合理危险性,就不负证据或文书的提出义务,而法院亦应接受该机密特权的主张,不该审查机密的内容。历来只要总统主张国家机密特权,法院几乎都是照单全收,甚少有拒绝者。②

4. In re Sealed Case(Espy)案③

该案源自农业部部长艾斯比(Michael Espy)涉弊案,而遭克林顿总统命独立委员会秘密进行调查,以为是否进行处置之依据。该调查结果,本预计于1994年10月11日发布,但 Michael Espy 却提早于同月3日宣布辞职,总统遂非但未能实时作出处分,亦未能审阅该报告或调查结果。嗣后,法院命行政机关提出作成该报告之所有证物,唯其中84项文件,却遭克林顿总统以涉及行政特权为由,拒绝提出。此案即涉及总统行政特权之范围,是否限于总统所亲闻之机密信息为限?

该案法院见解,将总统行政特权区分为"总统通讯特权"(presidential communications privilege)及"审议程序特权"(deliberative process privilege)。此二特权,虽均系为保护行政决策过程之机密性。但审议程序特权,可普遍援用于所有行政程序,其被推翻之门坎较低,甚至凡被怀疑涉有弊案,该特权之推定即已消失。反之,总统通讯特权系源自宪法权力分立及总统职位特殊性之要求,仅适用于总统之直接决策,其推翻门坎则为"被要求提供之文件可能含有重要证据"且"该证据纵经最大努力,仍无法透过他法取得",对于特权之保护,显较"审议程序特权"为高。

联邦法院认为,总统通讯特权之射程,及于提供总统意见,以利总统决策之顾问、政府高层,以使该等政府高层能无顾忌地,知无不言,言无不尽。但法院亦明了此射程之放宽,可能导致此特权遭滥用,固详细限缩于与总统决策"职务密切"(operational proximity)之核心幕僚。亦即,限于总统"无法授权

---

① 黄国昌:《美国法上总统之豁免权与秘匿特权》,载《月旦法学杂志》第140期,2007年1月。

② 陈淳文:《论元首的豁免权与国家机密特权——释字第627号解释评析》,收于廖福特主编:《宪法解释之理论与实务》(第六辑下册),"中研院"法研所筹备处2009年版,第763~764页。

③ 121 F.3d 729 (D.C. Cir 1997),转引自许博然:《自美国法上总统行政特权》,http://www.justuslaw.com.tw/news_detail.php? class=122。

或代理"之核心职权(quintessential and non-delegable presidential power),例如统帅权、赦免权、议约权、代表国家接见外宾等。若是由其他行政首长依法决策之项目,例如环保政策、消费者保护、劳工安全等,总统虽有督导之权责,但该项目原则上仍非属总统行政特权之范围。总之,依该院见解,赋予总统行政特权,系借由防止特定文件信息公开,以维护总统能获充分信息之可能,而提高决策正确性之手段,其禁止特定信息公开本身,并非行政特权之目的。

(三)行政特权的范围

国会调查权与行政特权的冲突已超过两百年,两个部门经常在争议中寻找双方都满意的结果。慢慢地,在政治及法律方面,已经能辨认出哪些是某部门的专属(exclusive)领域,而哪些领域的权力必须分享。美国联邦最高法院在1959年的 Barenblatt v. U.S.案中认为国会"不可以探查政府其他部门专属职权内的事项",学者 Louis Fisher 就举出一些例子来解释传统上"专属"于总统的职权事项[①]:

(1)赦免的决定。赦免的决定是由总统独自做成,除非赦免需要国会的拨款,否则国会不能过问赦免的理由。

(2)条约的磋商。在条约作成前,国会得以过问条约内容之权力基础并不强烈。总统可以邀请国会议员参与,但完全是出于总统的自愿。

(3)战术上的军事行动计划与配置。国会原本无法过问总统于军事行动上之计划与配置,但是国会于1974年通过立法要求总统必须对国会所指定的委员会报告由中情局所进行的秘密军事行动。

(4)提名作业。总统正式提出提名人选的名单前的考虑过程,也是国会不能过问的。

(5)个人资料。国会也不可以要求总统擅自提供被提名人的个人或医疗方面的资料,否则构成非法侵害他人的隐私。

(6)行政人员的免职。在迈尔斯诉合众国案(Myers v. United States,1926年)中,联邦最高法院认为总统的免职行为和任命行为的要求是不一样的,在总统任命高级官员时,可以假定参议院对于被提名人是否胜任具有和总统同样的判断能力。而一旦这些行政官员被任命并投入工作之后,其工作的能力和品质的缺陷,以及是否忠实地执行法律,只有总统和总统所信赖的下属

---

① Louis Fisher,*Constitutional Conflicts between Congress and the President*,University Press of Kansas,1997,pp.183-186.

最为清楚。参议院不可能像总统那样具备判断能力,因此,应该由总统来决定官员的免职。总统必须拥有无限制的免除隶属于他的高级官员的权力。

(7)行政调查的档案。司法程序中,为了保护被告,所以在证据法则及程序保障上的要求较为严格,而国会调查的的标准较为宽松。总统可能会觉得有责任保护个人免于受到指控及传闻的伤害,但是这个保护并不及于行使同意权的过程,因为国会有理由拒绝被认为是不适当的人选担任政府的职位。这些受保护的行政调查档案包括政府人员的安全资料。20 世纪 50 年代,参议员 Millard E. Tydings 曾要求 Truman 总统提供,某些被指责为"不忠贞"的政府人员的调查档案,结果被 Truman 以"会影响联邦调查局的调查效率,危及秘密证人,将使无辜者遭到重要的伤害"等理由,予以拒绝。

三、司法权对议会调查权的制约

司法独立原则、法官独立审判不仅是各国宪法的基本条件,亦是近代法治国家最重要的特质。因此禁止议会以任何方式对法院正在审理中的案件作调查,至于法院已经审判确定的案件,国会倘有不同的见解,可以经由修法的程序来废弃法院的判决,无须直接对法院的判决进行调查,以免引起干涉之嫌。

关于美国国会调查权与司法权之界限,一般系以 1881 年 Kilbourn v. Thompson 案,以及 1927 年 McGrain v. Daugherty 案中美国联邦最高法院所表示之见解为依据。1881 年,美国联邦最高法院于 Kilbourn v. Thompson 案中,表明调查权之行使,不得破坏三权分立原则,而且调查事项应限于国会立法权之范围,如调查之案件涉及司法权,国会原则上不得对于系属于法院之案件进行调查,以维持司法独立。① 国会在传统上并不对法院及法院裁判案件进行调查活动。之后的许多年,国会往往必须等待多年直到诉讼结束,才能开始调查。行政部门甚至只要提起一个诉讼并且不断地上诉,就可以转移并停止国会的听证。但该原则后来被"立法目的之推定"原则加以放宽。

1927 年,美国联邦最高法院于 McGrain v. Daugherty 案中,认为若调查对象系法院行政,系属立法项目之范围之内。于该案中,美国联邦最高法院倾向承认对于系属于法院之案件,国会基于立法需要,仍得就相关部分进行调查,而司法部门中之与国会权限范围有关之部分(诸如司法行政、制度及预算等),国会仍可行使必要之调查权,并宣示:"在立法实践上,经由要求作证者出

---

① Kilbourn v. Thompson, 103 U. S. 168.

席作证的方式,以确保获得所需的数据,长久以来,这已视为立法权的特质和属性,国会调查权是立法功能的主要且适当的辅助,1857 年的法律①当可于本案适用。"②

1929 年的 Sinclair v. U.S.③案中,判决 Sinclair 的藐视国会罪成立,该案几乎推翻了 Kilbourn v. Thompson 案的结论,明白同意国会可以对系属于法院中的案件进行"并行调查"。国会对于影响全国政府利益之事项当然可以进行调查,以达到国会保障公共利益的立法功能。委员会也不必去证明它将采取什么样的立法建议。法院不但没有禁止委员会对这样已系属于法院的事件进行调查,反而认为委员会可能会发现有所帮助的事件。法院承认国会为了立法及监督执法的状况可以进行调查,且对于国会调查权的合宪性审查标准亦有显著的放宽。

基于权力分立原则,双方均避免去干预对方的程序,虽然法院不会禁止国会进行,但这并不表示国会必然得到法院的协助。在 1952 年的 Delancy v. U.S.案中,巡回法院就表示,司法不能干预国会的公开听证,应该"由委员会就公共利益考虑,决定是否在此时举行正式的公开调查"。如果国会的公开听证,对于后续的相关刑事案审判造成干扰,法院会决定将这些刑事审判改期,直到公开的效应消退。或者法院会运用一些技术来保障被告受公平审判的权利。在大部分的情形下,国会与法院之间表现出较多的合作与尊重,为了不要干预政府在刑事案件的诉追工作,国会调查委员会有时也会延后其调查,直到刑事审判终结。例如,参议员 Harrison A. William, Jr.因为犯罪行为被起诉,参议院直到 1981 年他被判决有罪后,才对他展开调查。

法国在议会调查权与司法权之关系上,对于司法事务与经宪法授权予其他宪法机关权限范围之事项,不得为国会调查权行使之标的,国会对于已经进入司法追诉程序之案件,不得成立调查委员会,如于其时已成立者,应立即停止运作,以避免有干涉司法权之虞,或出现调查报告与司法侦审结果格格不入或不同调之情形。为此,对于国会议员成立调查委员会之提案,国会两院议长

---

① 即美国 1857 年的联邦法律,其有明定,"凡被国会传唤前来就其调查中的任何事件提供证词或证据者,如故意不出席,或虽出席而拒绝回答问题,则须按规定起诉,并判予一千元以下一百元以上罚金或十二个月以下一个月以上的有期徒刑",使拒绝到国会作证者须受轻罪的处罚制裁。

② See McGrain v. Daugherty, 273 U.S. 135 (1927).

③ 279 U.S. 263 (1929).

均须告知司法部长,以便确认系争事实尚无进入司法阶段之情形。① 然法国学说有认为司法管辖的案件,议会亦得予以审查,因为其调查之目的不同。对于司法调查与议会调查有所区分,议会之调查在于协助立法之修改或追查相关部门人员过失之政治责任,并非代替司法权或行政权从事判决或行政行为。

以日本的"浦和充子事件"②为例,1949年3月30日,参议院法务委员会关于浦和充子案件的调查报告正式发布。法委会在这份报告中作出了如下结论:"法官和检察官都犯了事实认定的错误。判决把本案犯罪动机理解为生活之苦,但案发之时充子的生活,难以想象已困苦到不自杀就无法生活的境地。另外,有关充子是否决意要死的事实认定也有疑问。所以,量刑也过轻。原本是基于父母爱情的犯罪行为,即使充子没有再犯的可能性,鉴于本案犯罪的残忍性和计划性以及对于同等犯罪量刑的一般标准,缓期执行的量刑未免过轻。之所以出现这样的事实认定和量刑两方面的错误,和担任审判的法官、检察官的封建思想作祟、基本人权意识的欠缺不无关系。"③参议院法务委员会对充子案件的调查本身就已经引起了日本最高法院最强烈的异议,而其在调查报告中批评浦和法院事实认定和量刑两方面"错误"更是招来了全国上下一片责问与声讨。参院法委会就浦和充子案件进行的"关于法官对刑事事件的不当

---

① 参照许志雄:《国会调查权》,载《月旦法学杂志》,台北元照出版社1996年第19期。

② 在东京浅草一家小吃店工作的已婚女子——充子育有三个女儿。因丈夫嗜赌成性、不务正业而深感生活无望、前途渺茫的充子决定带着三个孩子一死了之。1948年(日昭和二十三年)4月6日晚上,充子让三个女儿(分别为8岁、4岁和2岁)喝下掺有杀鼠剂的煮鱼,随后将昏迷的三个女儿卡脖绞杀致死。事毕,充子本人亦喝下一碗鱼汤以自杀,但因杀鼠剂并非致命毒药而未遂。于是,充子到当地警察局投案自首。当地检察机关以杀人罪起诉充子,东京浦和地方法院随即受理此案,担任此起刑事案件审判长的是该院牛山毅等法官。三个月后的7月2日,浦和地方法院对以杀人罪被起诉的充子判处有期徒刑3年,缓期执行3年。对此判决,当地检察机关并未抗诉,因而充子杀人案可以说至此正式结案了。然而,日本国会参议院法务委员会认为浦和地方法院对充子杀人之罪判处3年监禁并缓期3年执行乃量刑过轻、实属不当,遂直接传唤包括主审法官牛山在内的本案相关人士,展开有关检察与审判之运作的调查。广受关注、影响深远的"浦和充子事件"就是因参院法委会对此案进行调查而起。[日]山本佑司著,孙占坤、祁玫译:《最高裁物语:日本司法50年》,北京大学出版社2005年版,第69页以下。

③ [日]山本佑司著,孙占坤、祁玫译:《最高裁物语:日本司法50年》,北京大学出版社2005年版,第72页。

处理的调查"可谓兴师动众、不避嫌疑之至。被要求出席调查、提供证言的人士有浦和地方法院充子案件的主审法官牛山毅等、充子案件有关检察官、充子、充子的丈夫及其他案件相关人员。法委会甚至以"为了知道社会人心动向"为由,对一些知名教授、作家、社会活动家以及《朝日新闻》、《每日新闻》、《读卖新闻》等著名报社的社会部长也作了调查,征求他们对本案裁判之意见。就调查内容而言,主要有"该案中法官对于基本人权尤其是尊重生命及务必清除的有关封建思想的认识程度"、"法官对于此等事件量刑上必须调查的事实范围的认识程度"等等。

四、证人权利保障对议会调查权的制约

(一)基本权利构成议会调查权的界限

议会调查的对象是政府机关,而且政府机关本身是隐藏弊端、需要被揭发的对象,行使立法调查权的目的,就是要对政府机关行使强制权,因此对于不配合的政府机关,当然应该有制裁权,以发挥调查权的强制效果。但是这套原理不能适用于一般人民,一般人民并非立法调查的对象。如果立法机关为政党对抗的目的赋予自己调查权而需要人民配合调查,可以请求人民协助,人民若不协助,立法机关应该予以尊重。如果有证据显示公民可能成为犯罪事实的调查对象,则应该向司法机关告发,由司法机关侦查,而不应该为了要进行自己的政治斗争,用法律的制裁手段,强迫人民卷入政治斗争行动当中。因为立法机关行使立法调查权进行政党斗争的目的,在于争取人民支持,使人民因为获得正确的政治信息,能够在下一次有政治选择的机会时,依其自由意志作出正确的政治选择。如果强迫人民卷入斗争过程,可能强迫人民作政治表态,将侵害人民消极的表达自由,在自由民主体制下,不作为是人民的基本权利;而且借由立法调查权的行使,公布政治信息,犹如进行选举宣传,人民没有任何义务配合政党进行政治宣传。

美国国会最常用的调查方法,乃是举办听证会,而听证会有权传唤证人前去答复问题。听证之前,国会的幕僚会先收集资料和相关文件或先访问证人,将所得信息提供给国会议员于听证会上使用,包括听证会上证人可能提出的问题或回答的问题,虽然如此,如今美国国会仍希望在听证会上各种观点皆被知悉,因此更应给予证人在听证会上自由发挥的空间,因此有关证人的保障更显重要。而国会调查的传唤权必须有强制力作为其后盾,以便在受到证人的抗拒时,能够透过强制手段取得所需的证词及证据,以达到调查之目的,这也是调查权被称为程序权而非实体权的原因。故国会享有对藐视国会之人即拒不出席国会作证或不提交有关文件之人为一定之处罚,在证人之权利与国会之强制手段间,如何取得一定之平衡。

由美国案例来观察,美国国会调查权与人民基本权利间之界限问题。在1880年金保林案中,弥勒法官即认为参众两院都没有"一般性的侵入公民私人事务调查的权力"①,两院真正的权力乃限于个别所管辖相关的事务,因此国会不会调查私人之事务。1927年之McGrain v.Daugherty案中,美国联邦最高法院认为国会调查权系潜藏在宪法赋予的立法权之中,为完成立法任务,必须进行相关调查,为进行调查,国会应有权力强制相关证人出席作证,即使系私人事务,只要与公共事务有关,尤其是私人利益侵害到公共利益时,仍得作为国会调查权行使之对象。

1957年的Watkins v. U.S.②案中,Watkins是劳工联盟的职员,当他出席参议院非美活动委员会,在被问及哪些人是共产党员的问题时,他仅同意知告当前仍参加共产党人员的名单,对于已退出共产党的前党员,则拒绝回答,他认为委员会这种揭露他人过去的行为,超出法律授权之外。而国会则以藐视国会罪提出告发,后经地方法院判处1年有期徒刑及罚1000元,其后Watkins上诉至联邦最高法院,法院推翻原判决,判决Watkins无罪,认为调查权虽甚为广泛,但绝非毫无限制,要求把宪法权利带进国会调查之中。

联邦最高法院大法官Warren认为:

国会调查权是立法权固有的权力,其范围相当广泛,它包含追踪有关行政机关执行法律与草拟法律所需法律的调查,也涵括在社会、经济或政治制度的缺失得由国会加以救济、补助的调查,同时也应包含对联邦府贪渎、无效率或浪费问题的揭发调查,然后这项宽广的权力并非漫无限制,无疑地,国会并没有权力为了揭发而去揭发。国会若无正当理由,不能揭发个人的私事,调查本身并不是目的,而必须与国会的正当职务有关而且有所帮助,人民虽有义务到国会作证,但国会亦应尊重被调查人宪法上的权利,国会的调查如有威胁宪法第1条所保障的自由时,参议院或众议院应明确规定调查委员会之权限及调查之目的,以确保调查只能利用于帮助立法工作。

---

① Kilbourn v. Thompson, 103 U.S. 168(1881), quoted in: Lammers, *Powers of Congress*, p.205.

② Watkins v. United States, 354 U.S. 178 (1957).

1957年之Watkins v. U.S.案中,美国联邦最高法院宣示:"国会调查权是立法权固有的权利,其范围相当广泛,它包含追踪有关行政机关执行法律与草拟所需法律的调查,也涵括在社会、经济或政治制度的缺失得由国会加以救济、补救的调查,同时也应包含对联邦政府贪渎、无效率或浪费问题的揭发调查,然而这项宽广的权利并非漫无限制,无疑地,国会并没有权力为了揭发而去揭发","国会若无正当理由,不能揭发个人的私事,调查本身并不是目的,而必须与国会的正当职务有关而且有所帮助,人民虽有义务到国会作证,但国会议应尊重被调查人宪法上的权利,国会的调查如有威胁宪法第一条所保障的自由时,参议院或众议院应明确规定调查委员会之权限及调查之目的,以确保调查只能利用于帮助立法工作"。本案中,美国联邦最高法院认为,美国宪法中之人权规定,于国会调查权中,亦应有其适用,例如权利法案第1条、第2条、第5条等之规定,均应有其适用,亦即,国会调查权之行使,并不能要求证人提供对抗自己之证据,不得进行不合理之搜索扣押,且不得剥夺权利法案第1条之言论、出版、宗教、政治信仰、集会结社等自由。

1959年之Barenblatt v. U.S.案中,美国联邦最高法院虽仍维持Watkins案件的原则,但对国会调查权则采取较宽的解释,其认为,国会在行使权利时,仍须受到宪法规定之限制,尤其是人权相关条款之限制。① 在1955年3月众议院表决通过一项决议案,修正众议院规则,改革调查程序规定。参议院亦在同年1月,由法规行政委员会提出一项"建议十二项规则以保护证人"的共同报告。直至1970年国会通过立法重组法案(*The Legislative Reorganization Act of* 1970)后,国会对于听证才有更加周详的规划。有关听证的一般规则、广播规则、听证程序、证人权利与义务等事项,均已有系统地于1997年1月通过的参众两院议事规则中加以规定。

美国宪法第五修正案规定:"不得迫使人民自证己罪。"但如果人民涉及违法情事,却又必须诚实公开地回答国会调查,此项争议在"奎恩控诉美国政府"(Quinn v. U.S.,1955)一案中,法院认为,就算国会的调查只是"间接模糊地伤害"到第五修正案所赋予人民的保障,证人都有权拒绝回答议员的问题。证人如果以第五修正案为护身符,国会对事实真相的调查自然大受影响,国会因此采取了两种途径加以化解:一是当证人根据修正案精神,拒绝回答问题时,院会或委员会可以用多数议决的方式,请求法院发出命令强制证人作证。二是

---

① Barenblatt v. United States,360 U.S. 109 (1959).

国会也可以决议,给予证人"部分豁免权"(partial immunity),甚至更具保障的"处置豁免权"(transactional immunity),使证人在作证后,不会被据以起诉。①

在 20 世纪 80 年代的"伊朗门事件"中,民主党国会为了调查里根总统涉案的证据,对承办官员一律予以豁免,希望他们能在听证会上据实以告,结果总统没告成,这些犯错的官员也因此逃过被起诉的命运。有了豁免权,诚实作证与第五修正案的冲突便自然不再存在。1972 年的判例(Groppi v. Leslie),甚至进一步要求院会在议决惩处前,还必须给予受指控者充分的答辩机会。美国承认源自普通法的"律师与当事人秘密沟通特权"(Attorney-Client Privilege)。②

由于美国国会的若干调查委员会的行为,损及证人的人权保障,致使人们希望由法院来限制国会的调查行为,然而,美国的最高法院之见解亦前后不一,故如何妥善行使调查权,并严守适当的范围只有仰赖舆论的监督和立法机关的自我约束。因此,议院 151 号决议案曾对证人做了些许的保障,它规定:(1)各委员会听证证言和接受证据时,须有不少于两位委员的法定人数。(2)允许接受调查的证人由律师陪同参加。(3)委员会若发现证人可能会诽谤、贬损或牵累任何人时,须在秘密会议中接受此项证据,并允许受到损害的人出席作证,并要求传讯其他证人。(4)公布在秘密会议时取得的证据,须得委员会之同意。

参议院法规和管理委员会的法规小组委员会在 1955 年 1 月 6 日发布一项全体意见一致的报告,建议 12 项保护证人的规定:(1)允许自认为名誉已被他人的证言损害之人,为他本人作证或提出声明。(2)除非获得委员会的批准,禁止公布在秘密会议中所作之证言。(3)事先应把调查的主题通知证人。(4)允许证人在他发表证言时要求电视和其他摄影机及灯光不得对他照射。③

《众议院会议规则》第 11 条尚有一些规定以保护证人,其规定如下:(1)听证会除非在特殊情况下,否则必须对外公开。(2)至少在听证会前一周,公布任何听证会的日期、地点和主题。如果该委员会须提早展开听证,必须尽早作此宣布,并登载于每日公报。(3)委员会的规章须分开证人。(4)证人得由其律师陪同和辅佐。(5)委员会如认为听证会取得的证言和证据有诽谤、贬抑品格或牵累任何人时,它必须在常会中研讨这一证据或证言,并给予他以证人身

---

① Quinn v. United States, 349 U.S. 155 (1955).
② Groppl v. Leslie, 404 U.S. 496 (1972).
③ 陶百川:《比较宪法制度》,台湾三民书局 1978 年版,第 399 页。

份出席辩白的机会,且接受他传唤其他证人的要求,同时未经该委员会同意,该项证据或证言均不得发表或在公开会议中引用。(6)证人得取得他证言之副本。①

(二)证人豁免制度

1857年国会通过藐视国会的处罚法规时,同时也通过了一个豁免(immunity)条款,使遭到国会强制作证的证人,自动享有完全的豁免权:任何人在国会两院或国会两院委员会的要求下,必须就任何事实或行为作证时,他们在国会两院所做的证词,以及事后的审查,均不得因受到司法审判入罪、遭到惩罚或没收,证人如有伪证的行为则不在此限。

1857年的豁免保障形成绝对的豁免权,以致被人利用。内战期间的1862年,有数百万的印地安信用债券遭到侵占,侵占者却因为在国会委员会中作证而得以逃脱刑责,国会于是废止该豁免法,代以较狭窄的规定,在新法下,证人的证词不能用以成为他被判有罪的证据,但是根据此证词为线索而发现的新证据,仍然可以用以对抗该证人。②

美国国会于1954年时另订新法,规定在有关国家安全的调查中,参众两院或其任何一院经多数表决通过,或委员会三分之二的多数得赋予证人豁免权,但这项豁免必须先获得联邦地方法院的命令,并且必须事先通知司法部长,使他有机会提出反对的意见。另外亦允许这项豁免权于联邦法院或联邦大陪审团提起控诉之前,得适用于各州法院。证人在获得豁免后,不得再主张宪法第五修正案之"不自证己罪特权"。③

不过1956年的Ulmann v. U.S.案中,William L. Ulmann在获得豁免后,仍然拒绝在大陪审团中作证,法院认为豁免法对证人的保障,仅限于对抗因他的证词所可能导致的刑事责任,因此仍维持Ulmann有罪判决。联邦最高法院只支持1954年的规定适用于联邦大陪审团的证人,而对于赋予国会作证之证人是否有豁免权,则未表示意见。④

在日本,宪法规定的调查方法有证人的出席、证言与提出纪录,议院中证

---

① 陶百川:《比较宪法制度》,台湾三民书局1978年版,第399页。
② Nancy Lammers, *Powers of Congress*, Congressional Quarterly Inc., 1982, p.203-204.
③ Elder Witt, *Congressional Quarterly's Guide to the U.S. Supreme Court*, Congressional Quarterly Inc., 1990, p.163.
④ Nancy Lammers, *Powers of Congress*, Congressional Quarterly Inc., 1982, p.204,

人宣誓及证言等法律。在国政调查之方法上必须注意的是，对于成为调查对象者的权利保障。据此规定证人不出席、拒绝证言、伪证等的罚则（第6条、第7条）。此种调查的方法及手段，有以下的问题点①：(1)国政调查不同于刑事司法活动，以及国政调查受国民的基本权所制约之理由，议会并不适宜采取宪法第62条所定以外带有强制的调查方法（例如逮捕、收押等）。有学者认为，作为遂行国会权能之国政调查权的本质，虽然其只是立法部门拥有各种权能的一部分，但若是扩大国政调查之方法，而使之具有与司法部门相同或类似的权能，不仅不合于权力分立原则，亦可能使得权力制衡的重要机能受到破坏，因而造成自由法治国家体制发生崩溃之虞。(2)被议院以证人身份要求出席时，无论何人皆须答应之（议院证人法第1条），内阁总理大臣亦然，除有"正当理由"外，负有以证人身份出席的义务（同法第7条第1项）。有鉴于国政调查权的意义，"正当理由"应限于重病或万不得已的公务等。(3)证人除有"正当理由"外，不得拒绝提出证言及文书（议院证人法第7条第1项）。"正当理由"的情形包括：质问与调查目的、主题无合理的关联性；质问系纯粹有关私事者；质问侵害基本人权（思想、良心自由、不被强求不利于己的供述之自由等）；议院证人法第5条规定，属于公务员"职务上秘密"事项，而且由监督机关阐明理由，以及最终由内阁声明"会对国家重大利益造成不良影响"的事项，为调查权所不及。换言之，当国会与有关之行政机关间，就职务上之秘密有争议时，其最终的解决方法，系委诸内阁之判断，由其判断是否会对国家之重大利益有不良影响，而课予内阁政治责任。(4)1947年制定的议院证人法，向来被批判对证人的人权有欠考虑。关于这点，判例表明该法所定的证人讯问程序虽有改善的余地，但大体上系具备正当程序的要件。1988年与在瑞克鲁特事件②中的证人传唤之实施有关联，同法受到以选任辅佐人、限制威吓性与侮辱性的讯

---

① ［日］阿部照哉、池田政章、初宿正典、户松秀典著，周宗宪译，许志雄审订：《宪法》，元照出版公司2004年版，第264~266页。

② 1988年6月日本朝日新闻报道，瑞克鲁特公司旗下的宇宙建设公司自1984年以来，先后多次以未上市股票低价售给政界领导人物以获取其他利益的丑闻案，涉及的政治家共达16人，其中12人为自民党议员，包括中曾根康弘前首相、竹下登首相、宫泽喜一、安倍晋太郎、渡边美智雄、森喜朗、加藤纮一、加藤六月等人，牵涉的政治人物，虽然大都以秘书的名义或其他亲人的名义购买股票，而且在日本购买上市股票并不违法，但是由于牵涉刚卸任的中曾根康弘首相，当时的竹下登首相与重要阁员，以及自民党重要领导干部，引起舆论轩然大波，竹下登首相等人被迫辞职。

问、禁止讯问中摄影等为内容的修改。对于讯问证人中禁止摄影的措施（因此在电视转播中，仅以静止画像及声音呈现），虽有认为其能使讯问在冷静下行之的肯定见解，但相对地亦有见解强烈批评其侵害国民"知的权利"，有鉴于政治公开原则的重要性，最低限度对于政治家证人的讯问，应实行电视转播。

第五章　港英立法局对调查权的行使

第一节　港英政府公共事务调查的类型

一、根据《调查委员会条例》委任调查委员会

港英政府于 1966 年 2 月向立法局提交《调查委员会条例》草案，草案一直延至 1968 年才获通过，政府解释是希望等待英国一项有关调查法庭（Tribunal of Inquiry）的检讨报告完成。《调查委员会条例》第 2 条订明在下述情况下可委任调查委员会："行政长官会同行政会议（前称"总督会同行政局"）可委任一名或多于一名委员（以下称为委员会），调查任何公共机构的经营或管理、任何公职人员的行为或其认为与公众有重大关系的任何事宜。"

为进行调查，调查委员会获赋予多项权力。此等权力包括收取在民事或刑事法律程序中不被接纳的证据、传召证人、对宣誓后的证人进行讯问、视察处所、发出逮捕令以强迫证人出席及出示文件，以及发出手令以搜查处所及检取在处所内的物品和文件（第 4 条）。任何人如作出包括无合理辩解而没有在委员会发出的传票所指明的时间及地点出席，或拒绝回答由委员会提出的任何问题或应委员会的要求出示文件等行为，即属犯罪。有关罪行可作为藐视罪而由委员会循简易程序处理。任何人如其行为是调查标的，或受牵连或牵涉在调查标的内，该人有权在调查研讯中由大律师或律师代表。调查研讯费用须由政府一般收入支付。

《调查委员会条例》通过后，港英政府根据这条条例成立的调查委员会大致可分为以下三大类别：

(1) 有关重大天灾和意外事件发生的调查，包括：1968 年 11 月 27 日成立的石岗看台倒塌事件调查委员会①,1971年11月6日成立的珍宝海鲜舫火灾事件调查委员会②,1972年6月22日成立的1972年雨灾调查委员会③,1973年11月13日鸭梨洲油库燃油外泄事件调查委员会④,1977年9月16日成立的1977年7月1日石岗意外事件调查委员会⑤,1996年12月17日成立的嘉利大厦火灾调查委员会⑥。

---

① 1968年11月9日,有关方面为第四十八步兵旅进行的会操表演游艺大会搭建表演场地及看台。在表演即将开始之际,南座看台后9行座位约1600名观众"由东至西波浪式倒下,消失在前5行座位之后"。由谭臣、林植豪、阮达祖等组成的调查委员会,职权范围:就下列事项进行调查:(a)1968年11月9日(星期六)在石岗举行的会操表演游艺大会发生的看台倒塌事件;(b)看台倒塌的原因;及(c)处理事件中的伤者所采取的方法。

② 1971年10月30日,香港仔海面的"珍宝"海鲜舫发生火灾。该次事件导致34人死亡及42人受伤。地方法院法官康士(主席);简日淦;及庄逊组成的调查委员会,职权范围:对1971年10月30日(星期六)在香港仔海面所发生的"珍宝"海鲜舫火灾事件进行调查,并提出委员会认为适当的建议。

③ 1972年6月18日,"秀茂坪乙级安置区"后面的基堤发生山泥倾泻。在该次事件中,共有71人死亡及60人受伤。地方法院法官杨铁梁(主席)、麦基教授及甘洺组成调查委员会,职权范围:调查1972年6月16日至18日暴雨期间,引起死亡事件的原因,与秀茂坪及宝珊道的事件相同。提出建议,在香港的环境及气候情况下如何可避免同样事件发生。

④ 1973年11月8日黄昏,一艘运油船在鸭梨洲卸下燃油,并经油管抽进油缸之际,突然发生隆然巨响,而油缸底部则有油漏出,以致大量燃油流入海中。由高礼华法官、麦基教授及伍秉坚组成调查委员会,职权范围:调查1973年11月8日至9日晚间,鸭梨洲蚬壳石油库内一油缸发生破裂的原因;研究何以在各种安全设施配备下,燃油仍会流入海中;及向总督提出若干建议,以防止将来再有同类事件发生。

⑤ 1977年7月1日晚上,香港电视广播有限公司在石岗实地转播电单车展览及比赛情况。其间,为承托摄影机而搭建的3个竹棚中,有2个发生倒塌,结果导致两人死亡及65人受伤。由最高法院原讼庭按察司施文组成调查委员会,职权范围:调查及报告1977年7月1日香港电视广播有限公司在石岗军部地区进行实地电视转播节目之前所发生的事宜;调查及报告7月1日晚上进行该项转播前及于转播时所发生的事宜;研究上述调查结果后,指出7月1日晚上肇事的责任所在;及就委员会认为适当的任何其他事项提出意见。

⑥ 1996年11月20日发生的嘉利大厦火灾导致40人死亡及81人受伤。政府宣布成立调查委员会,调查嘉利大厦火灾的各方面事宜,包括所有紧急救援服务部门所作的应变措施。由胡国兴法官组成调查委员会,职权范围:调查大火成因及导致1996年11月20日嘉利大厦悲剧发生的情由;研究各紧急救援服务部门在大火中所作的应变措施,以及就所采取的应变措施是否足够及协调得当提出意见;及就如何防止日后再次发生同类悲剧提出建议。

(2) 与执法和检控事宜相关的调查委员会,包括:1973 年 6 月 13 日成立的葛柏事件咨询委员会①,1976 年 2 月 6 日成立的梁荣生案调查委员会②,1980 年 7 月 8 日成立的麦乐伦事件调查委员会③,1993 年 1 月 12 日成立的保护证人调查委员会④。

---

① 总警司葛柏于 1973 年被控财富与其公职收入不相称。他获给予一星期时间,以便就其非工薪财富作出解释。他在无人察觉的情况下潜离香港,与其妻子会合。社会上出现不少传言,指葛柏可能在警方协助下离港。学生更举行集会,要求政府采取行动。由高级副按察司百里渠组成了调查委员会,职权范围:对于某人被积极考虑依照《防止贿赂条例》予以检控之际而能离开香港的各种情形提交报告。

② 梁荣生声称当时担任警署警长的刘昌华向他支付 10000 元,诱使他承认伤人。梁氏就其案件受审时并无提及声称获支付上述款项的事宜,但其后此事却在另外一项有关另两名警司被控贪污的审讯中被公开。此宗声称获支付款项的事宜引起公众极大关注,因而导致当局委任此调查委员会。高等法院副按察司杨铁梁组成调查委员会,职权范围:调查(a)引致梁荣生被捕及检控的有关情况;及(b)上述情况是否对梁氏之审讯造成偏见。

③ 督察麦乐伦的死讯引起了公众的激烈争论。原本会在其死亡当日以 8 项粗犷行为罪被逮捕归案的麦乐伦,据称是"警方高层诬害计划的受害者",因为他曾参与调查涉及高级警务人员的同性恋事件。有关的死因研讯于 1980 年 2 月 29 日至 3 月 13 日进行,但报界认为该项研讯未能发挥作用,并于其后 6 个月要求进行全面的司法研讯。由最高法院原讼庭按察司杨铁梁组成调查委员会,职权范围:(a)根据所得的全部证据及其后展开的进一步调查,看看是否有充分理由相信麦乐伦督察是死于自杀以外的其他原因,以及可对这项调查作何结论;(b)麦乐伦督察去世后,官方曾立即进行什么调查,此等调查是否有未尽善之处,如有,则可对其原因作何结论;(c)在他去世之日拟控告他的罪名是否恰当,以及有关证据是否以正当方法获得;(d)除与(c)项控罪有关的调查或研究外,曾否对麦乐伦督察进行其他调查或研究;进行此等调查或研究是否恰当,与麦乐伦督察毙命一事有何关联;及(e)有关上述(b)、(c)及(d)3 项的调查及研究,其动机是否正确。

④ 1991 年 5 月 30 日,Nguyen Manh-cuong 在白石越南船民羁留中心被杀。在录取由 Bui Van-xuan(下称"Bui")提供的证人供词后,Nguyen Van-bau(下称"Bau")被控谋杀。Bui 担心若其作出影响被告人的供词,他本人及其家人的安全均会受到威胁,因而拒绝作证。1992 年 10 月 26 日,控方决定不提出证据,导致被告人正式获无罪释放。此项决定备受质疑,因为 Bau 再不能被控谋杀 Nguyen Manh-cuong。公众希望知道控方何以不提出中止检控,使被告人仍可再被公诉,以及当时有关保护证人的安排是否足以为证人提供保护。由上诉法院副院长甘士达大法官组成调查委员会,职权范围:研究导致当局决定不就 Bau 一案提出证据的情况;调查控方何以不提出中止检控或不进一步尝试押后聆讯该案,而决定不提出证据;调查为证人 Bui 作出或向其提供的保护证人安排是否足够,以及在认为适宜的情况下说明可为其作出什么其他安排;及调查保护控方证人的现有安排是否足够,以及在认为适宜的情况下就如何改善此等安排作出建议。

(3)有关重大社会事件相关的调查委员会,包括:1966 年 5 月 3 日成立的 1966 年九龙骚动调查委员会①,1975 年 2 月 21 日成立的香港电话有限公司调查委员会②。

除了根据《调查委员会条例》委任的调查委员会外,总督亦曾在法定架构以外,委任若干组织或人士调查与公众有重大关系的事宜。港英政府曾于 1988 年 8 月委任调查委员会,调查该年的公务员薪酬调整及相关事宜,以及于 1993 年委任独立调查兰桂坊惨剧。

二、廉政公署的调查

港英政府架构中还有一个具有特殊地位的机构——总督特派廉政专员公署(Independent Commission Against Corruption)。③ 1973 年 10 月 17 日,麦里浩提请立法局同意建立一个专责而独立的肃贪机构。1974 年 2 月 15 日,依据《总督特派廉政专员公署条例》,香港廉政公署正式成立。廉政专员由总

---

① 1966 年 4 月,在九龙发生的一宗劳资纠纷演变成暴动。此事件引起极大关注,公众均极盼日后能避免再次发生类似的骚动事故。由何瑾爵士(主席)、罗征勤、赖廉士爵士及黄秉干组成调查委员会,职权范围:就下列事项进行调查及提交报告:(a)1966 年 4 月 5 日至 8 日在九龙发生的骚动;(b)发生骚动之前的事态;及(c)骚动的原因。

② 香港电话有限公司于 1974 年 8 月 27 日公布,该公司已向政府申请调高电话租金及其他收费。该项声明引起报章批评不绝,因为该公司截至 1974 年为止,一直获得合理利润并向其股东派发股息。根据电话业务咨询委员会就此项调整收费申请呈交政府的报告书所载,"毫无疑问,此种情况之发生,乃由于该公司管理不善所致"。当时的财政司于 1975 年 1 月 22 日告知立法局,"实有需要进一步调查电话公司的组织和结构,及其将来扩展业务的政策和所牵涉的财政问题……该项调查工作将由一个调查委员会进行"。由百里渠爵士(主席)、麦蕴尼、宋启郧、邓莲如、洪祥佩及陈立侨医生组成调查委员会,职权范围:(1)审查香港电话有限公司的事务,包括:(a)其管理及组织、其债务及赢利能力;(b)目前资金周转不灵的原因;(c)业务扩展计划及其对该公司财政的影响;及(d)该公司现时提供或计划提供的服务是否足够,效率和质素是否良好。(2)就上述事项调查后作出建议:(a)政府应采取什么步骤,以使该公司有足够资金来继续经营,但必须顾及(i)该公司目前及将来的财政状况;(ii)必须保持充足的效率及质素俱佳的电话服务;(iii)对电话用户怎样才算公平;及(iv)电话服务在本港所担当的任务。(b)政府应采取什么措施以确保:(i)公众对该公司的经营有充分的管制,但必须顾及该公司是一间私营公司;及(ii)一方面该公司有足够资金以供将来经营和发展,而另一方面该公司股东的投资获得合理的收益,使两者间保持适当的均衡。

③ 廉政公署的成立具有偶然性。葛柏案为廉政公署成立的导火线。

督委派,直属于香港总督,并且对总督负责,其他任何机构任何人,都无权干涉廉政专员的工作。

独立性是香港廉政公署制度最为显著的特征。其实在廉政公署组建之前,香港社会并非没有反腐组织,而是隶属于警署,不具备完全的独立性,治贪防腐效果甚微。在葛柏事件发生后,港英政府充分吸纳百里渠爵士的建议,构建真正独立行使权力的廉政机构。在政治结构上,香港廉政公署独立于政府机构,受总督或是现在的特区行政长官直接领导,对其负责。当前,廉政公署设置的正副廉政专员均由特区行政长官直接委任,负责处理廉政公署日常行政事务,不受除特区行政长官之外的任何组织或个人的指示,同时在任期内不得兼任行政职务。只要经特区行政长官同意,就可实施反腐措施来对付行政部门。在具体行为上,尽管廉政公署受特区行政长官领导,但两者只负责审查廉政公署的行动结果,不指导其具体行为。在队伍建设上,廉政公署工作人员除少量向行政部门借调外,大部分通过公开选拔的方式自主招聘,并在解雇员工时享有免释权,工作人员薪酬水平也略高于同级其他部门的公职人员。在经费来源上,尽管廉政公署经费来源于政府,需经立法局财政委员会批准方可,但在经费获取渠道及其便利性上,远非其他政府部门可比。由于获得最高权力支持以及工作保密需要,所以回归前廉政公署的经费由港英政府预算内单列,回归后由特区政府预算单列,使其拥有充分的物质保障。

为有效惩治腐败者,香港法律赋予廉政公署广泛而强大的权力,使廉政公署的执法行动免于其他权力主体的干涉,最大限度地发挥反腐功效。根据《防止贿赂条例》与《舞弊及非法行为条例》的有关规定,廉政公署拥有超然权力,包括:一是特别调查权。在廉政专员授权下,廉政公署职员有权查阅任何公司或金融组织的账目、文件与保管箱,也可以要求相关人员及时提供任何需要的资料。二是搜查及要求协助权。廉政公署职员在执行公务时,可进入任何公共机构或者是私人住宅房屋,冻结涉嫌者财产,必要时可使用武力搜查或者扣留有关人员要求配合搜查,但扣留时间应低于3个小时。三是拘捕权。凡被授权的廉政公署职员有理由怀疑某人触犯法律,可以在不出示拘捕令的条件下将其拘捕。四是获取资料权。在调查时,廉政专员有权要求嫌疑者提供近三年的财产证明以及具体的收支状况,说明在近三年中自己或家属的任何开销。五是限制财产处置权。廉政公署职员有权扣留与案件有关的任何物件,未经允许,被调查人不得处理这些对象,如交付第三人保管。六是扣留证件权。经廉政专员申请,裁判司颁令,有权扣留涉案人员的护照、身份证等证件。

一般扣留期为 6 个月,若有需要,可以申请延长 3 个月。

廉政公署成立后,进行的主要调查案件有:①1974—1975 年葛柏案②、1976—1978 年油麻地果栏案③、1976—1979 年探长贪污案④、1976—1980 年电话公司贪污案、1980—1982 年巴士银、1986—1987 年海外信托银行事件、1983—2000 年 26 座公屋贪污案、1983—2000 年佳宁诈骗案、1987—1992 年新股上市贪污案、1989—1992 年律政高官受贿案、1989—1995 年反贪足迹之影视双面人、1998—2000 年亿万合约、1999—2002 年圆洲角短椿案、2005—2006 年"盲目"保险金诈骗案。

---

① 廉政公署网站,http://sc.icac.org.hk/TuniS/www.icac.org.hk/tc/law_enforcement/lc/

② 1973 年,总警司葛柏被发现拥有的财富多达 430 多万港元,怀疑是从贪污得来。律政司要求葛柏在一星期内解释其财富来源,否则就会拘捕他。然而在这段期间,葛柏竟轻易逃离香港到英国,使积聚已久的民怨爆发,并且发起"反贪污、捉葛柏"的大游行,要求政府缉捕葛柏归案。为平息民愤,当时的港督麦理浩爵士委任高级副按察司百里渠爵士成立调查委员会,彻查葛柏逃脱原因及检讨当时的反贪污工作。高级副按察司百里渠爵士在调查葛柏潜逃事件后表示,政府需要一个独立的反贪污部门,才有能力打击贪污。1973 年 10 月的立法局会议上,政府采纳了委员会的建议,于 1974 年 2 月成立总督特派廉政专员公署,以替代香港警务处反贪部之工作,廉政公署成立后更实时接手调查葛柏案,全力缉捕这名曾红极一时的总警司归案。廉政公署从尽快将他从英国引渡回香港考虑,只选择了英国法院认可的两项罪名,从而在短短数月内将葛柏押回香港。最终,香港法庭判定葛柏被指控的一项串谋受贿罪和一项受贿罪成立,入狱四年。

③ 葛柏案审理后,廉政公署随即开始了一场空前的廉政风暴,将矛头对准香港警察。虽然贪腐之风弥漫在多个政府部门,但香港警察最为严重且最受社会关注。在廉政公署成立时接到的全部投诉中,与政府部门相关的,占整个投诉的 86%,其中投诉警察贪污的即占 45%。1976 年 5 月,在油麻地果栏一带查获的一起毒品案中,廉政公署发现了大批警员集体贪污的线索,随即展开了深入调查。1977 年 9 月 19 日凌晨,廉政公署派出了 50 多个行动小队,采取大规模抓捕行动。这次行动中,有 87 名涉嫌受贿的警务人员被拘捕。最终,这一案件中有 260 多人被逮捕。

④ 被廉政公署检控的探长贪污案中,有一位探长判罪后,被充公的资产足有 1600 万元,其中 1200 万元竟是一笔过以现金支票支付的,金额之大一时无两(1979 年,港岛地区的楼价每英尺只约 600 元)。其实,1968 年反贪污部便开始调查该探长,廉政公署正式运作后,从反贪污部接过该案,于 1976 年 8 月正式展开调查,1978 年以"财富与官职收入不相称"检控该探长,1979 年 6 月判决。在整个调查中,廉政公署会见多达 95 名证人,共录得 79 份呈堂证供,而在法庭上出示的文件证物则有 504 份。

三、立法局特别委员会的调查

曾执行调查职能的特别委员会议案情况,见表 4-1。①

表 4-1

会议日期	事件摘要	所涉及的议员	备注
1985年5月1日	议案:"委任一个特别委员会,以便考虑及向立法局报告,应采取什么适当措施,以解决复杂商业罪案的检控和审讯所涉及的各项问题,包括审讯前及审讯进行中程序上的改变,以及审讯的方式。"	罗保爵士	议案获得通过 特别委员会主席:王泽长议员
1985年8月7日	声明:研究复杂商业罪案的检控和审讯所涉及的各项问题的特别委员会报告——1985年8月。	王泽长议员	特别委员会于会期结束时自动解散。并未得出任何明确的结论。
1985年11月20日	议案:"成立一个特别委员会,以便研究于1985年8月7日提交立法局的有关报告,以及进一步研究应采取什么适当措施,以解决涉及检控及审讯复杂商业罪案的问题,包括审讯前及审讯期内程序的变更及审讯的形式问题,并就这事提交报告。"	邓莲如议员	议案获得通过 特别委员会主席:王泽长议员
1986年7月30日	声明:"1985年11月20日由立法局委任,'就如何解决复杂商业罪案涉及的检控及审讯问题作进一步考虑,及报告应采取的适当措施,包括考虑修改审讯前后的程序和审讯的形式'的特别委员会所提交的报告书。"	王泽长议员	

---

① 立法会 LS80/02-03 号文件,全文见,http://www.legco.gov.hk/yr02-03/chinese/panels/hs/papers/hsse0718ls-80-c.pdf.

续表

会议日期	事件摘要	所涉及的议员	备注
1985年12月4日	议案:"成立一个特别委员会,(a)对依《香港国殇纪念基金条例》(香港法例第1026章)成立的香港国殇纪念基金的管理问题加以考虑,并于权衡有关法例和基金受益人的利益,以及大众利益后,对基金将来的管理提出建议;和(b)就实施上述建议所需的适当措施提交报告。"	施伟贤议员	议案获得通过 特别委员会主席:陈鉴泉议员
1986年7月16日	声明:有关国殇纪念基金前景特别委员会报告书。	陈鉴泉议员	

第二节　港英立法局行使调查权的案例分析

1985年制定《立法局(权力及特权)条例》后,立法局五次通过议员动议,成立专责委员会进行调查。还有一次动议未获得通过。①

一、1991年立法局选举安排的调查

1992年1月29日,周梁淑怡议员提出议案:"委任一个专责委员会对1991年立法局选举的安排作出检讨,并就日后立法局选举安排的建议提交其报告;而该专责委员会在执行其职务时获授权根据《立法局(权力及特权)条

---

① 年12月9日涂谨申议员议案:"应委任一个专责委员会,负责研究导致'英女皇对阮文包(Nguyen Van-bau)'的谋杀控案中(1991年高等法院刑事案件第291号)控方决定不提出证据的种种情况,及就其研究所得提交报告;倘若该专责委员会认为恰当,亦可就现时为保护刑事讼案控方证人所作的安排,提出建议;此外,并应根据《立法局(权力及特权)条例》(香港法例第382章)第9(2)条授权该专责委员会在执行职务时可行使该条例第9(1)条所赋予的权力。"由于政府当局答允成立调查委员会,有关议案其后已被撤回。

例》(香港法例第 382 章)第 9(2)条行使该条例第 9(1)条所赋予的权力。"①议案获得通过,成立了夏佳理议员为主席的立法局选举事宜专责委员会。

专责委员会于 1992 年 1 月 31 日首次召开会议,先后举行了 21 次会议,其中 11 次公开会议,10 次闭门会议。② 委员会共提出 44 项建议,最具争议性的两项建议与地区性选民组别及有关投票制度有关。委员会大致考虑了三个主要范围:(1)应否设立分界与选举委员会;(2)关于选民及候选人的登记与资格、选举安排与立法的问题;(3)不同选举组别与投票制度问题。

关于(1),专责委员会曾讨论是否有需要设立两个独立的团体,最后决定最恰当的是设立一个政治中立的委员会,由三位成员组成,任期比一次选举周期长。经过讨论之后,委员会决定该分界与选举委员会应以一位高等法院法官为主席,另应有一位由总督委任的成员,而第三位成员应由立法局议员互选产生,再经立法局副主席(或主席)委任。该委员会在选举政策事务上没有决策权,只负责依据法定准则,就三层选举制度的选区界线划分,向总督提出建议,以及监察选举的进行。

关于(2),专责委员会建议:(a)早实施自动登记选民制度。可以设立一个选举数据库,以计算机处理登记及投票事宜,应该属可行的办法,而且会在实质上有助香港政制的发展。在设立自动选民登记制度之前,应采取适当的措施按最新数据修订选民登记册,以及宣传选民登记运动。(b)在下一次区议会选举之前,把选民最低年龄降至 18 岁,以进行合适的选民登记运动。委员会认为,18 岁人士既已获许担任重要的职务及担当重要的责任,没有理由支持维持 21 岁为投票年龄。事实上,英国和中国的最低投票年龄均为 18 岁。(c)对候选人的限制问题。港英法律不准任何香港以外的国会、议会或议局成员成为立法局选举候选人。委员会认为不应禁止中华人民共和国全国人民代表大会代表或中国任何其他省份或地方议会代表,出任香港选举的候选人,只要这些人士符合所有其他资格即可。还建议不应再讨论,议员不应成为选举产生的三层议会中超过一层的成员的提议。(d)选举费用及政治宣传。委员会认为,定出选举费用限额的方法有内在的弱点。一般而言,目前的限额过

---

① 立法局会议过程正式纪录(1992.1.29),http://www.legco.gov.hk/yr91-92/chinese/lc_sitg/hansard/h920129.pdf.

② 立法局会议过程正式纪录(1992.7.15),http://www.legco.gov.hk/yr91-92/chinese/lc_sitg/hansard/h920715.pdf.

低,而不论选区大小和人口多寡,"一律"限额的方法实属不当。委员会建议采用较佳的方法,是考虑以地理划分选区的人口和功能选区的选民人数。委员会反对禁止在电视及电台作政治宣传的措施。(e)缺席投票。对于不允许委任代表作缺席投票或以邮寄方式投票或预先投票的规定,委员会建议因确实有病留在医院或家中不便外出的人士可以委任代表作缺席投票,获委任人士必须为直系亲属,而且必须本身是登记选民。

关于(3),1995年选举产生的立法局,如要平稳过渡及坐"直通车",必须考虑全国人民代表大会的决定,即香港特别行政区首届立法会将有议员60名,10名由选举委员会选出,20名由分区直接选举产生,另30名由功能组别选出。此外,《基本法》规定直选议席会由1995年20席增至1999年24席,2003年则增至30席。委员会认为,须予以解决的主要问题就是以民主方式组成选举委员会的问题。委员会并不支持于1995年的立法局取消功能组别之议,应该如《基本法》所规定,逐步达到完全以直选方式选出立法局议员。至于功能组别制度的弱点方面,委员会建议不应取消法团选民,而应加以限制:(a)实施符合资格期限,比如说以一年为期,规定选民在满期之后始可在立法局选举中投票;(b)法团选民的代表应与该法团选民有权利与义务的关系。

专责委员会还研究了以地理划分选区和投票制度等富有争议性的问题。委员会建议每个选区每席位所代表的人数尽可能与平均每席所代表的人数相若,保存现时的本地小区特色,使区议会、市政局及区域市政局与立法局选区的界线互相配合,以及考虑选区的大小、形状、交通是否方便、天然地势及计划发展等具体特色。应该重视全国人民代表大会就首届香港特别行政区立法会组合所作的决定,不能不顾《基本法》规定逐步增加议席的方法。也须注意本港的不断发展,以及这些发展如何引致人口迁移情况。关于增加的议席,处理的方法只有两个:

(1)设立新增的选区(无论单议席或双议席),要经常重划选区界线。(2)保存现有的九个选区,把新议席纳入其中,即采用多议席选区制,各选区的议席数目可以不相同。如果采用单议席或双议席选区制,1995年会有20个或10个选区,1999年有24个或12个,2003年则有30个或15个,以此类推。重划选区界线还带来选区身份不稳定,而且极其困难、引起争论、费时,甚至耗资不菲。委员会建议采用多议席选区制,维持现时的九个选区。关于投票制度,委员会建议应有充分的弹性继续发展,而无须常常作出重大的改变。单一选票不可转移制是比例代表制的一种变相制度,可为独立候选人及由较小团体支持的候选人提供较公平的机会。

1992年7月15日,夏佳理议员议案:"本局审悉立法局选举事宜专责委员会提交的报告。"该议案经修正后获得通过。

二、1993年徐家杰被廉政公署解雇事件

1993年11月,廉政公署突然解雇执行处副处长徐家杰,并以机密为由拒绝透露原因,引起社会一片哗然。香港立法局援引《立法局(权力及特权条例)》,决定委任一个专门调查委员会调查解雇事件。这是香港立法局首次运用特权条例行使调查权。1993年12月1日,立法局会议上,由周梁淑怡议员提出动议:"为调查廉政专员公署担任执行处副处长一职的高级助理处长徐家杰先生于1993年11月10日被终止聘用的详情,根据香港法例第382章《立法局(权力及特权)条例》第9(2)条,授权立法局保安事务委员会行使该条例第9(1)条所赋予的权力。"[①]经过激烈的辩论,立法局最后以33票赞成对14票反对通过了此动议,授权立法局保安事务委员会对该事进行研讯,并同时授权其为研讯而行使立法局(权力及特权)条例(香港法例第382章)第9(1)条所赋予的权力,即传召证人出席聆讯及提交有关文件的权力。争议焦点主要体现在以下几个方面:

(1)徐家杰解雇事件性质及调查此事件是否属于立法局的职权范围。当时的布政司陈方安生认为,徐家杰解雇事件只是"管理公务员"问题,是廉政专员公署根据1974年制定的《总督特派廉政专员公署条例》规定,按照往常的惯例对一个不合格的雇员进行解雇的普通事件而已,立法局无权深究此事。

(2)立法局调查该事件是否符合香港的政制架构、行政局和立法局的职权范围划分以及行政局对立法局负责的范围。部分议员强调根据现行以及基本法设计的政制结构,立法局不宜进行此事的调查权,以免破坏权力分立原则。鲍磊议员指出:"我首先关注这个动议的地方,是有关政府的架构,即所谓议会制度。这个制度源于英国议会,是一个立法、行政、司法三权分立,并互相制衡的制度。根据《基本法》的规定,香港将会保留这个制度。在我们的政制下,个别公职人员的纪律问题应由行政机关处理。……本局不应越俎代庖,将其本身对个别个案的判断取代行政机关的决定。这样做便是侵占政府各机关之间

---

① 立法局会议过程正式纪录(1993.12.1),http://www.legco.gov.hk/yr93-94/chinese/lc_sitg/hansard/h931201.pdf。

的权力分立及制衡。"詹培忠议员指出:"立法局的主要职责和权力在于立法方面,而(像调查权此类)司法工作(性质)的应该交由其他政府部门执行。"布政司陈方安生指出:"立法机关在制定法例、分配拨款及监察公共开支方面担当重要角色,行政机关当然应向立法机关负责。……立法机关要求行政机关就影响个别人员的委任、处分和免职的决定给与解释,并不恰当。"行政局应该对立法局负责,但是徐家杰解雇事件只是廉政公署依据法律行使其独特的权力,而廉政公署是总督特派设置的,仅对总督负责。所以,此事并不包括在行政局对立法局负责范围内。

(3)立法局和行政局对公共利益的援引。议员多次援引公共利益,而议员们对公共利益的理解更是各自为营,各行其是。涂谨申议员指出廉政公署的公信力和市民对廉政公署的信心及其对廉政公署的有效运作的影响与公共利益有关,"引用立法局(权力及特权)条例,原则只有一个,就是为了公众利益"。布政司陈方安生则强调援引公共利益拒绝立法局的调查,"若这项动议获得通过,我将须与专员磋商,研究是否有需要为符合公众利益而不向保安事务委员会发放部分有关徐先生个案的资料。"由此可见,公共利益可以作为行政机关援引以拒绝立法机关的调查权的理由,也是立法机关用以行使调查权的理由。但公共利益本来就是"罗生门"式的概念,①没有确定的定义。

(4)立法局调查权与其他机构职责的关系。鲍磊议员认为:"由于存有其他监察机制,因此本局无须采取行动。"郑海泉议员亦认为:"保安事务委员会并非法庭,也没有担任这种工作的能力。我们缺乏专门的知识去决定任何一方可能提出的指控及反指控孰真孰假。"

此次调查从1993年12月开始到1994年11月结束,接近整整一年的时间。其间,保安事务委员会共举行了26次会议,其中包括8次公开聆讯及观看一盒录像带。保安事务委员会听取了4名证人的证供,证人中包括徐氏及廉政专员。②1994年11月前结束并向立法局提交了一份报告,廉政公署解雇徐家杰是合理决定。本次调查范围比较小,调查过程中并没有发生强烈的对抗事件,而调查结果也没有给公众多大的惊异,但却不能否认其具有开创性的历史意义。正如周梁淑怡议员所指出的那样,保安事务委员会临时参照其他

---

① 陈新民:《德国公法学基础理论》,山东人民出版社2001年版,第181页。
② 立法局会议过程正式纪录(1994.12.2),http://www.legco.gov.hk/yr94-95/chinese/lc_sitg/hansard/h941102.pdf.p.514.

地方条例摸索着完成调查工作,"并无任何既定的守则和程序可以依循",而创造了先例。①

三、1994年观龙楼山泥倾泻事件

1994年7月23日,在香港香港岛坚尼地城观龙楼发生山泥倾泻事件。一堵砌石墙崩塌,接近1000立方米的山泥,从斜坡倾泻至对面的行人路,酿成5死3伤,接近4000居民须紧急疏散,是香港近年死伤最严重之水灾及山泥倾泻意外,引起广大市民的关注。1994年10月12日,由陈伟业议员动议"委任一个专责委员会调查观龙楼塌泥事件及有关事宜;而该专责委员会在执行其职务时获授权根据立法局(权力及特权)条例(第382章)第9(2)条行使该条例第9(1)条所赋予的权力"。②

在此次动议中,争议的焦点表现在③:

(1)立法局成立专责委员会进行调查的理据。陈伟业议员在提出动议时指出:"(立法局应该在改善斜坡安全方面采取更加主动的角色)以履行立法局监察政府政策执行的重要工作。"何承天议员提出:"希望可以透过调查,找出真正问题所在,从而伸展至全面检讨及改善全港斜坡安全。"但是两位议员都强调立法局行使调查权的直接原因是政府没有及时响应立法局要求其成立调查委员会的建议,"由于总督与行政局在此问题方面与立法局明显出现分歧,并且政府明显作出了拖延,这是本局所不能接受的。……这做法可说是目前行政机关与立法局缺乏协调,立法局在其意见未得到尊重的情况下的权宜之计"。

(2)立法局调查与政府调查在职权上有无冲突。立法局和政府在争夺调查权的主动权。即政府已经聘任了加拿大国际专家穆根士顿教授对此次事件从技术层面上进行深入的专业调查,并且成立了独立调查委员会展开调查的情况下,立法局是否还应该再委任一个专责委员会对同一事件进行调查。工务司出席代表认为:"穆根士顿教授的技术调查和政府的独立调查委员会的调

---

① 立法局会议过程正式纪录(1994.5.21),http://www.legco.gov.hk/yr93-94/chinese/lc_sitg/hansard/h940525.pdf.

② 立法局会议过程正式纪录(1994.10.12)第204页,http://www.legco.gov.hk/yr94-95/chinese/lc_sitg/hansard/h941012.pdf.

③ 立法局会议过程正式纪录(1994.10.14),http://www.legco.gov.hk/yr94-95/chinese/lc_sitg/hansard/h941012.pdf.

查也已经展开,立法局委任调查委员会,实不能对现时的调查工作有任何益处,反而可能会对调查工作的进度和质素造成不利影响。"而陈伟业议员强调两者侧重点不同,成立立法局调查委员会将会更加注重在政策、制度上的责任问题。

该调查从 1994 年 10 月开始到 1995 年 7 月结束,用了九个月时间。该专责委员会共举行了 22 次会议,包括 5 次公开聆讯,会见了 34 名证人。① 该调查委员会于 1995 年 7 月 19 日向立法局提交了一份报告书,报告书中对相关部门及其相关人士在不同阶段应该承担的角色和责任作了详细的分析并提出指正。

这是立法局第二次行使调查权。这次行使调查权主要的争议是立法局的调查权与政府的调查权之间的冲突与矛盾问题。立法局的此次调查权的行使,虽然没有引起激烈的争议,但是立法局毕竟能够将自身调查权独立于政府的调查权,说明立法局已经在行使调查权上取得了主动权。

四、1995 年新机场输入外劳事件

1995 年 9 月 26 日,在香港三号干线和机场,发生了 800 多名泰国工人因为被克扣工资而罢工的事件,此后,又连续发生了几宗新机场外劳被克扣工资的事件。借此,刘千石议员在 1995 年 12 月 13 日的立法局会议上提出要求立法局引用 1985 年《立法局(权力及特权)条例》授权人力事务委员会调查此事件的动议。立法局通过点名表决,该动议以 42 票赞成票和 6 票反对票获得通过。②

此次动议的争议焦点首先仍然是在政府已经全面展开调查时立法局究竟有没有必要对此事件进行重复调查。教育统筹司向立法局反复强调和再三保证政府及其相关部门已经对该事件进行了全方位的调查和处理,立法局完全没有必要再成立调查委员会进行调查,这样重复性的调查会影响到政府及其相关部门所进行的调查工作。而支持此动议的议员强调,立法局有权力和责

---

① 立法局会议过程正式纪录:"研究观龙楼塌泥事件及有关事宜专责委员会报告书"(1995.7.19),http://www.legco.gov.hk/yr94-95/chinese/lc_sitg/hansard/h950719c.pdf.

② 立法局会议过程正式纪录(1995.12.13),http://sc.legco.gov.hk/sc/www.legco.gov.hk/yr95-96/chinese/lc_sitg/general/yr9596.htm.

任去监督政府该政策的执行,就有权力和义务去调查,认为此次事件影响比较大,更重要的是通过对此事件的调查,了解政府的输入外劳政策是否存在漏洞以及政府在执行该政策时是否存在失职并应当负责任的情况。立法局也向政府保证,立法局调查权的行使不会影响到其他机构所进行的调查工作和程序,因为立法局每次行使调查权时都是谨慎的。

立法局对此事件的调查,从 1995 年 12 月开始到 1996 年 7 月结束,历经七个月。其间共传召 34 位证人出席作证。这些证人包括官方的代表、机场管理局代表以及曾参与新机场核心计划工程的多位总承建商及次承建商、在招聘过程中担当"中间人"角色的管理服务公司代表,以及来自泰国和中国的输入劳工。人力事务委员会于 1996 年 7 月 10 日向立法局提交了《就新机场核心计划特别输入劳工计划的输入工人所涉及的劳资纠纷的有关情况及其所引起的相关问题进行的研讨》报告书,报告中针对改善审批机制提出了一系列建议。①

其实,此次动议争议的背后也是延续了之前行政局与立法局在输入外劳政策上一直存在的争议和冲突。早在 1993 年民主党议员提出人民入境(修订)非官方条例草案,目的在于使立法局取得监督和制衡政府输入外劳政策的权力。那时已经爆发关于"行政主导"与"立法主导"之争。该草案动议于 1995 年 2 月 22 日二读时遭否决。② 而这次立法局极力争取通过对新机场外劳事件的调查,重新取得在输入外劳政策上的控制权。此次调查权的行使,说明行政机关与立法机关在输入外劳政策上的控制权之争,达到了一种平衡,而事实上立法局的地位和权力又提升了一步。

五、1996 年梁铭彦离职事件

1996 年 7 月 6 日,港英政府突然公布人民入境事务处处长梁铭彦退休,而梁铭彦随即便进入退休前的休假。尽管当时梁铭彦声称自己因"私人理由"而要求提早退休,但由于事件罕见,异乎寻常,而政府相关部门又拒绝透露其

---

① 立法局会议过程正式纪录(1996.7.10),http://sc.legco.gov.hk/sc/www.legco.gov.hk/yr95-96/chinese/lc_sitg/general/yr9596.htm.

② 立法局会议过程正式纪录(1995.2.12),http://www.legco.gov.hk/yr94-95/chinese/lc_sitg/hansard/h950222.pdf.1798-1828.

中原因,引起人们对此事的关注。① 当时媒体和公众对此作出各种揣测,更是有人认为此事件可能涉及政治因素,使整件事充满了神秘色彩。叶国谦议员于1996年10月23日向立法局提出动议"委任一个专责委员会调查前人民入境事务处处长梁铭彦先生离职事件及有关事宜;而该专责委员会在执行其职务时获授权根据《立法局(权力及特权)条例》(第382章)第9(2)条行使该条例第9(1)条所赋予的权力"。② 会议上,议员们纷纷表示,该事件扑朔迷离,在媒体的渲染下,带有浓厚的政治色彩,而在当事人梁铭彦和当局政府部门均采取缄默的情况下,立法局则有义务和权力去了解事实真相。此动议最后被通过。

此次调查从1996年10月开始至1997年6月结束,先后召开了29次会议,13次公开聆讯,传召梁铭彦、公务员事务司林焕光、及布政司陈方安生等人作供。③ 经过历时八个月的调查后,立法局最终发表报告,指梁铭彦的"品格、操守和判断能力"皆有严重缺陷,政府以四个涉及利益冲突及诚信操守的理由,迫令梁铭彦退休,完全"合乎情理"。政府对梁铭彦的处理是合理合法的,立法局同意政府的决定。在这次事件中,调查程序以闭门会议形式进行,立法局公开与行政机关发生了激烈的对抗,使立法局调查权得到了极大的膨胀,正如叶国谦议员所言:"今次研讯很有可能是过去4次引用有关权力以来,运用得最完整、最淋漓尽致的一次……今次研讯可说是香港历史上,最完整和有系统地运用有关权力的一次。"此次立法局调查,体现出以下几个特点:

(1)此次立法局调查权的行使与行政机关发生了最为激烈的冲突。蔡根培议员指出:"整件事件中,最令人感到遗憾的是,政府对立法局采取不合作、不信任的态度。"④相关政府部门都拒绝提交相关档案。叶国谦议员指出:"先有公务员司拒绝交出与梁铭彦先生离职事件有关文件,继而布政司拒绝交出廉政公署审查贪污举报咨询委员会的报告。……过程当中,政府官员一次又

---

① 立法局会议过程正式纪录(1996.10.23),http://sc.legco.gov.hk/sc/www.legco.gov.hk/yr96-97/chinese/lc_sitg/general/yr9697.htm.46.

② 立法局会议过程正式纪录(1996.10.23),http://www.legco.gov.hk/yr96-97/chinese/lc_sitg/hansard/961023hc.doc.

③ 立法局会议过程正式纪录(1997.6.18),http://sc.legco.gov.hk/sc/www.legco.gov.hk/yr96-97/chinese/lc_sitg/general/yr9697.htm.

④ 立法局会议过程正式纪录(1997.6.18),http://sc.legco.gov.hk/sc/www.legco.gov.hk/yr96-97/chinese/lc_sitg/general/yr9697.htm.193.

一次地挑战专责委员会权力来源的基础,对专责委员会的权力有所质疑。"

(2)政治性突出。此次事件吸引了媒体的广泛报道和追踪,引起了人们的普遍关注,使"立法局的'据法力迫'和政府行政部门官员的'据理力辩'的你来我往交锋过程"成为人们关注的焦点。由于媒体的介入,更是使此次立法局的调查影响深远。正如詹培忠议员所说:"得出的结果及报告,只给普罗市民一个虎头蛇尾的感觉。"①事实上,每一次立法局调查都会出现同样的结局。立法局行使调查权之前总是把自己的目的和宗旨定位得很高远,但事实上立法局的调查权的首要功能恐怕在于渲染舆论,加强立法局的公众认可度而已。

(3)公众利益成为最大的争论焦点。在此次事件中,公共利益再度成为争议的焦点。政府部门大部分均以"公共利益"为理由,要求豁免作证,或提供证据。蔡根培议员指出:"在梁铭彦事件中,委员会所遭遇最大的困难,就是政府动辄以'公共利益'为理由,拒绝回答问题。"而公共利益的界定依然始终是一个公认的纠缠不清的难题。

(4)司法程序与立法局调查程序冲突。此次立法局调查权的行使与行政机关发生了激烈的冲突,更为令人关注的是,行政机关首次将此争议冲突提交到法院,提请法院予以裁定。当立法局调查委员会向布政司要求提交"廉政公署审查贪污举报咨询委员会报告"时,布政司以公共利益为由加以拒绝,当彼此进入僵局时,律政司决定向法院提出申请,要求法院作出裁决,宣布布政司以基于公共利益而获豁免以及专责委员会并不需要有关报告来进行研讯为理由而拒绝出示"廉政公署审查贪污举报咨询委员会报告"是合理的做法。律政司本着提起法律程序加以解决双方的冲突,但意识到这一做法很明显把法院引入了立法局与行政机关的纠纷中,很容易陷入政治纠纷,申请中止法律程序,才使司法退出了这次纠纷中。

---

① 立法局会议过程正式纪录(1997.6.18),http://sc.legco.gov.hk/sc/www.legco.gov.hk/yr96-97/chinese/lc_sitg/general/yr9697.htm.195.

第六章 香港立法会对调查权的行使

第一节 香港立法会调查权的法律规范

一、调查权的行使主体：立法会组织及委员会

香港特区政府立法会主要透过立法会会议及各委员运作，处理立法、公共开支审查等事务。立法会在会期内通常每星期三在立法会综合大楼会议厅举行会议，处理立法会事务，包括：提交附属法例及其他文件；提交报告及发言；发表声明；提出质询；审议法案，以及进行议案辩论。行政长官亦会不时出席立法会的特别会议，向议员简述有关政策的事宜及解答议员提出的质询。立法会所有会议均公开进行，让市民旁听。会议过程内容亦以中英文逐字记录，载于《立法会会议过程正式纪录》内。①

立法会议员透过委员会制度，履行研究法案、审核及批准公共开支和监察政府工作等重要职能。立法会辖下有3个常设委员会，分别是财务委员会、政府账目委员会及议员个人利益监察委员会。此外，内务委员会负责处理与立法会会议有关的事宜，并监察研究法案及附属法例的进度。法案委员会负责审议需要进行更深入研究的法案，并向内务委员会汇报其商议结果。负责监察和研究政策事宜的委员会称为事务委员会。现时，立法会辖下共有18个事

---

① "立法会的会议"，收录于香港特别行政区立法会网站，http://www.legco.gov.hk/general/chinese/counmtg/cm1216.htm。

务委员会,其成立及职权范围均由内务委员会建议,并呈交立法会批准。①

财务委员会多数在每星期五下午举行会议,审查及批准政府提交的公共开支建议。财务委员会其中一项工作,是审查财政司司长每年提交立法会的开支预算草案及拨款法案,其中载明政府下一财政年度的全年开支建议。财务委员会的成员包括立法会主席以外的全体立法会议员。议员通过互选,推选出财务委员会的正副主席。

政府账目委员会负责研究审计署署长就审核政府及属于公开审计范围内的其他机构的账目及衡工量值审计结果所提交的报告书。在认为有需要时,委员会可邀请政府官员及公共机构的高级人员出席公开聆讯,提供解释、证据或数据;委员会亦可就该等解释、证据或资料,邀请任何其他人士出席公开聆讯提供协助。

议员个人利益监察委员会负责研究议员个人利益登记册的编制、备存、取览等各项安排;考虑及调查与议员个人利益的登记及申报有关的投诉,或与议员申请发还工作开支或申请预支营运资金的行为有关的投诉;以及考虑关乎议员以其议员身份所作行为的操守标准事宜,并就该等事宜提供意见及发出指引等。

立法会也成立内务委员会,在立法会会期内,内务委员会通常在每个星期五下午2时30分举行会议。内务委员会为立法会会议做准备,并商议与立法会事务有关的事宜。内务委员会的一项重要职能是,审议已提交立法会的法案,以及在立法会会议席上提交省览或提交立法会批准的附属法例。内务委员会可成立法案委员会研究该等法案,或委任小组委员会对一些附属法例进行更详细的研究,随后并会监察有关法案委员会及小组委员会的工作进度。内务委员会可将关乎立法会事务的政策事宜交付有关的事务委员会研究。此外,内务委员会亦可按其认为适当的方式,研究任何与立法会事务有关的其他事项。除立法会主席外,立法会全体议员均为内务委员会的委员,内务委员会主席及副主席由议员互选产生。

为监察政府的施政,立法会设立18个事务委员会,就特定政策范围有关的事项进行商议。在重要立法或财政建议正式提交立法会或财务委员会前,事务委员会亦会就该等建议提供意见,此外亦会研究由立法会或内务委员会交付事务委员会讨论,或由事务委员会自行提出的,广受公众关注的重要事项。

---

① "委员会",收录于香港特别行政区立法会网站,http://www.legco.gov.hk/general/chinese/committt/comm1216.htm。

立法会可委任一个或多个专责委员会,以深入研究立法会交付该委员会的事宜或法案。立法会主席经考虑内务委员会的建议后,决定专责委员会的人数,并任命其主席、副主席及委员。专责委员会在立法会授权下,在行使职权时,如有需要,可传召有关人士到委员会席前作证或出示文件。专责委员会完成研究交其处理的事宜或法案后,须立即向立法会作出报告,并随即解散。

二、调查权的行使对象与行使方式

根据《立法会(权力及特权)条例》第9条,行使调查权的立法会常设委员会或其他委员会可命令任何人到立法会或该委员会席前,作证或出示其所管有或控制的任何文据、簿册、纪录或文件。

立法会委员会以传票通知证人列席。根据《立法会(权力及特权)》条例第10条,立法会秘书以按照主席的指示亲自签发的传票通知,载明证人姓名及须列席的时间地点,以及须出示的指定文件(如有的话),传票可由立法会人员、警务人员或任何公职人员送达。根据《立法会(权力及特权)》条例第12条,向任何人发出传票后,该人如不依照传票内述明的时间地点到立法会或委员会席前,而主席信纳传票已妥为送达或该人是故意逃避送达的,则可指示秘书按订明的格式发出手令,以拘捕该人及将他在手令内述明的时间地点带到立法会或委员会席前,视属何情况而定。

第二节　香港立法会行使调查权的案例

香港立法会的调查均或直接或间接与第73条列举的职权相关。

一、1998年新机场启用大混乱事件

备受关注的香港赤鱲角国际机场于1998年7月6日开始启用运作,取代香港唯一的民航机场启德机场。但是,新机场开始运作的当天便发生混乱及出现各种问题,引致公众极度关注。① 1998年7月17日,立法会内务委员会

---

① 立法会调查赤鱲角新香港国际机场自1998年7月6日开始运作时所出现的问题的原委及有关事宜专责委员会报告,http://www.legco.gov.hk/yr98-99/chinese/sc/sc01/papers/chapter1.pdf。

通过小组委员会的建议,由小组委员会主席于 1998 年 7 月 29 日在立法会会议席上动议一项决议案,以委任一个专责委员会调查新机场问题。1998 年 7 月 24 日的内务委员会会议席上,议员决定专责委员会不宜待调查委员会作出报告后才展开工作。1998 年 7 月 29 日,立法会通过一项有关委任专责委员会的决议,并决定不受原定三个月内不开展调查的计划限制,专责委员会随即展开工作。此次研讯从 1998 年 7 月开始到 1999 年 1 月结束,共花了六个月的时间。其间,共举行了 31 次公开聆讯,传召了 27 名证人出席作证,其中包括政务司司长暨机场发展策划委员会主席陈方安生、机场管理局主席黄保欣、新机场工程统筹署署长郭家强、民航处处长林光宇、财政司司长曾荫权等。最后向立法会提交了一份共 254 页的报告书,报告书指出,机场发展策划委员会、机管局董事会、机管局管理层及空运货站公司,以及该等机构的部分要员应该负上不同程度的责任。

此次事件的最大特点是立法会的专责委员调查与行政长官委任的调查委员会的调查、申诉专员的调查几乎是同时而又相互独立进行的。①

申诉专员在 1998 年 7 月 8 日决定根据《申诉专员条例》第 7(1)(a)(ii) 条,就机场管理局负责的赤鱲角新机场筹备启用及实际运作,展开直接调查。申诉专员在 1998 年 11 月 19 日通知政府总部,表示会将政府总部列入调查范围。1999 年 1 月,申诉专员向社会公布了调查报告。

1998 年 7 月 10 日下午,政务司司长宣布行政长官已决定委任一个独立小组,由本港一位知名人士率领,成员包括两位熟悉机场建造及运作事宜的国际专家,就已出现的各项问题,包括行李处理、航班数据及空运货站公司的货物处理系统失灵等,进行独立调查,并确定是否有人应承担责任。同日下午在立法会内务委员会的会议席上,议员同意应在 1998 年 7 月内,借立法会决议成立专责委员会,以调查与新机场有关的问题。不过,议员同意,专责委员会在成立后一段不超过 3 个月的期间内不会展开工作,以便由行政长官委任的小组可完成调查工作,并向行政长官提交报告。内务委员会其后组成小组委员会,为成立专责委员会进行筹备工作。1998 年 7 月 13 日,申诉专员宣布,有表面证据显示新机场运作初期出现的问题涉及行政失当,因此会进行独立调查。

---

① 《新机场调查委员会报告》,http://www.gov.hk/tc/residents/government/consultation/docs/reports/new_airport_report_chi.pdf。

机管局在 1998 年 7 月 10 日覆函中表示，该局欢迎本署进行调查。在调查过程中，申诉专员发觉有必要将政府总部列入调查范围。

行政长官会同行政会议 1998 年 7 月 21 日根据《调查委员会条例》(第 86 章)，委任新机场调查委员会，以调查新机场的运作事宜。胡国兴大法官及郑维健博士分别获委任为调查委员会的主席和委员。预期委员会将于约 6 个月内完成调查工作。《调查委员会条例》只赋予行政长官会同行政会议有权委任调查委员会，有评论认为这类委员会应属行政性质的调查，但另一种意见则认为它们应属司法性质的调查。①《调查委员会条例》自 1968 年通过后，香港根据该条例成立的委员会大致分为以下三大类别：(1)有关重大天灾和意外事件的调查，例如 1996 年成立的嘉利大厦火灾调查委员会；(2)与执法和检控事宜相关的委员会，例如 1973 年的百里渠调查葛柏事件的委员会；(3)调查重大政策失误的委员会。调查委员会的其中一种政治功能，是可快速将争议性的政治问题降温和非政治化。

在 1998 年 7 月，香港特区政府在知悉立法会计划成立专责委员会，调查新机场事件后，曾透露会委派一个独立调查小组进行调查。其后，申诉专员公署决定主动就新机场开幕可能出现行政失当展开调查。行政申诉专员苏国荣是在 1998 年 7 月 13 日，即行政部门宣布成立调查小组及立法会计划成立专责委员会后，正式宣布对导致新机场混乱可能出现的行政失当展开调查。香港是在 1989 年，根据《行政事务申诉专员条例》，设立独立的申诉机构，负责处理有关行政失当的投诉。自 1994 年开始，申诉专员亦可在没有接获任何投诉的情况下，主动展开调查。自此之后，申诉专员公署完成了 23 宗直接调查的个案，包括 1995 年的清拆僭建物调查和 1998 年的配药出错事件。新机场的调查亦是采用直接调查的方式进行。申诉专员的调查亦同样可以令争议性的

---

① 英国政府在 1955 年任命成立对行政裁判和调查问题进行研究的弗兰克斯委员会 (Franks Committee)，认为这类调查既不能完全归类为行政性质的调查，亦不能完全归类为司法性质的调查。原因是：一方面，这些调查活动是根据既定的法定程序，并不是一般行政部门所惯常采取的程序；另一方面，它们不完全属于司法性质是因为委员会享有很大的酌情权力(discretionary power)，调查最后的结论亦不是完全按照法律而作出的。

事件降温和非政治化。① 行政事务申诉专员基于新机场启用以来,就客运及货运上出现的种种问题,展开了历时58日的聆讯调查,传召56名证人。报告指出,机场启用初期出现混乱,主要由于疏忽所致,政府和机管局沟通不足,过分信任货运站公司能力等,总结政府当局、机管局以至货运站公司都要负上责任,但没有透露个别被谴责人名,报告同时提出多项改善建议。

立法会、调查委员会和行政事务申诉专员三份有关新机场混乱的调查报告,相继在1999年1月公布,报告随即成为各方势力进行政治角力的工具。其中,调查委员会报告严谨程度最令人信服,点名批评了机管局多名高层管理人员,指出政府官员承担集体责任;而立法会的调查报告政治性最为突出,公开点名批评包括政务司司长在内的数名政府高级官员;申诉专员的调查报告相对比较客观,行政部门特别指出,政府将根据报告内对管理公共工程的各项建议,订定一套大型基建工程计划指引。② 此次立法会调查还聘请顾问,聘请了由香港大学5名教授组成的顾问小组专门就新机场客运大楼装设的信息系统提供技术性建议,并聘请了两位来自国际航空协会的专家就新机场航道范围的噪音问题提供意见。

二、2001年公屋短桩事件

1999年8月以来,一连串与公营房屋建筑问题有关的事件不断地被曝光:由香港房屋委员会(下称"房委会")辖下的"居者有其屋计划"(下称"居屋")的几个项目都出现问题。首先是发现天颂苑第一期一幢已落成、楼高40层的大厦地基不平而沉降幅度过大,接着是经监测发现沙田圆洲角两座居屋大厦也出现沉降问题,其后的6个月内,在另外两项由房委会负责的公营房屋工程项目中,亦被揭露出现建筑上的问题,包括石荫重建计划及东涌第30区

---

① 根据法例规定,申诉专员进行的各项调查须不公开进行。虽然申诉专员在调查期间无权禁止传媒作出评论,但因为其调查是秘密进行,并且没有调查时间的限制,申诉专员的调查可给予公众人士一种安抚的感觉,显示问题会受到公平处理。申诉专员对调查范围的厘定,除受其管范围规限外,享有很大的自主权。申诉专员对调查过程中决定所使用的程序,同样享有很大的自主权。法例规定,专员调查没有必要召开聆讯,任何人更无权要求专员听取他的陈述。唯法例规定,如调查对任何人员及机构作出批评,专员有须要让他们获得聆讯的机会。

② 《事后孔明——新机场调查的政治学》,http://www.gov.hk/tc/residents/government/consultation/docs/reports/new_airport_report_chi.pdf.

第三期,该两项上盖建筑工程都采用了不合规格或曾被拒收的建筑材料。这几次建筑失误和事故,引起公众对公营房屋建筑质量的极度关注。①

2001年2月7日,周梁淑怡议员提出议案:"本会委任一个专责委员会,就天颂苑、沙田第14B区第二期、东涌第30区第三期及石荫第二期4宗事件的情况,调查建造公营房屋单位时出现的建筑问题,并借此寻求积极建议,彻底改革整体公营房屋的政策及架构,包括研究应否重组、分拆或废除房屋委员会,以提高公营房屋的质素;而该委员会在执行其职务时获授权根据《立法会(权力及特权)条例》(第382章)第9(2)条行使该条例第9(1)条所赋予的权力。"立法会通过一项决议,委任成立"公营房屋建筑问题专责委员会",就事件进行调查,并寻求建议,在体制及政策层面改善公营房屋的质素。

该调查从2001年2月开始至2003年2月结束,用两年时间对公屋短桩事件进行调查。其间,共举行了70次研讯和115次会议,并实地进行了考察,还广泛地邀请社会人士提供建议。曾经参考的档重以吨计,估计整项调查耗资超过1400万港元。调查报告的中文版本于2002年12月正式通过,第一份报告分为8册,厚达数百页,这些都创下香港立法会的纪录。2003年1月22日下午,该委员会主席刘健仪向立法会提交了调查报告。报告明确指出,当年制订房屋政策和执行的3位香港特区政府高层人员要为一连串"短桩丑闻"承担一定的责任。在批评有关官员的同时,这份报告更着重分析了发生"短桩丑闻"的深层原因,并提出13项改进建议,包括重新界定"房委会"、房屋局及房屋署在制定和执行政策的职责分工,检讨香港建筑业的工程投标机制以及把公营房屋工程纳入建筑条例监管等。

三、2003年沙士事件

2003年2月,首先在广东爆发"非典型肺炎(SARS,简称沙士)"疫情。一开始这种疫症性质不明,但是病情很快恶化,并且感染率高,感染者很难幸存。疫情迅速蔓延,整个世界陷入一片白色恐怖中。香港邻近广东,疫情首当其冲。在香港有1755人被感染,其中299人死亡。经过一场筋疲力尽的努力和煎熬,人们终于战胜了这个罕见的全球性疫情。当人们还未从高度紧张和身心疲惫中缓过劲的时候,香港立法会轰然掀起一股比沙士来得更加激烈的

---

① 立法会公营房屋建筑问题专责委员会,http://www.legco.gov.hk/yr02-03/chinese/sc/sc_bldg/reports/rpt_1/m_1.pdf.

讨伐声,要求香港特区政府以及医院管理局检讨在这次沙士事件中的失误、过错以及应当承担的责任。在立法会议员的积极推动下,香港市民纷纷奔走相告,要求政府道歉赔偿损失。

立法会于2003年10月29日委任"香港特区立法会调查特区政府与医院管理局对严重急性呼吸系统综合症(SARS)爆发的处理手法的专责委员会"调查香港特区政府与医院管理局对严重急性呼吸系统综合症爆发的处理手法是否恰当以及是否应该承担相应的责任。经过八个月的聆讯,召见了89位证人,大部分是政府高级官员,其中包括了当时香港特区最高行政长官董建华,卫生福利及食物局局长杨永强医生及行政长官办公室主任林焕光。立法会调查委员会最后发表了一篇长达460页的报告书,①罗列出28项罪名,点名批评了11名高官。在舆论的压力下,卫生福利及食物局局长杨永强和医院管理局主席梁智鸿引退辞职以平息社会的骚动。②

此次立法会的调查权的行使具有两个特点:第一,影响大。此次立法会调查权的发起在全球瘟疫刚刚结束之时,此时此刻,人们还沉浸在恐慌与痛苦之中,人们的情绪异常不稳定。当幸存者还在喘息之时,立法会便掀起一场严厉的问责,使政府措手不及,也把人们的注意力顿时转向了香港特区政府,并在一定的程度上把未从瘟疫中恢复的情绪发泄于政府。此次调查,公众关注度与参与度大大超过了以前。第二,后果严重。此次调查涉及包括行政长官在内的多位政府高官,严厉地点名批评了11名高级官员。立法会议员还企图通过提出对这些高官的弹劾动议,迫使其辞职。立法会此次调查权大大地超出了自己的权限范围,严重地冲击了香港特区的宪制体制。

四、2008年雷曼迷债事件

在全球金融海啸中,美国第四大投行雷曼兄弟宣布破产。在香港,至少有21间银行及1间金融机构涉及销售雷曼产品,受影响的雷曼迷你债券及相关产品总值约200亿元,涉及的投资户口超过48000个。其中数千名声称遭银

---

① 调查特区政府与医院管理局对严重呼吸系统综合症爆发的处理手法专责委员会报告(2004年7月), http://www.legco.gov.hk/yr03-04/chinese/sc/sc_sars/reports/sars_rpt.htm。

② 关于调查的过程及结果,参见香港立法会网站, http://legco.gov.hk/yr03-04/chinese/sc/sc_sars/reports/sars_rpt.htm。

行职员欺骗,批评政府监察不力,要求政府赔偿损失。他们组成"雷曼苦主大联盟",采取集会、游行、包围立法会、向监管机构投诉、进行法律诉讼等行动,要求全数赔偿。

小组委员会于2008年10月17日在内务委员会辖下成立,其职权范围如下:"研究雷曼兄弟相关迷你债券及结构性金融产品所引起的事宜,并在有需要时提出建议。"2008年11月12日香港立法会辩论何钟泰议员动议,共有37名议员发言,议员们就一旦行使特权法是否会损及香港营商环境和声誉各执一词,其中民建联等立法会主要政党都表态支持授权动用,只有工商界议员反对。经过七个半小时的激烈辩论后,以47票赞成、4票反对、4票弃权通过该动议。根据《立法会(权力及特权)条例》(第382章)第9(2)条授权"研究雷曼兄弟相关迷你债券及结构性金融产品所引起的事宜小组委员会"行使该条例第9(1)条所授予的权力,以供小组委员会执行其职能。

调查工作旷日持久,耗费巨大。小组委员会于2008年11月制订其主要研究范畴,分阶段及分期推展其工作。小组委员会在完成第一阶段的预备工作后,开始第二阶段第Ⅰ期研究,并已就《证券及期货条例》及《2002年银行业(修订)条例》所订明的规范结构性金融产品销售的现行规管架构,完成向有关政府官员取证的工作。已经完成的第一阶段研究工作共举行32次研讯(包括两次闭门研讯),并曾处理多项复杂的法律及程序问题,当中涉及要求保密、回避待决案件及公众利益豁免权的声称。小组委员会现正进行第二阶段第Ⅱ期研究,向6家银行的最高管理层人员及高级管理层人员取证。截至2010年10月19日,小组委员会已就此期的研究工作举行27次研讯(包括8次闭门研讯),向来自下列银行最高管理层及高级管理层的11名证人取证。2010年11月底开始进行第二阶段第Ⅲ期研究,向上述6家银行涉及雷曼兄弟相关迷你债券及结构性金融产品销售的若干前线员工取证。

小组委员会在2008年10月展开工作时有27名委员。截至2010年10月22日,小组委员会由18名委员组成。由于小组委员会是首个在内务委员会辖下成立而获授权行使法例第382章所订权力的小组委员会,内务委员会于2008年11月28日通过小组委员会的《工作方式及程序》。小组委员会是根据《议事规则》及《内务守则》适用于立法会辖下委员会的小组委员会的有关规定,除举行研讯外,小组委员由成立至2010年10月共举行33次会议(3次公开会议及30次闭门会议),商议与研究工作相关的事宜。

雷曼迷债事件的高度政治化和政治团体民粹化倾向受到关注。虽然政府一再晓之以"影响香港金融中心地位"的大义,而立法会内各政党各怀心思,为了立法会的选票和民意支持而一致同意动用"特权条例"。① 迷你债券的问题由部分受影响的投资者示威开始,各政党迅速介入,很快就演变成政治事件。公民党等泛民主派激励支持对雷曼事件进行最全面深入的调查,并以此作为打击建制派政党与议员的重要时机。② 9月19日,余若薇要求政府当局提供有关迷债数据,并设电话热线;9月25日,余若薇、梁家杰等与100名雷曼苦主会面,把不同分销银行的苦主组织起来,进行了密集的政治活动,会见银行代表,发动媒体力量,质询政府官员,发起请愿运动等,成功地吸引了香港居民的高度关注。③ 而民建联人士则意识到,一旦民建联反对泛民主派引用特权法,就会背上"与民为敌"的黑锅。因此,民建联及多数建制派议员,虽然一开始反对设立专责委员会,可是,当事情已发展到有市民聚集在政党办事处门外示威甚至哭叫下跪以要求投票通过的地步,在民意与选票的压力下,亦似乎没有不屈服的余地。④ 在这样的情况下,建制派内一向较为"民粹"的议员,率先"转"向,支持民主党的动议。而民建联亦拒绝再背上黑锅,决定投弃权票。⑤

五、梁展文事件

当事人梁展文,1999年到2006年间,先后出任特区政府屋宇署署长、房屋及规划地政局常任秘书长和房屋署署长职位,2007年1月退休。2008年8月1日晚,香港新世界中国地产有限公司发出通告,宣布委任前房屋及规划地政局常任秘书长梁展文为执行董事及副董事总经理,初步为期三年,当日生效。其间,梁展文将获取董事袍金,包括年薪312万港元,并有权收取酌情花红。

任命一经公布,质疑声便不绝于耳。服务政府39年的梁展文,曾参与制订和执行特区重大房屋和土地政策,并代表政府与发展商谈判过地产项目的

---

① 谭卫儿:《当立法会遇上银行家》,载《亚洲周刊》第22卷47期,http://www.yzzk.com/cfm/Content_Archive.cfm?Channel=af&Path=2199020092/47af1.cfm。
② 梁家杰:《关键时刻的取态》,载《明报(法政随笔)》2008年11月13日,http://alanleong.tgbank.net/chi/index.php?p=709。
③ 《公民党跟进雷曼事件日程》,载《立法会议员余若薇电子报》,http://www3.audreyeu.org/Newsletter/Jan2009/Newsletter-Jan2009.html。
④ 梁安琪:《政客滥用"特权"居心叵测》,载《大公报》2008年11月23日。
⑤ 王绍尔:《特权法查迷债将成四输局》,载《香港文汇报》2008年10月30日。

补偿地价及回购事宜。他身兼房屋及规划地政局常任秘书长、房屋署署长期间,曾两度与新世界集团发生业务关系,在红磡一处地产项目中,政府以低于市价的8.64亿港元,将业权转让给两家开发商,其中就包括邀请梁展文出任公司高管的这家公司。因在决策中扮演重要角色,梁展文被疑"贱卖"政府资产。而他退休仅仅一年半后,就到这家地产公司任职,舆论质疑新职务为他"量身定做",等同于"延后回报",有利益输送之嫌。任命公布后,地产公司也发表声明解释原委,称委任梁为执行董事及副董事总经理,是基于他丰富的行政及管理经验;梁的职责为管理集团在内地地产业务的内部行政工作,不涉及香港业务,所以其过去在政府的工作,与现在职务不存任何利益冲突。但在各方压力下,仅仅过了两个多星期,公司方面还是宣布与梁无条件提前解约。任命虽然中止,然而公众质疑声日炽。

2008年12月10日立法会通过成立专责委员会,运用《立法会(权力及特权)条例》彻查前房屋及规划地政局常任秘书长梁展文,离职后加入新世界中国地产工作,是否有任何利益冲突。内务委员会将选出12位委员会成员。立法会各党派早前就调查梁展文事件专责委员会的职权达成共识,调查范围将扩展至梁展文由1999年担任屋宇署长,至退休前任房屋及规划地政局常任秘书长期间6年的工作,并会调查嘉亨湾和红湾半岛事件是否涉及利益输送问题。特区立法会进行了详细而谨慎的调查,先后召开23次会议,传召24人作证,此后是81次讨论会。2010年12月8日,一场耗时两年、花费1750万港元的特别调查在香港完结,成文报告达400多页。主要内容包括:

第一,负责调查的特区立法会专责小组认定,前政府地产和房屋事务高官梁展文,退休一年多后拿高薪"再就业",审批程序存有漏洞。香港公务员人数超过16万,其中1200多人位列"首长级",梁展文属于"首长级"最高的第8点"薪级"(共有1~8个薪级,8点为最高,也写作"D8")。按照特区政府的规定,该级别的官员退休后一年内为"禁制期",俗称"冰河期",不准加入任何商业机构。另有3年"管制期",高官如果在管制期内工作,必须经"离职公务员就业申请咨询委员会"审批,委员会完成讨论会向公务员事务局局长提交建议,最终才决定是否核准。在接受聘任之前,梁于2008年5月依程序向公务员事务局提交申请,7月获批。申请书先后由公务员事务局、运输及房屋局等部门多位官员把关,最终由公务员管理机关——公务员事务局局长审批通过。调查报告认定,审批时存有漏洞,6名官员对梁的公司任命与资历中存在的利益关系"认识不清"。

第二，调查报告还对公务员"再就业"管理提出改善意见。包括：延长首长级公务员离职管制期，D4～D7级由2年延长至4年，D8级由3年延长至5年；申请人须在申请表上填写觅得工作的管道；制订统一的处理和审核申请方法，供各政策局或部门采用等。

调查报告出炉5小时后，特区公务员事务局局长俞宗怡会见记者，就事件引起公众广泛关注及质疑，再次向市民道歉。她表示，现在最重要的工作是研究如何改善条例，避免日后发生同类事件。行政长官曾荫权也发表声明，承认公务员事务局审批高官离职申请有所不足，会指示该局日后更为审慎，并研究及考虑报告提出的改善意见，尽快改善现行规管机制。香港媒体有评论说，涉及公务员尤其是高级公务员的去向，无论现任或已退休，都要在指定期限内作出交代。这不但是向公众交代香港高薪养廉政策的正确性，也是从源头阻吓心存侥幸的官员，向世人展示香港建立一支廉洁自持公务员队伍的决心。

六、甘乃威解雇女助理事件

香港立法会内务委员会2009年12月9日根据议事规则，启动取消议员议席机制，跟进民主党议员甘乃威解雇女助理事件。出席内部会议的37名议员一致通过，启动《议事规则》第49条"取消议员议席"机制，调查甘乃威解雇助理事件。这是立法会首次启动"取消议员议席"的机制，就议员的行为操守作调查。立法会成立小组专责调查，但小组未被赋予《权力及特权法》传召证人的权力。但小组完成调查工作后，若超过三分二议员同意谴责，甘乃威将丧失议员议席。

甘乃威事件调查委员会经过10次闭门聆讯及25次内部会议后。委员会曾经多次邀请女助理作供都被拒，但基于保护女事主原则，委员会决定不引用《立法会（权力及特权）条例》强行传召对方。调查耗费达157万元，历时超过26个月，调查委员会开会57次，举行了11次研讯。2012年3月28日正式发表的调查报告，以"遗憾"字眼批评他影响立法会形象，并批评他对传媒的言论前后不一，隐瞒曾经示爱。委员会建议立法会考虑检讨涉及议员行为失当的投诉机制，以维护立法会的公信力。不过，报告结论指，甘乃威的行为虽然不符合公众期望，但没有足够证据证明他因"求爱不遂"而解雇王丽珠，未至取消其议员资格，亦未足以对他作出谴责。但报告亦指，甘乃威对女下属表达好感的做法不恰当，对其造成伤害，而他对传媒的言论前后矛盾，隐瞒曾示爱，影响立法会形象，乃对此表示遗憾。

2012年4月18日,香港特区立法会在未能取得超过三分二议员支持下,否决就民主党议员甘乃威行为不检,对其作出谴责的动议。

七、梁振英西九事件

2012年2月特首选举期间,有报道指梁振英于2002年任西九填海概念规划比赛的评审团成员时,没有利益申报,涉嫌有利益冲突。2012年2月24日,立法会内务委员会召开特别会议,并邀请相关的政府官员列席该次会议,以讨论有关事宜。内务委员会要求政府当局在特别会议举行前提供由其管有、保管或控制的与规划比赛中利益冲突指称相关的所有数据。经与政府当局讨论,并审阅政府当局就2012年2月24日内务委员会特别会议所提供的文件后,议员认为政府当局所披露的资料未能释除公众就梁振英先生涉及利益冲突指称所提出的关注及疑虑。议员同意由内务委员会主席在2012年2月29日的立法会会议席上动议一项议案,以委任一个根据《立法会(权力及特权)条例》(第382章)获赋予传召权的专责委员会,研究梁振英先生以规划比赛评审团成员身份在该比赛中的参与及相关事宜。

2012年2月29日的会议上,刘健仪议员动议的议案如下:"本会委任一个专责委员会,研究梁振英先生以'西九龙填海区概念规划比赛'评审团成员身份在该比赛中的参与及相关事宜;而该委员会在执行其职务时获授权根据《立法会(权力及特权)条例》(第382章)第9(2)条行使该条例第9(1)条所赋予的权力。"①经由功能团体选举产生的议员,有27人出席,16人赞成,2人反对,9人弃权;而经由分区直接选举产生的议员,有27人出席,18人赞成,9人弃权。议题获得两部分在席议员分别以过半数赞成,获得通过。

在3个多月的调查中,举行了10次闭门会议、6次公开研讯,以及1次公开会议,传召了包括梁本人在内的17名证人。2012年6月27日,立法会"研究梁振英西九相关事宜"专责委员会完成报告,对梁振英身陷"西九"规划比赛评审利益冲突事件,作出了完整的评述与结论。②

---

① 香港立法会2012年2月29日会议过程正式纪录,第175页,http://www.legco.gov.hk/yr11-12/chinese/counmtg/floor/cm0229-confirm-ec.pdf。
② 《香港特别行政区立法会研究梁振英先生以西九龙填海区概念规划比赛评审团成员身份在该比赛中的参与及相关事宜专责委员会报告》,见 http://www.legco.gov.hk/yr11-12/chinese/sc/sc_lcy/report/lcy_rpt-c.pdf。

在这份长逾371页的报告中,对事件的来龙去脉作了清楚的陈述,批评梁身为评审委员申报"有欠完整",并对梁填申报表时"掉以轻心"、没申报自己为戴德梁行董事表示"遗憾"。报告就三个市民最关心的问题给出了答案:(1)梁振英在评审前是否知悉戴德梁行与"有关作品"的关联;(2)梁振英向主办机构提交的申报表有否遗漏之处;(3)梁振英申报的遗漏有否引致利益冲突。关于(1),尽管报告未能得出绝对的结论,并认为"梁振英就查核利益冲突所采取的方法粗疏、不全面及有欠审慎",但报告同时指出,"虽然……做法或可被视为详尽,但不应对梁振英没有采取同一做法而对他作出批评"。关于(2),报告明确指出"专责委员会认为梁振英先生对填写其申报表掉以轻心,对此表示遗憾"。关于(3),报告同样给出了十分明确的结论。报告指出专责委员会确信"未能找到任何证据显示梁振英先生进行评审前曾看过该等概念图"、"在评审过程中对参赛作品所作的投票有任何异常之处"、"梁振英先生及其他评审团成员在评审过程中应不知道参赛者的身份"。

第三节 其他引用权力及特权条例未获通过的议案

一、郑家富议员的2000年动议

在2000年1月26日立法会会议上,郑家富议员提出议案:"议决就立法会民政事务委员会于1999年12月7日通过的决议,要求政府当局立即向该事务委员会提供政府经济顾问对香港特别行政区拟主办2006年亚洲运动会的可行性评估报告及有关事宜,授权该事务委员会根据《立法局(权力及特权)条例》(第382章)第9(2)条行使该条例第9(1)条所赋予的权力。"[①]

7位议员及民政事局局长就议案发言。民政事务委员会的主席蔡素玉议员认为,申办亚运会可以为香港带来很多无形的效益,包括提升政府体育政策、设施和本地体坛的质素;纠正香港多年来偏重赚钱、忽视体育的观念;强化香港作为国际盛事中心的地位,以及振奋人心、凝聚人心,增强市民对香港的归属感等。这些好处,都不能以金钱的收益来衡量。介绍了民政事务委员会

---

① 香港立法会2000年1月26日会议过程正式纪录,第2600页。http://www.legco.gov.hk/yr99-00/chinese/counmtg/hansard/000126fc.pdf。

与政府在有关问题上沟通的情况。民政事务委员会曾于1999年12月7日议决,要求内务委员会向政府反映,要政府向立法会提交政府经济顾问对香港主办2006年亚运会的可行性报告。就此,内会主席曾于去年12月24日去信政务司司长,陈述了民政事务委员会的要求。政务司司长亦于1999年1月5日回信,承诺会在3、4月,提交有关报告。于是内会把政务司司长的回信,转交民政事务委员会跟进。民政事务委员会经过充分的讨论后,在1月10日议决通过接受政府于3、4月才向立法会提交有关报告。因此,郑家富议员这次提出的议案是和民政事务委员会的最终决定没有关系的。立法会并没有必要动用《立法局(权力及特权)条例》,来迫使政府在今天提交报告。

经由功能团体选举产生的议员,有27人出席,4人赞成,23人反对;而经由分区直选及选举委员会选举产生的议员,有26人出席,11人赞成,14人反对,1人弃权。由于议题未获得两部分在席议员分别以过半数赞成,议案被否决。

二、叶国谦议员的2001年动议

授勋制度有悠久的历史。过去数百年来,英国皇室为了维持统治权力和巩固政府威信,每年均会向一些对皇室统治有特别贡献,或在社会上表现卓越的人士颁授各式各样的勋衔。由于过去英国对香港实行殖民统治,因此,授勋制度在香港已有百多年历史。民政事务委员会曾于2001年7月10日的会议席上,讨论授勋和嘉奖的提名及甄选准则。基于授勋评审委员会的商议内容必须保密的原因,政府当局拒绝应部分委员的要求,披露杨光先生的提名有否经授勋评审委员会评审。刘慧卿议员主张引用《立法会(权力及特权)条例》迫令行政长官或行政署交出提名甄选本年度授勋过程的有关文件,以核证杨光先生的提名是由行政长官亲自提出。叶国谦议员认为《立法会(权力及特权)条例》是一把"尚方宝剑",赋予本会极大的权力,目的是让我们身为议员者更有效地监察政府的运作,为广大市民伸张正义,改善政府的施政。议员必须慎重及谨慎地运用权力,不可为满足个人的好奇和个人的欲望而滥用条例,从而破坏行政立法的关系。2001年10月31日,叶国谦议员提出动议:"民政事务委员会获授权根据《立法会(权力及特权)条例》(第382章)第9(2)条,行使该条例第9(1)条所赋予的权力,以确定杨光先生的提名有否经2001年授勋评审委员会审核。"①并呼吁议员为公众利益着想并顾及市民的期望,就这项决议案表决反对。

14位议员及政务司司长就议案发言。叶国谦议员发言答辩。在他发言期间,吴霭仪议员提出规程问题,询问叶国谦议员作为议案动议人,应否在答辩时发言反对该议案。主席说叶国谦议员作为事务委员会主席,获委以代表事务委员会动议议案的责任。在动议议案时,叶国谦议员已先行解释了安排,然后才表示他不支持议案的意见。既然如此,便不能强迫他在答辩时说一些支持的话。主席裁定叶国谦议员可继续发言。

由功能团体选举产生的议员中,出席者27人,赞成议案者5人,反对者22人;在由分区直选和选举委员会选举产生的议员中,出席者26人,赞成议案者13人,反对者12人,弃权者1人。由于议题未获得两部分在席议员分别以过半数赞成,议案被否决。

三、杨森议员的2003年动议

2003年4月9日,杨森议员提出动议:

议决本会委任一个专责委员会调查:(1)财政司司长在调整汽车首次登记税前购买私人汽车是否违反《问责制主要官员守则》第一章第1.2(6)条:"主要官员须时刻严守个人品格和操守的最高标准"及第1.2(7)条:"主要官员须确保在他们公职和个人利益之间并无实际或潜在的冲突";(2)是否有人建议修改行政会议的会议纪录中有关2003年3月5日出席会议人士申报购买私人汽车的部分;及(3)就行政会议在会议上有关申报购买私人汽车事宜的讨论,政府有否向本会提供全部及真确的数据;该委员会在执行其职务时获授权《立法会(权力及特权)条例》(第382章)第9(2)条行使该条例第9(1)条所赋予的权力。②

经由功能团体选举产生的议员,有27人出席,5人赞成,22人反对;而经由分区直选及选举委员会选举产生的议员,有27人出席,15人赞成,11人反对,1人弃权。由于议题未获得两部分在席议员分别以过半数赞成,议案被否决。

---

① 香港立法会2001年10月31日会议过程正式纪录,第622页,http://www.legco.gov.hk/yr01-02/chinese/counmtg/hansard/cm1031ti-translate-c.pdf。

② 香港立法会2003年4月9日会议过程正式纪录,第3753页,http://www.legco.gov.hk/yr02-03/chinese/counmtg/hansard/cm0409ti-translate-c.pdf。

四、李永达议员的 2008 年动议

2002 年 7 月 1 日,香港开始实施主要官员问责制。香港特区政府于 2007 年 7 月就"进一步发展政治委任制度"发表咨询档,建议增设两层政治委任职位,即副局长和局长政治助理。10 月,香港特区政府发表《进一步发展政治委任制度报告书》,拟在三司十二局下,新增若干名副局长和政治助理。立法会财务委员会于 2007 年 12 月 14 日通过拨款 6000 万元,由 2008 年 4 月 1 日起,增设 11 个副局长和 13 个政治助理的政治委任职位。2008 年 6 月,行政长官曾荫权宣布委任第一批共 8 位副局长。当名单公布后,先是有人批评新人质素和人选错配,之后又转向副局长国籍问题。曾参与《基本法》起草的谭惠珠出面澄清指出,当年草委曾考虑在几个敏感的副级位置,包括副司长、副公务员事务局局长设置国籍限制,但其后为增加灵活性,终于决定不设限制。谭惠珠的澄清,加上个别副局长决定放弃外国护照,以回应外界诉求。国籍风波渐趋平息后,质疑的矛头又指向低一级的政务助理薪酬问题。6 月 10 日,香港特区行政长官曾荫权首度就"副局长风波"公开表示歉意,特区政府为了平息风波,首度让 17 位副局长和政治助理公开亮相,回答传媒提问,并正式公布了各人的薪酬。2008 年 6 月 26 日立法会讨论由民主党议员李永达提出议案,建议引用《立法会(权力及特权)条例》,要求向行政长官办公室主任陈德霖索取副局长及政治助理薪酬以及附带福利的档。在讨论之前,特首曾荫权亲率所有司局长出席立法会大会作出陈情,并呼吁行政立法之间"不再继续内耗"、应聚焦"做好民生实事"。① 议案最后在民建联及自由党议员反对下,在地方直选议员以 15 票支持、9 票反对;以及功能组别 7 票支持、20 票反对下遭否决。

本次争议的政治性受到关注。香港民主党 6 月 8 日分两路进行要求公开副局长及政治助理的薪酬问题,10 多名成员在前主席李永达带领下在中环游行,而现任主席何俊仁在电台节目中则重申,会提出以《立法会(权力及特权)条例》,迫使政府全面披露有关人士的薪酬。泛民主派的阴谋论的批评如"政治分赃"、"黑箱作业"和"马房论"层出不穷,此起彼落。对于副局长和政治助

---

① 行政长官过往从未试过就个别动议到立法会,一般只会到立法会出席答问大会,以及每年公布施政报告。《曾荫权:行政立法应同心协作好民生实事》。中国新闻网 2008-06-26 www.Chinantws.com/gov/2qmcl/news/2008/06−26/1294399.shtm/。

理人选中没有民主派代表,何俊仁说:"他没有找我们,而我们也不愿意加入,因为我们反对这种制度。"甄燊港说:"严格来说,副局长和政治助理这两重架构是曾荫权创造出来的,完全没有这个需要。名义上是栽培香港的人才,实际上是分赃用的。"梁国雄干脆指出"共产党插手某要部门"。当然,也有人指出,《立法会(权力及特权)条例》作为制衡政府的尚方宝剑一旦动用,虽然有效但亦会大伤立法会以至整个政府的元气,因而不能随便动用。现在民主党提出索取的资料,只是副局长和政务助理的具体薪酬资料,和现在政府分级列出的差别不大,为了增加这一点点的"透明度"出动王牌,就有如出动原子弹去轰炸小苍蝇,似乎太过吓人。①

五、涂谨申议员的 2011 年动议

2011 年 1 月 12 日,涂谨申议员提出议案"本会委任一个专责委员会,调查八达通控股有限公司及其附属公司收集及转移客户个人资料至第三方以获取金钱收益事宜,包括八达通控股有限公司董事局及作为八达通控股有限公司大股东的香港铁路有限公司董事局在上述事宜中的角色、收集及转移该等个人资料的决策和执行过程、有关的个人资料被第三方进一步披露的可能性,以及各相关政府决策局、部门和公营机构在上述事宜中的职责和角色,并根据上述调查的结果,研究相关法例和监管机制是否应该作出改善及在有需要时提出建议,以加强对市民私隐的保障;而该委员会在执行其职务时获授权根据《立法会(权力及特权)条例》(第 382 章)第 9(2)条行使第(1)条所赋予的权力"。②

财经事务及库务局局长陈家强指出,政府对于八达通公司出售客户个人资料予第三者的事件已经采取了充分措施,八达通公司已经采取一系列补救措施,立法会没有需要成立专责委员会调查八达通事件。金管局根据《条例》,要求八达通公司呈交由该公司委任并获金管专员批准的外聘审计师拟备的报告。有关的外聘审计师已分别在 2010 年 10 月 18 日和 11 月底向金管专员呈交中期报告和最终报告。最终报告的副本已提交立法会财经事务委员会,

---

① 《香港民主党用原子弹炸苍蝇》,星岛环球网,http://www.stnn.cc/singtao_ed/200806/t20080604_790191.html。
② 香港立法会 2011 年 1 月 12 日会议过程正式纪录,第 105 页,http://www.legco.gov.hk/yr10-11/chinese/counmtg/floor/cm0112-confirm-ec.pdf。

而金管局也在11月29日于网页上公开该份最终报告。此外,金管局将会跟进八达通公司落实有关报告提出的建议,并持续监察其进展。八达通公司已因应政府、个人资料私隐专员公署("私隐专员公署")和金管局等的要求,迅速地采取了一系列措施。

经过辩论表决,经由功能团体选举产生的议员有23人出席,4人赞成,19人反对;而经由分区直接选举产生的议员,有28人出席,17人赞成,10人反对,1人弃权。由于议题未获得两部分在席议员分别以过半数赞成,议案被否决。

六、李永达议员的2012年动议

2012年3月2日,香港特区立法会内务委员会2日否决引用《立法会(权力及特权)条例》调查特首曾荫权接受富豪款待事件。李永达议员提出"根据《立法会(权力及特权)条例》动议的拟议决议案",要求"根据《立法会(权力及特权)条例》(第382章)第9(2)条授权政制事务委员会行使该条例第9(1)条所赋予的权力,以调查香港特别行政区行政长官曾荫权先生于2009年10月至2012年2月期间在澳门、日本和泰国布吉和朋友乘坐私人交通工具旅游及在该等地方的住宿安排及相关事宜;他承租深圳福田区东海花园复式单位及相关事宜;他接受该等旅游安排和承租东海花园单位是否与他以行政长官身份曾参与制订的政策及根据该等政策作出的决定有任何关联,从而产生任何潜在或实际利益冲突,以及相关事宜"。①

民建联主席谭耀宗表示,应循序渐进,先等廉政公署调查。他指出,在廉政公署的调查结果出炉后,如果有需要,才考虑其他方式。工联会的潘佩璆认为,行政长官的行为是否恰当与他是否违法是两件事,而特首在立法会向全港市民道歉,已是"好大惩罚"。潘佩璆说,目前各界应该聚焦如何使众人对香港的制度更有信心,而不是对特首做一个道德审判。

经过辩论表决,经由功能团体选举产生的议员,有25人出席,5人赞成,17人反对,3人弃权;而经由分区直接选举产生的议员,有25人出席,20人赞成,3人反对,2人弃权。由于议题未获得两部分在席议员分别以过半数赞成,动议被否决。

---

① 香港立法会2012年3月2日会议过程正式纪录,第281页,http://www.legco.gov.hk/yr11-12/chinese/counmtg/floor/cm0322-confirm-ec.pdf。

七、陈伟业议员的 2012 年动议

2012 年 12 月 15 日,陈伟业议员动议"本会委任一个专责委员会,调查香港数码广播有限公司停止声音广播服务及相关事宜;而该委员会在执行其职务时获授权根据《立法会(权力及特权)条例》(第 382 章)第 9(2)条行使该条例第 9(1)条所赋予的权力"。① 商务及经济发展局局长认为,政府的政策一向支持数码声音广播的发展,致力提升数码声音广播的服务水平。自从出现 DBC 股东争拗的报道后,通信局按既定程序依法跟进,并无须另行跟进现行规管架构或法例所能够处理的事项。

经过辩论表决,经由功能团体选举产生的议员,有 32 人出席,8 人赞成,24 人反对;而经由分区直接选举产生的议员,有 34 人出席,17 人赞成,16 人反对。议题未获得两部分在席议员分别以过半数赞成,议案被否决。

八、李永达议员的 2012 年动议

2012 年 12 月 19 日,香港立法会审议李永达议员动议"本会委任一个专责委员会,以调查香港特别行政区行政长官梁振英先生位于山顶贝璐道 4 号的 4 号及 5 号屋的违例建筑工程及有关事宜;而该委员会在执行其职务时获授权根据《立法会(权力及特权)条例》(第 382 章)第 9(2)条行使该条例第 9(1)条所赋予的权力"。②

发展局局长陈茂波表示,屋宇署一直本着专业精神,秉持不偏不倚、依法办事的原则处理僭建个案,屋宇署亦不会因为业主身份,作出任何特别安排。署理政务司司长曾德成发言时指反对派为达政治目的,"堆砌猜测",缺少对公务员团队的尊重,手法令人遗憾。提出动议的李卓人声称,如果议案不获通过,梁振英将不再到立法会解释事件,议员对市民欠缺交代。议员廖长江却质疑,梁振英曾到立法会解释,并向公众多次道歉,"大家对他已有既定睇法,无须用特权法印证"。他不赞成用特权法调查事件,不能将立法会变为"道德法庭","打压异己",这会削弱立法会的威信。曾支持不信任梁振英议案的工业

---

① 香港立法会 2012 年 12 月 15 日会议过程正式纪录,第 2172 页,http://www.legco.gov.hk/yr12-13/chinese/counmtg/hansard/cm1205-translate-c.pdf。

② 香港立法会 2012 年 12 月 19 日会议过程正式纪录,第 2779 页,http://www.legco.gov.hk/yr12-13/chinese/counmtg/hansard/cm1219-translate-c.pdf。

界林大辉及独立议员谢伟俊,均表示事件应告一段落,反对议案。田北辰议员指出由泛民发起的倒梁三部曲:不信任议案、引用《立法会(权力及特权)条例》("《权力及特权条例》")进行调查,以及接下来的弹劾案。

经过辩论表决,经由功能团体选举产生的议员,有32人出席,9人赞成,23人反对;而经由分区直接选举产生的议员,有31人出席,15人赞成,15人反对,1人弃权。由于议题未获得两部分在席议员分别以过半数赞成,动议被否决。

九、何秀兰议员的2013年动议

2013年2月20日,何秀兰议员提出议案如下:"本会委任一个专责委员会,以调查香港特别行政区行政长官梁振英先生声称,曾获3位专业人士就其山顶贝璐道4号的4号及5号屋的违例建筑物提供意见,是否涉及虚假或失实陈述;以及梁先生参选2012年行政长官选举时,有否作出不当承诺,以换取选举委员会委员的支持;而该专责委员会在执行其职务时获授权根据《立法会(权力及特权)条例》(第382章)第9(2)条行使该条例第9(1)条所赋予的权力。"①

在辩论过程中,政制及内地事务局局长经征询行政长官办公室后,获授权作出回应。指出在立法会内已经有3项议案均围绕梁振英僭建事件②,议会亦已就同一事件进行3次辩论,并在充分讨论后否决所有议案。特区政府认为立法会实在不应再在这个问题上纠缠。

经由功能团体选举产生的议员,有30人出席,9人赞成,21人反对;而经由分区直接选举产生的议员,有31人出席,17人赞成,13人反对。由于议题未获得两部分在席议员分别以过半数赞成,于是宣布议案被否决。

十、何秀兰、郭荣铿议员提出的呈请书

2013年5月8日,通过由工党何秀兰及公民党郭荣铿提出的呈请书,要

---

① http://www.legco.gov.hk/yr12-13/chinese/counmtg/hansard/cm0220-translate-c.pdf。

② 分别是:(1)胡志伟议员2012年12月12日提出不信任议案;(2)李卓人议员于2012年12月19日提出引用《立法会(权力及特权)条例》成立专责委员会调查行政长官所持物业的僭建问题;以及(3)梁国雄议员2013年1月9日根据《基本法》第73(9)条提出弹劾行政长官的议案。

求成立专责委员会调查前廉政专员汤显明在任内多次作境外访问,跟境外和驻港官员有不恰当的酬酢活动。这是立法会首次引用《议事规则》第20条,由议员提交呈请书,并获得25名议员以站立的方式表示支持。与以往引用权力及特权条例成立的专责委员会不同,以呈请书成立的委员会不会有特权传召证人或取得相关文件,但仍可邀请相关人士出席。

十一、梁国雄议员的2013年动议

2013年6月26日,社民连立法会议员梁国雄动议:"本会委任一个专责委员会,调查香港商品交易所有限公司交回其提供自动化交易服务的认可及相关事宜;而该委员会在执行其职务时获授权根据《立法会(权力及特权)条例》(第382章)第9(2)条行使该条例第9(1)条所赋予的权力。"[①]

在立法会的辩论会上,泛民普遍支持议案,认为事件已经打击香港作为国际金融中心的形象。梁国雄表示,前市建局主席和行政会议成员张震远,持有超过一半股份的商交所出现财政困难。他质疑发展局局长陈茂波、财政司司长曾俊华及行政长官梁振英没有理由不知道商交所出现财困,但仍然委任张震远续任市建局主席,质疑有徇私。民主党刘慧卿支持议案。她认为应透过调查,了解证监会调查的准则,挽回投资者信心。她又说,开始时很多议员都表示要调查事件,但其后又转变立场,质疑中联办介入处理事件。工党李卓人亦说,委员会可以调查证监会有否因张震远是梁振英左右手而偏帮他,让张震远的生意继续营运下去,反而商业罪案调查科查不到这个角度。

经过辩论表决,经由功能团体选举产生的议员,有28人出席,8人赞成,20人反对;而经由分区直接选举产生的议员,有32人出席,20人赞成,11人反对,1人弃权。由于议题未获得两部分在席议员分别以过半数赞成,议案被否决。

---

① 香港立法会2013年6月26日会议过程正式纪录,第10290页,http://www.legco.gov.hk/yr12-13/chinese/counmtg/hansard/cm0626-translate-c.pdf。

第七章　香港立法会调查权之实质及其限制

第一节　香港立法会调查权法律地位

一、香港立法会调查权的规范依据

香港《基本法》第 66 条规定:"香港特别行政区立法会是香港特别行政区的立法机关。"这就说明,香港立法会的立法权属于地方自治的范畴,是中央通过香港《基本法》授予的,而非本身固有。根据《基本法》第 73 条的规定,香港特别行政区立法会具有比较广泛的职权。

香港《基本法》有关立法会职权的规范出现"调查"的字样是第 73 条第 9 项,"如立法会全体议员的四分之一联合动议,指控行政长官有严重违法或渎职行为而不辞职,经立法会通过进行调查,立法会可委托终审法院首席法官负责组成独立的调查委员会,并担任主席。调查委员会负责进行调查,并向立法会提出报告。如该调查委员会认为有足够证据构成上述指控,立法会以全体议员三分之二多数通过,可提出弹劾案,报请中央人民政府决定"。该条款一般被认为是授权立法会行使对行政长官的弹劾权,而非一般意义上立法会的"调查权"。

香港《基本法》规定立法会调查权的条款主要是第 73 条第 10 项,香港特别行政区立法会行使下列职权:……(十)在行使上述各项职权时,如有需要,可传召有关人士出席作证和提供证据。

《立法会(权力及特权)条例》第 9 条规定了立法会命令证人列席的权力,"立法会或其常设委员会可命令任何人到立法会或该委员会席前,作证或出示其所管有或控制的任何文据、簿册、纪录或文件"。前款"授予常设委员会的权力,可由任何其他委员会行使,但该委员会须为立法会借决议特别授权就决议中指明的任何事项或问题而行使上述权力者"。《立法会(权力及特权)条例》关于立法会传召权的内容主要体现于该法第Ⅲ部"证据"部分,主要内容如下:

1. 命令证人列席的权力

条例第9条规定:立法会或其常设委员会可命令任何人到立法会或该委员会席前,作证或出示其所管有或控制的任何文据、簿册、纪录或文件。授予常设委员会的权力,可由任何其他委员会行使,但该委员会须为立法会借决议特别授权就决议中指明的任何事项或问题而行使上述权力者。

在梁展文事件中,被传召的两位新世界中国证人主席郑家纯及执行董事梁志坚,本应于2009年7月初出席第二次研讯,但他们提出司法复核①,挑战委员会命令他们到委员会席前及出示文件的权力。提出挑战的其中一个理由建基于《立法会(权力及特权)条例》(第382章)第9(2)条。该条就多项事宜作出规定,包括命令证人列席的权力可由立法会行使传召权,争议在于立法会的常设委员会或专责委员会是否可以行使?2009年9月24日香港高等法院就新世界主席郑家纯和执行董事梁志坚挑战立法会专责委员会传召权的司法复核一案作出裁决,法官宣读裁决时,三度提及三权分立的原则,表明法院不应干预立法会内务,委员会的传召证人是合乎公众利益之举。认定立法会专责委员会有传召权,然而对于立法会调查权的范围及其界限等诸多问题并未涉及。香港社会对立法会调查权的研究并不透彻,甚至存有误解。根据香港终审法院在郑家纯对李凤英及其他人士一案②中所作裁定,这项权力延展至立法会属下的委员会,而《立法会(权力及特权)条例》第9条容许获立法会特别授权的委员会可行使传召权力,并没有抵触《基本法》。

根据条例第13条的规定,被传召到立法会席前或委员会席前作证的任何人,得以该问题或该等文据、簿册、纪录或文件属私人性质且对研讯主题并无影响的理由,拒绝回答任何向他提出的问题,或拒绝出示任何上述文据、簿册、纪录或文件。立法会主席在随即免该人回答该问题或出示该等文据、簿册、纪录或文件(如该问题或出示该等文据、簿册、纪录或文件确属与研讯无关,则须免该人回答或出示),可命令该人回答或出示。

2. 以传票通知列席

---

① 郑家纯及另一人对李凤英议员及其他人士一案,[2009] 4 HKC 204。
② [2011] 2 HKLRD 555。

根据条例第 10 条,凡任何人被合法地命令在立法会或任何委员会席前作证或出示文件,须由秘书以按照主席的指示亲自签发的传票通知该人。传票须述明该人的姓名及须列席的时间地点,以及该人须出示的指定文件(如有的话);该传票须送达该人,送达的方式是将一份传票交付该人,或将一份传票留交该人在香港的惯常或最后为人所知的居住地方的一名成年人。根据本条发出的传票可由立法会人员、警务人员或任何公职人员送达。

3.发出手令强迫列席的权力

根据条例第 12 条,向任何人发出传票后,该人如不依照传票内述明的时间地点到立法会或委员会席前,而主席信纳传票已妥为送达或该人是故意逃避送达的,则可指示秘书按订明的格式发出手令,以拘捕该人及将他在手令内述明的时间地点带到立法会或委员会席前,视属何情况而定。凡根据本条发出一项手令,主席可借命令在该手令上作适当的批注,以指示将该手令所指名的人逮捕后带到裁判官席前,并指示在该人作出担保以保证依照该批注所指明到立法会或委员会席前后,释放该人。根据本条发出的手令,须由警务人员执行。当任何人根据第(2)款被带到裁判官席前时,裁判官可在该人依照手令上的批注所指明作出担保后,将他释放。根据本条发出的每一手令及在其上作出的每项批注,如看来是载有秘书签署的,则除非相反证明成立,否则须当作是根据本条由主席指示或命令而发出或作出的。行政长官可借宪报命令,为本条的施行而订明手令的格式。

二、立法会调查权的启动要件

香港《基本法》第 73 条第 10 项规定,香港立法会"在行使上述职权的时候,如有需要,可以传召有关人士出席作证和提供证据"。如果以此推论香港立法会调查权,那么立法会的调查权的内涵就是"传召有关人士出席作证和提供证据"。"如有需要"从《基本法》的规定来看,当然意味着是一种权力限制,即如果"没有需要"便不可传召有关人士出席作证或提供证据。这是因为传召证人作证等行为,很大程度上是对当事人权利的一种限制。当然,立法会行使证人传召等调查权在遵循以上两个条件的前提下,在内容范围上仍须限于《基本法》第 73 条的前九项授权,因而区别于议会的一般调查权,而不能相互混淆。

《基本法》第 64 规定的特区政府须向立法会负责的内容,香港特别行政区政府仅就以下四项内容对香港特别行政区立法会负责,分别为:(1)执行立法会通过并已生效的法律;(2)定期向立法会作施政报告;(3)答复立法会议员的质询;(4)征税和公共开支须经立法会批准。由此可见,根据《基本法》的规定,政府对立法会负责的内容具有有限性,而区别于英国议会主导制下负责内容的广泛性。结合《基本法》第 73 条,对于既属于政府须对立法会负责,又属于立法会自身职权范围内的事项,主要有以下四种情形:(1)第 64 条第 1 项(执行立法会通过并已生效的法律)与第 73 条第 1 项(根据本法规定并依照法定程序制定、修改和废除法律);(2)第 64 条第 1 项(定期向立法会作施政报告)与第 73 条第 4 项(听取行政长官的施政报告并进行辩论);(3)第 64 条第 3 项(答复立法会议员的质询)与第 73 条第 5 项(对政府的工作提出质询);(4)第 64 条第 4 项(征税和公共开支须经立法会批准)与第 73 条第 3 项(批准税收和公共开支)。

上述第(1)种情形属于立法会的基本立法职能。在任何情形下,立法会都可以基于立法权的行使而进行辅助性的调查。对于第(2)、(3)、(4)则属于议会监督权的特殊内容,立法会也可以为了履行这些被授予的议会监督权而行使相应的辅助性调查权,如立法会可以就对政府的工作进行质询的案件传召相关当事人进行相应的调查,但是不得逾越界限而侵涉至行政权领域。

在"郑家纯、梁志坚诉香港立法会"一案中,原告代理律师以爱尔兰的一起案件——在该案中,法院否决了议会在调查中传召作证的必要性——为例,认为只有在"绝对必要"(absolute necessity)的情况下,议会才可行使传召作证和提供证据的权力,进而主张香港《基本法》第 73(10)条中的"有需要"应指"绝对必要"。① "绝对必要"标准与美国的"可证实的关键性"②标准有相似之外,均强调证人作证与职权行使间的直接因果关系,倾向于严格限定立法会(国会)的调查权。香港高等法院原讼庭则遵循香港终审法院在 HKSAR v. Lam Kwong Wai 一案中的观点,认为"有需要"是指"合理的需要"(reasonably required),即只要有助于促使香港立法会有效履行香港基本法明文授予的职权,便符合"合理的需要"的标准。③ 与"绝对必要"和"可证实的关键性"

---

① LegCo Power Case,79B HCAL(2009),p.203.

② "可证实的关键性"(demonstrably critical)标准检验国会在调查中豁免证人作证法律责任和强迫作证的必要性。See Howard R. Sklamberg, Investigation Versus Prosecution: The Constitutional Limits on Congress's Power to Immunize Witnesses, 78 *N.C.L. Rev.*,1999,Vol.153,p.215.

③ LegCo Power Case,79B HCAL(2009),p.209.

标准相比较,"合理的需要"标准对香港立法会调查权的限制较为宽松。

香港《基本法》第 73 条规定"香港特别行政区立法会行使下列职权:……",故从形式上看,传召作证权的行使主体应是"香港特别行政区立法会"。如"郑家纯、梁志坚诉香港立法会"一案判决所言,对该项权力是否必须由香港立法会全体成员共同行使,能否由香港立法会授权其委员会行使等问题,第 73(10)条未置一辞,①故上述"有需要"标准还包括另外一层含义,即在"有需要"时,香港立法会是否可以授权其委员会行使传召作证的权力,若某一委员会被授权行使传召作证的权力,是否要遵循"有需要"的标准。显然,若香港立法会授权其委员会行使传召作证的权力,该委员会在行使这一权力时,亦必须满足"有需要"的标准,这一标准的内容同样是"合理的需要"。对于香港立法会能否授权其委员会行使传召作证权的问题,香港高等法院原诉庭认为,"作为香港政府和政治结构中的一个重要机构,香港立法会由基本法设立,旨在实现香港的良好管治","在香港,立法会扮演着独特的角色,具有极端重要的地位"。② 为保证香港立法会能完成香港管治的目的,香港《基本法》第 73(10)条为香港立法会配备了行使职权的辅助性工具,授权香港立法会在有需要时进行调查。③ 第 73 条中的"立法会"一语应当作灵活解释,既可以指以全体会议形式行使职权的立法会,亦可以指以委员会形式行使职权的立法会,故香港立法会可以通过委员会行使第 73(10)条的传召作证和提供证据的权力。④ 质言之,"香港立法会享有作出授权的必要性权力"。⑤ 香港高等法院原诉庭的见解充分考虑了香港立法会职权行使的传统和实践,体现了确保香港立法会更好履行职责的原则。当然,香港立法会的授权必须符合法治的原则。首先,授权应符合程序正义原则,通过授权决议的会议法定人数不得少于全体议员的二分之一。其次,授权应当符合明确性原则,以特别授权方式作出决议,⑥明确限定调查委员会的权限范围,过于模糊的授权决议可能导致某些调查行为无效。⑦ 如果借助调查委员会主席和成员的附注及会议记录亦无法澄清调查

---

① LegCo Power Case,79B HCAL(2009),para.2.
② LegCo Power Case,79B HCAL(2009),para.24-25.
③ LegCo Power Case,79B HCAL(2009),para.166,193,194.
④ LegCo Power Case,79B HCAL(2009),para.89-143.
⑤ LegCo Power Case,79B HCAL(2009),para. 210.
⑥ 参见《立法会(权力及特权)条例》第 9 条。
⑦ See Watkins,354 U. S. at 201-04.

权的边界,委员会调查便必然无效;①最后,授权应当符合关联性原则,授权特定委员会进行的调查应当与调查主题有关联性,无关的讯问亦会导致调查无效。②

第二节 香港立法会调查权的界限

一、行政权对于立法会调查的限制

(一)必须尊重行政长官崇高的法律地位

在香港特区《基本法》中从未出现有关"行政主导"架构字眼,但无论从基本法的立法原意,或从基本法赋予行政长官的宪制地位特区政府的宪制权力而言,香港的政治体制肯定是一个行政主导的政治体制。

行政主导体制是《基本法》中很重要的一个特色,在1990年《基本法》出炉前的草委会讨论阶段,有关1997年后香港的政治体制应何去何从,草委会就意见分歧,邓小平于1987年接见草委会第四次全体会议的全体委员时,就提出了他的看法。邓小平表示,"香港的制度不能完全西化,不能照搬西方的一套。如果完全照搬英、美的议会制度,以此来判断是否民主,恐怕不适宜。对香港来说,普选就一定有利?我不相信。普选不一能全部选出爱祖国、爱香港的。循序渐进比较适宜"。因此,香港1997年后政治制度应采取什么原则,草委会有三个共识。③ 在此共识最后形成了"行政主导"的政治体制。行政主导体制是政府施政过程中以行政机关为主导,行政部门会提出代表政府的政策和想要通过的法案,立法机关功能主要在扮演监督角色。

依据香港《基本法》第43条,行政长官是香港特别行政区的首长,代表香

---

① See Wilkinson v. United States, 365 U.S. 399, 408(1961).

② See Deutch v. United States, 367 U.S. 456, 470 (1961); Sacher v. United States, 356 U.S. 576, 577 (1958); Rumely, 345 U.S. at 47-48.

③ (1)要符合联合声明的精神和"一国两制"的原则,既要维护国家的统一,又要体现高度自治。(2)要有利于香港的稳定与繁荣,有助于香港资本主义经济发展。(3)既不能照搬国内,也能照搬国外,逐步发展适合香港的民主制度。李后:《回归的历程》,香港三联书店1997年版,第157页。

港特别行政区。立法会"以传票通知任何人列席"的权力并不及于行政长官。① 从文义解释来看,《香港基本法》第 73 条第 10 项的"有关人士",《立法会(权力及特权)条例》的"任何人士",均不必然包括行政长官,行政长官的法律地位高于立法会。而且行政长官有权"根据安全和重大公共利益的考虑,决定政府官员或其他负责政府公务的人员是否向立法会或其属下的委员会作证和提供证据"(《基本法》第 48 条第 11 项)。该规定显然将行政长官排除在立法会作证和提供证据的范围之外。

(二)必须尊重行政长官的行政特权

关于行政长官的职权,香港《基本法》第 48 条第 11 项规定,"根据安全和重大公共利益的考虑,决定政府官员或其他负责政府公务的人员是否向立法会或其属下的委员会作证和提供证据"。以上规定可以解读为香港基本法对行政长官行政特权的肯定。香港法院据此认为,《基本法》已经授予行政长官否决立法会传召政府官员作证的权力。② 这项规定构成香港立法会调查权的界限。根据《立法会(权力及特权)条例》第 9 条、第 10 条、第 11 条、第 12 条和第 17 条的规定,香港立法会可以命令证人列席,讯问经宣誓的证人,发出手令强迫证人列席,处罚藐视立法会的证人。但若香港立法会在调查时要传召政府官员或其他负责政府公务的人员出席作证和提供证据,必须获得行政长官的同意,行政长官作出决定的依据是出席作证和提供证据是否会有损安全和重大公共利益。在美国的政治实践中,行政特权主要适用于涉及外交和国防事务、总统与其幕僚的谈话以及保证执法活动有效进行等领域。③ 与之相比,香港《基本法》第 48(11)条对行政特权的规定在范围上更为宽泛,"安全"和"重大公共利益"这两个不确定概念使得行政长官几乎可以否决香港立法会任何传召政府官员出席作证和提供证据的决定,对香港立法会的调查权构成重

---

① 雷曼事件专责委员会小组委员会主席何锺泰表示,根据《立法会(权力及特权)条例》第 9 条"命令证人列席的权力",适用于任何人包括行政长官。香港《基本法》第 71 条第 10 项规定,立法会在行使基本法赋予的各项职权时,如有必要,可传召有关人士出席作证和提供证据。2004 年立法会"沙士问题专责委员会"曾经要求行政长官出席专责委员会的聆讯,遭到行政长官董建华的拒绝。不过,董特首最后同意专责委员会在礼宾府以闭会及不用宣誓的方式会面,提供意见。

② LegCo Power Case, 79B HCAL(2009), p.180.

③ See Todd D. Peterson, Prosecution Executive Branch Officials for Contempt of Congress, 66 *N.Y.U. L. Rev.* 563,614-615(1991).

大的限制,从一方面设定了香港立法会调查权的法律界限。

当然,行政特权并非没有界限。当行政特权的主张立基于维护政府的职权、权力分立以及设置行政长官及政府机构所要实现的公共利益时,行政特权的主张便具有极强的正当性。反之,若是为满足一己私利,或者意图逃避应负的法律责任,行政长官主张行政特权便是对行政特权的滥用,①其正当性亦会丧失。香港《基本法》第73(9)条规定香港立法会可以基于对行政长官提出弹劾案的需要而行使调查权,可以传召政府官员作证并提供证据。在这种情况下,行政长官若主张行政特权,拒绝政府官员向香港立法会作证,便必须有可证明的安全理由和重大公共利益需要,否则便构成对行政特权的滥用。行政长官拒绝政府官员向香港立法会作证并提供证据的行为极可能构成第73(9)条中"严重违法"的证据,香港立法会可以此为据通过针对行政长官的弹劾案提案。在某种意义上,第73(9)条构成对行政特权的制约。

概而言之,香港《基本法》第48(11)条关于行政特权的规定,是对香港立法会调查权的直接限制,是确定香港立法会调查权法律界限的关键条款之一。鉴于香港立法会享有调查权是其履行法定职责的保证,②行政长官对行政特权的主张若要获得支持,必须通过"安全和重大公共利益"法则的检验。③需要注意的是,《立法会(权力及特权)条例》第14(2)条规定,行政长官只能基于"海、陆、空军事宜或与香港保安有关的任何其他事宜、中央人民政府所负的责任(该等责任是与香港政府管治香港无关者)"的理由否决政府官员向香港立法会作证,但香港《基本法》第48(11)条将否决理由规定为"安全"和"重大公共利益",二者并不一致。因此,若行政长官以行政特权对抗香港立法会调查权时,"安全"和"重大公共利益"内涵的解释极为关键,香港基本法的解释者将担当重任。

(三)必须尊重行政机关的正常管理权限

立法会针对特定的事件,不得广泛、无界限地针对一切的行政作为展开调

---

① See J. Richard Broughton, Paying Ambition's Debt: Can the Separation of Powers Tame the Impetuous Vortex of Congressional Investigations?, 21 *Whittier L. Rev.*, 2000, Vol. 797, p. 821.

② 美国联邦最高法院在 McGrain v. Daugherty 一案中指出,没有掌握充分的信息,国会不可能明智、有效地立法。McGrain v. Daugherty, 273 U.S. 135, 175(1927).

③ 美国法院在司法审查中建立了利益平衡检验法则。S. Select Comm. on Presidential Campaign Activities v. Nixon, 498 F.2d 725, 730, 732(D.C. Cir. 1974).

查，意即立法会调查不能作为对行政监督关系直接的强制手段。当立法会对行政机关法律解释不满时，可以修改法律，而不是强制行政机关变更见解；立法会议员不得通过调查权的行使迫使行政机关作出如何解决特定事件的决定，包括该事件中的争点。

值得注意的是，香港申诉专员制度在公共事务调查方面也承担了重要角色。申诉专员公署于1989年成立，《申诉专员（修订）条例》在2001年12月19日生效，第2条规定"这里的行政失当是指行政欠效率、拙劣或不妥善，并在无损此解释的一般性的情况下，包括不合理的行为、滥用权力（包括酌情决定权）或权能、不合理、不公平、欺压、歧视或不当的偏颇的程序"。申诉专员由香港特别行政区政府行政长官委任，担当监察政府的角色。申诉专员的职权范围包括调查政府所有部门、机构（香港辅助警察队、香港警务处、廉政公署及公务员叙用委员会秘书处除外）及23个主要法定组织行政失当的投诉。① 在没有接获任何投诉的情况下，申诉专员也可主动展开调查，并可随时以不披露个案所涉人士身份的方式，公布关乎公众利益的调查报告。申诉专员也有权调查政府部门、机构违反《公开资料守则》的投诉。不过，《申诉专员条例》亦订明对申诉专员权力的若干限制，例如当投诉人另有法定途径可提出上诉或反对，又或者申诉专员以前曾接获类似投诉，但调查后证实并无行政失当的情况，或投诉事项微不足道或琐屑无聊，或投诉属无理取闹或非真诚作出，申诉专员通常都不会对有关投诉展开调查。

投诉人可用书面、电子邮件或电话提出投诉。对于一般性质的投诉个案，申诉专员可采用查讯的方式较快捷地处理。对于不涉及行政失当或情况只是轻微的个案，申诉专员可采用调解方式处理投诉，但必须先得到投诉人和被投诉机构同意。投诉个案若涉及原则性问题、制度上出现流弊或严重行政失当，申诉专员会先知会被投诉机构的首长，然后展开全面调查。全面调查是指深入的查讯，而在完成调查后，公署往往会建议所涉机构的首长采取改善措施或补救行动。

---

① 该23个主要法定组织包括：九广铁路公司、市区重建局、平等机会委员会、民众安全服务队、立法会秘书处、地产代理监管局、西九文化区管理局、香港考试及评核局、香港房屋协会、香港房屋委员会、香港金融管理局、香港艺术发展局、香港体育学院有限公司、个人资料私隐专员公署、消费者委员会、财务汇报局、强制性公积金计划管理局、雇员再培训局、机场管理局、职业训练局、医院管理局、医疗辅助队，以及证券及期货事务监察委员会。

在雷曼迷债事件中,根据现行法例,负责实际监管的金融机构,包括银行运作的管理部门、金融管理局、银监会、证监会等,而立法会聆讯后最终也是要回到这些部门去跟进具体措施。银行公会已立即成立调查小组进行业内销售手法的调查,金管局正在处理中的投诉逾3000宗,其中已立案调查的有700宗;证监会在《证券及期货条例》下获赋予相当广泛的调查权力,彻查有关银行和经纪行的销售手法和政策,一经违规销售查有实据,有关分销商将会被罚款、吊销执照或除名,银行、经纪行的最高罚款则为1000万元或所赚取利润金额的三倍。在梁展文事件中,行政长官曾荫权亦于2008年9月底成立首长级公务员离职事宜委员会,检讨高级公务员离职后安排及提出建议。立法会的调查与行政机关的调查可以并行不悖,但立法会的调查也可能会影响到行政机关的正常管理工作。

二、立法会调查权不得损害香港的司法独立

香港《基本法》第73条第9项规定,立法会有权同意终审法院法官和高等法院首席法官的任免,从而也可在履行此项职能时依据该条第10项行使相应的调查权。由此,对于香港立法会调查权界限的确立,也涉及与司法权的关系纬度。

根据议会自治理论,议会对于诸多事项具有自治性,免于司法审查,如各国关于"议员言论免责"的规定。香港《基本法》第77条也规定"香港特别行政区立法会议员在立法会的会议上发言,不受法律追究";第78条规定"香港特别行政区立法会议员出席会议时和赴会途中不受逮捕"。但是议会自治并不是说议会所有行为都可以排除在司法审查的范围之外。议会自治在很大程度上是为了维护议会制度从而保证议会各项权能的发挥,可以有效发挥议会的民意代表功能以及对行政机关等国家机关的监督功能。从宪法学的角度来看,如果议会作为公权力机关,其行为侵犯了公民的宪法权利,则须进行相应的司法审查从而保障公民的宪法权利。比如对于非立法性质的任命权、证人询问权的行使,议会的决议如使个人权利直接受到侵害时,法院并非不能审查。同时,对议员的犯罪行为,法院也可以审查。

基于司法独立的原则,立法会一般不会调查法院正在审理中的案件,但立法会调查过程中司法能否受理,司法独立原则如何得到保障,就是一个颇费思量的问题。在《立法局(权力及特权)条例》公布后,当时就有很多社会意见担心立法局权力过大,如侦讯权的扩大,立法局兼负司法权、维护立法局尊严的其他措施是违反自由和人权的原则,其中尤以有关藐视、传召文件、强迫证供、排除骚扰等规定较受抨击。① 在雷曼迷债事件调查过程中,应当事人申请,有可能启动司法程序。立法会动用"权力及特权条例"进行调查,其任务是追查真相,日后如果查出有人要负民事或刑事责任,仍需进入司法程序。

香港《基本法》第85条规定香港法院独立审判,不受任何干涉,司法人员履行审判职责的行为不受法律追究。为确保法院独立审判,香港《基本法》第89条进而规定香港法官只有在无力履行职责或行为不检的情况下,才可按法定程序予以免职。第85条和第89条构成香港立法会调查权的法律界限。

三、立法会调查权不得侵害香港居民的基本权利

立法调查权确实具有政治斗争的本质,但是否能保护公共利益则具有不确定性。香港立法会最常用的调查方法乃议会负责进行聆讯,而听证会有权传唤证人前去答复问题。听证之前,议员会先收集数据和相关文件或访问证人,将所得信息提供给立法会议员于听证会上使用,包括听证会上证人可能提出的问题或回答的问题,因此有关证人的保障,显得十分重要。《立法会(权力及特权)条例》第18条规定:"(1)任何人在讯问过程中,对立法会或任何委员会向其提出在研讯主题上具关键性的问题,蓄意给予虚假的回答,即属犯罪,可处罚款＄50000及监禁2年。(2)任何人向立法会或任何委员会提交虚假、失实、捏造或篡改的文件,而意图欺骗立法会或该委员会,即属犯罪,可处罚款＄10000及监禁12个月,但如此等文件的提交构成第(1)款所指的罪行者则除外。"第26条规定"除经律政司司长同意外,否则不得就本条例所订的任何罪行提出检控"。立法会调查的传唤权有强制力作为其后盾,以便在受到证人的抗拒时,能够透过强制手段取得所需要的证词及证据,以达到调查之目的,如何在证人的权利与议会的强制手段间取得平衡也是一个复杂的问题。姑不论强制手段是否是立法调查权有效行使的必要手段,如果公权力行使本身可以成为限制权力施加对象基本人权的理由,则《基本法》上关于保障基本人权的规定均属多余,而《基本法》准许限制人民基本权利的理由,也将形同虚设。虽然外国法制似乎都没有否定立法调查权包含行政制裁权,但外国法制并不能成为香港限制居民基本权的理由。香港《基本法》规定居民的基本权利就是

---

① 参见郑宇硕主编:《香港政制及政治》,香港天地图书有限公司1987年版,第98页。

为了使基本人权免于受到公权力的侵害，因此《基本法》永远不会容忍公权力以保护自己的有效存在为理由，限制它所要保护的基本人权，贯彻权力本身，显然不属于基本法所规定的基本权利的限制理由。

根据《立法会（权力及特权）条例》第13条的规定：凡任何人被合法地命令到立法会席前作证或出示任何文据、簿册、纪录或文件，而该人拒绝回答任何向他提出的问题，或拒绝出示任何上述文据、簿册、纪录或文件，他所根据的理由是该问题或该等文据、簿册、纪录或文件属私人性质，且对研讯主题并无影响，立法会主席可免该人回答该问题或出示该等文据、簿册、纪录或文件（如该问题或出示该等文据、簿册、纪录或文件确属与研讯无关，则须免该人回答或出示），或可命令该人回答或出示。

在雷曼事件调查中，立法会专责委员会可以传召香港金融管理局和香港证监会官员，也可以传召银行代表，要求他们交代相关的调查档、销售手法，甚至要求银行界公开销售过程的录音档、合同档等。调查中也会涉及许多商业数据和客户个人数据等，如何保护私隐也是调查小组必须考虑的问题。在"郑家纯及另一人诉李凤英议员及其他人（HCAL79/2009）"中，原告当事人针对立法会特别委员会传召其提供证据作证等行为，提出司法复核而认为立法会的特别委员会并没有调查权，其主要理由包括：(1)根据《基本法》第73条第10项的规定，只能在行使第73条第1项至第9项的职权时，立法会才可传召有关人士作证或提供证据。所有这些职权均应由立法会来行使，而并不能由立法会的特别委员会来行使。(2)《立法会（特权及权力）条例》授权立法会的特别委员会可以行使证人传召等调查权，由于其在香港《基本法》之前，且与香港《基本法》第73条规定的只有立法会可以行使证人传召等调查权不符合，因而应该是无效的。(3)即使依据《立法会（权力及特权）条例》可以由特别委员会来行使证人传召等调查权，其也必须在立法会决议的范围之内。而在本案中，立法会的决议并没有详细说明立法会的特别委员会可以传召当事人，而只是说可以进行调查并就相关事件作出报告，因而该委员会对证人的个别要求超越了2008年12月10日立法会任命该特别委员会并界定其职权的决议范围。法院判决指出，对《基本法》第73条所规定的立法会传召权应该采取广义的理解，专责委员会可以说是立法会的自然延伸，立法会透过他们履行职责，所以专责委员会亦拥有传召证人的权力；传召证人是立法会的内部事务，即使证人反对，亦应由委员会主席或立法会主席处理，法庭不应该干预；立法会的职责是监察政府，向香港市民负责，而梁展文事件关乎公共利益，不涉及个人私隐。

四、立法会调查权的行使受到正当程序原则的制约

正当法律程序（due process 或 due process of law）作为一个重要法律原则，主要源自英美法系国家。从正当法律程序的发展历史来看，其适用是非常宽泛的，它不仅适用司法机关，而且适用行政机关与立法机关。

立法会调查权的行使机构必须具有立法会授权依据。根据《立法会（权力及特权）条例》第9条，立法会或其常设委员会可命令任何人到立法会或该委员会席前，作证或出示其所管有或控制的任何文据、簿册、纪录或文件。根据立法会借决议特别授权，立法会其他委员会行使上述权力。《立法会议事规则》第80条对此作出了进一步的规定。(1)常设委员会在行使职权时，如有需要，可传召有关人士出席作证和提供证据；(2)内务委员会、法案委员会、事务委员会、专责委员会、调查委员会或任何其他委员会可获立法会授权，使其在行使职权时，如有需要，可传召有关人士出席作证和提供证据明确了立法会调查权的行使主体，即是立法会的常设委员会，包括财务委员会、政府账目委员会、议员个人利益监察委员会。而立法会内务委员会、法案委员会、事务委员会、专责委员会或调查委员会在获得立法会授权的情况下，也可以行使调查权。该规则还对立法会调查权的行使作了限制性的规定，即行政长官可以根据安全和重大公共利益的考虑，而决定政府官员或其他负责政府公务的人员是否向立法会及其下属委员会作证和提供证据。

立法会调查权必须集体行使。其法理基础是：(1)立法权的多数决本质。无论间接民主（代议政治）或直接民主，都必须遵守多数决的方式，因为立法院行使宪法职权，所涉及的利益是全国性的利益，关系所有人民的利益，所以必须经代表相对多数人的同意，才具有宪法上的正当性。(2)宪法机关彼此间权力互动的模式。一般而言，立法委员质询行政机关首长或官员时，如果有不明了、疑惑的问题，直接请行政机关提供相关议案数据即可。在宪法所规定的立法院职权范围内，质询权的行使范围并没有明显的限制，通常情况行政机关也乐于提供。之所以还需要动用到档案调阅权，可以想见的状况是立法机关与行政机关发生冲突，而且还是不可能妥协的冲突。不可妥协的原因当然无法一一列举，但必然关乎宪法上的重要利益，甚而涉及执政权力存续的议题，这就是提供档案调阅权必须集体行使的法理基础。因为立法院调查权的发动，往往涉及政党斗争、政治制裁，而档案调阅权就是立法院调查权的一部分。

附录 1

香港特别行政区
立法会
议事规则

RULES OF PROCEDURE
OF THE
LEGISLATIVE COUNCIL
OF THE
HONG KONG SPECIAL ADMINISTRATIVE REGION

由香港特别行政区立法会于 1998 年 7 月 2 日订立,其权力依据为《中华人民共和国香港特别行政区基本法》第七十五条。

Made by the Legislative Council of the Hong Kong Special Administrative Region on 2 July 1998 in pursuance of Article 75 of the Basic Law of the Hong Kong Special Administrative Region of the People's Republic of China

至 2014 年 10 月 31 日的修订本
Amended to 31 October 2014

香港特别行政区立法会议事规则

目录

| 条次 | 名称 | 页次 |

A 部
立法会议员及立法会人员

1. 宗教式或非宗教式宣誓 ………………………………… 1

1A. 议员的排名 …………………………………………… 1
2. 语文 …………………………………………………… 1
3. 主持立法会及全体委员会会议 ………………………… 2
4. 立法会主席的选 ………………………………………… 2-3
5. 立法会代理主席 ………………………………………… 3
6. 立法会秘书的职责 ……………………………………… 3-4
7. 立法机关法律顾问 ……………………………………… 4
8. 行政长官出席会议 ……………………………………… 5
9. 官员列席会议 …………………………………………… 5
10. 官员参与会议程序 ……………………………………… 6

B 部
立法会会期、会议及休会待续期间

11. 一般会期 ………………………………………………… 7
12. 每届任期的首次会议 …………………………………… 7
13. 行政长官发表施政报告 ………………………………… 8
14. 会议日期及时间 ………………………………………… 9
15. 处理急切事项的会议 …………………………………… 9
16. 立法会休会待续议案 …………………………………… 10
17. 会议法定人数 …………………………………………… 11

C 部
事项编排

18. 各类事项的次序 ………………………………………… 12-13
19. 立法会议程 ……………………………………………… 13

D 部
呈请书及文件

20. 呈请书的提交 …………………………………………… 14
21. 文件的提交 ……………………………………………… 15-15a

E 部
向政府提出的质询

22. 质询性质 …………………………………………………… 16
23. 质询时间 …………………………………………………… 16
24. 质询预告 …………………………………………………… 17
25. 质询内容 …………………………………………………… 17-19
26. 质询的提出及答覆 ………………………………………… 19-20
27. 根据本议事规则第 8 条举行的会议 …………………… 20

F 部
声明及个人解释

28. 获委派官员发表的声明 …………………………………… 21
28A. 个人解释 …………………………………………………… 21

G 部
议案

29. 议案及修正案的预告 ……………………………………… 22-23
30. 议案及修正案的预告方式 ………………………………… 23
31. 议案及修正案的规限 ……………………………………… 24
32. 有关立法会先前所作决定的议案 ………………………… 24
33. 议案的辩论方式 …………………………………………… 25-26
34. 议案修正案的辩论方式 …………………………………… 26-27
35. 议案及修正案的撤回 ……………………………………… 27

H 部
发言规则

36. 发言时间及方式 …………………………………………… 28
37. 内务委员会建议的发言时间 ……………………………… 28-29
38. 议员可发言多于一次的情况 ……………………………… 29-30
39. 插言 ………………………………………………………… 30
40. 辩论中止待续或全体委员会休会待续 …………………… 30-31

41. 发言内容 ·· 31-32
42. 议员在会议进行中的举止 ··· 32
43. 辩论规则对委员会的适用范围 ································· 32a

I 部
会议规程

44. 主席决定为最终决定 ··· 33
45. 立法会及委员会会议中的秩序 ································· 33

J 部
表决

46. 就议案作出决定 ··· 34
47. 立法会及全体委员会的表决 ····································· 35-36
48. 电子表决系统的使用 ··· 36
49. 点名表决 ··· 36-37

JA 部
特定议案的处理程序

49A. 本部的适用范围 ·· 38
49B. 取消议员的资格 ·· 38-39

JB 部
内务委员会有关附属法例及
其他文书的报告和相关的议案

49C. 本部的适用范围 ·· 39a
49D. 提交内务委员会有关研究附属法例及其他文书的报告 ············ 39a
49E. 就内务委员会有关研究附属法例及其他文书的报告提出的议案 ········
    ·· 39a-39c

K 部
法案的处理程序

50. 法案的格式 ·· 40

51. 提交法案的预告 …………………………………………………… 41-42
52. 法案的提交及刊登 ………………………………………………… 42
53. 法案的首读 ………………………………………………………… 43
54. 二读 ………………………………………………………………… 43-44
55. 法案的付委 ………………………………………………………… 45
56. 委员会就法案的职能 ……………………………………………… 45
57. 法案的修正案 ……………………………………………………… 45-46
58. 全体委员会处理法案的程序 ……………………………………… 47-48
59. 全体委员会就法案作出报告的程序 ……………………………… 48
60. 法案专责委员会中的程序 ………………………………………… 48
61. 专责委员会就法案作出报告的程序 ……………………………… 49
62. 专责委员会报告的法案再付委的程序 …………………………… 49-50
63. 三读 ………………………………………………………………… 50
64. 法案的撤回或押后处理 …………………………………………… 50-51
65. 呈交法案予行政长官签署 ………………………………………… 51
66. 发回重议的法案 …………………………………………………… 51-52

L 部
财政程序

67. 拨款法案的提交及二读 …………………………………………… 53
68. 全体委员会处理拨款法案的程序 ………………………………… 53-54
69. 全体委员会处理拨款法案预算总目的修正案 …………………… 55-56
70. 拨款法案的三读 …………………………………………………… 56

M 部
委员会

71. 财务委员会 ………………………………………………………… 57-58
72. 政府帐目委员会 …………………………………………………… 58-60
73. 议员个人利益监察委员会 ………………………………………… 60-61
73A. 调查委员会 ……………………………………………………… 61-63
74. 议事规则委员会 …………………………………………………… 63-64
74A. 查阅立法机关文件及纪录事宜委员会 ………………………… 64-64a

75. 内务委员会 ·· 64b-66
76. 法案委员会 ·· 67-68
77. 事务委员会 ·· 68-70
78. 专责委员会 ·· 70-70a
79. 专责委员会的程序 ·· 70a-70b
79A. 行使委员会主席的表决权 ······································ 70b-70c
79B. 由委员会副主席决定委员会会议的日期、时间及地点 ·············· 70c
80. 证人的出席 ·· 70c-71
81. 证据的过早发表 ·· 71

N 部
其他事宜

82. 议员以专业身份受聘 ·· 72
83. 个人利益的登记 ·· 72-73
83A. 个人金钱利益的披露 ··· 73
83AA. 申请发还工作开支或申请预支营运资金 ······················· 74
84. 在有直接金钱利益的情况下表决或退席 ·························· 74-75
85. 与个人利益、工作开支或营运资金有关的处分 ···················· 75
86. 准许新闻界及公众人士进入会场 ································ 75
87. 行为不检 ·· 76
88. 新闻界及公众人士离场 ·· 76
89. 就议员出席民事法律程序担任证人一事取得许可的程序 ············ 76-77
90. 就立法会会议程序提供证据一事取得许可的程序 ·················· 77
91. 议事规则的暂停执行 ·· 77
92. 议事规则未有规定的程序 ······································ 77
93. 释义 ·· 78

附表 1 选举立法会主席的程序
附表 2 立法机关文件及纪录查阅政策

议事规则订立及作出修订的日期一览表

香港特别行政区立法会议事规则

由香港特别行政区立法会于1998年7月2日订立,其权力依据为《中华人民共和国香港特别行政区基本法》第七十五条。

A 部
立法会议员及立法会人员

1. 宗教式或非宗教式宣誓

除为了令本条规则得以遵从者外,议员如未按照《宣誓及声明条例》(第11章)的规定作宗教式或非宗教式宣誓,不得参与立法会会议或表决。凡举行换届选举后,以前已作该等宗教式或非宗教式宣誓的议员,在参与立法会会议或表决之前,亦须遵照本条规则再次宣誓。

1A. 议员的排名

(1)立法会议员的排名序按连续担任立法会议员的时间而定;连续担任立法会议员的时间较长者先排。

(2)如有两名或以上议员连续担任议员的时间相同,则根据本议事规则第1条(宗教式或非宗教式宣誓)的规定较先宣誓的议员排名较先。

(1999年第107号法律公告)

2. 语文

议员在立法会发言,可用普通话、粤语或英语。

3. 主持立法会及全体委员会会议

(1)立法会设有立法会主席一职,主席如出席立法会或全体委员会会议,并认为能执行主席职务,须主持立法会会议或担任全体委员会主席。

(2)立法会主席缺席立法会或全体委员会会议,或认为不能执行主席职务时,该会议由以下人士主持——

(a)立法会代理主席;或

(b)如立法会代理主席在该会议缺席,或认为不能执行主席职务,则为由出席会议的议员按内务委员会决定的程序互选的一名议员。

(3)立法会代理主席或其他主持会议的议员,在其主持的立法会会议或担任主席的全体委员会会议或部分会议上,或在立法会主席要求其主持的立法会会议或担任主席的全体委员会会议或部分会议上,享有本议事规则赋予立法会主席或全体委员会主席在该次立法会会议或全体委员会会议或部分会议上可行使的一切权力。

(4)除第(3)款所述的权力外,立法会代理主席亦享有本议事规则赋予立法会主席或全体委员会主席而由立法会主席借宪报公告所指定的权力。

4. 立法会主席的选举

(1)在符合第(2)款的规定下,立法会主席由立法会议员按照附表1的规定互选产生。

(2014年第42号法律公告)

(2)立法会主席由年满40周岁,在香港通常居住连续满20年并在外国无居留权的香港特别行政区永久性居民中的中国公民担任。

(3)立法会主席的任期至立法会解散为止。

(4)立法会解散期间,如须召开立法会会议审议急切事项,则立法会解散前担任立法会主席的人士须当作为立法会主席并负责召开及主持会议,并在因应该次立法会会议而举行的全体委员会会议上担任主席。如该名人士缺席或不能执行主席职务,则立法会解散前担任立法会代理主席的人士须主持会议及担任主席。如担任该两个职位的人士均缺席或不能执行主席职务,则由出席会议的议员互选一名主席,主持会议。

5. 立法会代理主席

(1)立法会代理主席由根据本议事规则第75(2)条(内务委员会)获选的内务委员会主席担任。

(2)如内务委员会主席缺席,或认为不能执行主席职务,则根据本议事规则第75(2)条(内务委员会)获选的内务委员会副主席须担任立法会代理主席。

(3)第(1)及(2)款所提述的"内务委员会主席",并不包括在主席及副主席暂时缺席时获选代行主席之职的人士。

6. 立法会秘书的职责

(1)立法会秘书须负责就有关立法会程序的一切事宜,向立法会主席提供意见。

(2)立法会秘书须负责制备立法会会议及全体委员会会议的纪要。会议过程的纪要须载有出席议员的姓名、一切决定及每次进行点名表决的详情。

(3)立法会秘书须负责按日拟备立法会议程事项登记册,列出已作预告的一切有待处理事项。议员及执行职务时涉及立法会事务的官员均可在合理时间查阅议程事项登记册。

(4)立法会秘书须根据立法会主席的指示,负责为每次立法会会议拟备议程,列出该次会议需要处理的事项。

(5)立法会秘书须负责保管表决结果、纪录、法案及其他呈交立法会的文件;议员及执行职务时涉及立法会事务的官员均可在合理时间查阅此等文件,其他人士亦可根据立法会主席批准的安排查阅。

(5A)(a)立法会秘书须在文件或纪录存在 25 年内进行附表 2 的立法机关文件及纪录查阅政策(b)段所提述的覆检,以确定应否将可提供该等文件或纪录以供查阅的时间提早,而若有关文件或纪录仍未可提供予公众查阅,则须在上次覆检后最少每 4 年再覆检一次。

(b)立法会秘书可根据查阅立法机关文件及纪录事宜委员会所制订的任何指引,拒绝提供某份文件或纪录以供查阅。

(2014 年第 42 号法律公告)

(6)立法会秘书须根据立法会主席的指示,负责制备立法会及全体委员会所有会议的会议过程正式纪录。

(7)立法会秘书须负责为立法会每一个委员会及小组委员会提供一名秘书。

(8)立法会秘书须履行本议事规则所委予的其他职责,亦须依照立法会所命令或立法会主席所指示,为服务立法会而履行一切其他职责。

7. 立法机关法律顾问

(1)立法机关法律顾问,由立法会秘书处的法律顾问担任。

(2)立法机关法律顾问的一般职责,是就立法会的事务或行政所引起的法律问题,向立法会主席及立法会秘书提供意见。

8. 行政长官出席会议

行政长官可为以下目的酌情决定出席立法会或立法会辖下任何委员会或小组委员会的会议——

(a)在任何其认为适当的时间,包括在特别会议上,向立法会发言;

(b)就政府的工作,答覆立法会议员向其提出的质询;及

(c)提出任何政策、措施、法案、决议案、议案或议题,以便由及在立法会或有关委员会或小组委员会辩论。

9. 官员列席会议

(1)获委派官员可列席立法会、全体委员会、财务委员会或财务委员会辖

下小组委员会的会议,并代表政府发言。

(2)获委派官员可就拟列入立法会、财务委员会或财务委员会辖下小组委员会会议议程内的事项,向立法会秘书作出预告。

(3)立法会秘书在拟备立法会、财务委员会或财务委员会辖下小组委员会会议的议程时,如觉得某事项需要获委派官员列席会议,须就该事项列明该官员的职位名称。

(4)立法会辖下其他委员会或小组委员会可按需要,邀请官员列席其会议。

10. 官员参与会议程序

(1)立法会、财务委员会或财务委员会辖下小组委员会会议的议程就某事项列明其职位的官员,以及在该次会议举行之前已通知立法会秘书须就某事项列席会议的官员,可列席该次会议,并代表政府发言。

(2)官员就某事项列席会议时,就该事项而言,本议事规则对其适用,一如对立法会议员适用,但本议事规则第1条(宗教式或非宗教式宣誓)、第3条(主持立法会及全体委员会会议)、第8条(行政长官出席会议)、第17条(会议法定人数)、第20条(呈请书的提交)、J部(表决)及第71(2)、(5A)、(5B)及(5C)条(财务委员会)除外:

(2005年第214号法律公告)

但官员就某事项列席会议时,本议事规则第39条(插言)的规定仅就该事项而言对其适用。

(3)在符合本议事规则第9(1)条(官员列席会议)的规定下,以及除行政长官另有指示外,政务司司长、财政司司长及律政司司长可列席任何立法会、全体委员会、其他委员会及小组委员会的会议;列席立法会或全体委员会会议时,本议事规则对其适用,一如对立法会议员适用,但本议事规则第1条(宗教式或非宗教式宣誓)、第3条(主持立法会及全体委员会会议)、第8条(行政长官出席会议)、第9(2)条(官员列席会议)、第17条(会议法定人数)、第20条(呈请书的提交)及J部(表决)除外。

B部
立法会会期、会议及休会待续期间

11. 一般会期

(1)立法会每一公历年须至少召开一个会期,但于某一公历年开始的会期,可延续至下一年结束。

(2)每一会期自行政长官借宪报公告指定的日期开始。

(3)每一会期在行政长官借宪报公告指定的日期或在立法会解散之日结束,以较早者为准。

(4)任何法案或其他立法会事项的处理,不受会期结束的影响,可于任何其后的会议恢复处理,但当立法会任期完结或解散时,未完事项即告失效。

12. 每届任期的首次会议

(1)在立法会每届任期首次会议上,议员须按照本议事规则第1条(宗教式或非宗教式宣誓)的规定作宗教式或非宗教式宣誓。

(2)在所有出席会议的议员作宗教式或非宗教式宣誓后,须按照本议事规则第4条(立法会主席的选举)规定的程序进行立法会主席的选举。

(3)立法会主席在获选后须主持该次会议。

13. 行政长官发表施政报告

(1A)行政长官可随其意愿在每一会期首次会议上向立法会发表施政报告。(1999年第107号法律公告)

(1)在行政长官向立法会发表施政报告不少于14天后举行的会议上,议员可动议就行政长官发表施政报告向其致谢。如拟动议有关议案,必须在立法会审议该议案当天不少于7整天前作出预告,否则不得动议:

(2000年第86号法律公告)

但立法会主席可酌情免却预告。 (2000年第86号法律公告)

(2)根据第(1)款动议的议案,格式如下:

"本会感谢行政长官发表施政报告。"

(3)就第(2)款所述的议案,可动议作出修正,但修正案只限于在句末增添字句。(2000年第86号法律公告)

(4)就第(2)款所述的议案,不得动议任何修正案,除非——

(a)在立法会审议该议案当天5整天之前,已就修正案作出预告;或

(b)立法会主席批准免却就修正案作出预告。

(2000年第86号法律公告)

14. 会议日期及时间

(1)立法会每一会期内的会议,须在立法会主席所决定的日期及时间举行;同一会期内连续两次会议不得相隔多于6个星期。

(2)除新一会期首次会议,以及每届立法会首个会期开始后 14 整天内举行的会议外,立法会每次会议的书面预告,须由立法会秘书于会议日期最少 14 整天前发给各议员;但遇紧急情况,或按本议事规则第 8 条(行政长官出席会议)及第 15 条(处理急切事项的会议)举行的会议,立法会主席可免却如此预告,而在此情况下须尽早通知各议员。

(3)立法会主席决定会议日期及时间后,可随时将会议的日期或时间押后或提前。

(4)立法会主席如认为为了在立法会会议上适当地处理完议程上的各项事务,有必要另择一天继续处理未完事项,则可命令于另一天继续举行会议。凡立法会主席在立法会会议上作此命令,当天会议须暂停举行,并须于该另一天复会继续处理有关事项。

(5)立法会主席可随时将会议暂停,或宣布休会待续。

15. **处理急切事项的会议**

(1)立法会主席须应行政长官的要求召开立法会紧急会议。如须在立法会任期完结或解散之后的期间举行紧急会议,会议应在指明举行选出立法会议员的换届选举的日期(如多于一日,则为首日)前召开。

(2)在立法会一个会期结束而下一会期仍未开始的一段休假期内,立法会主席可在其指定的日期及时间召开特别会议。

(3)本议事规则适用于根据第(1)及(2)款举行的立法会会议。

16. **立法会休会待续议案**

(1)当有任何充分理由不欲以明确字眼拟订议案,就某一问题或若干问题进行辩论,则可动议一项立法会现即休会待续的议案,以进行该项辩论。

(2)动议上述议案,无须事先作出预告,但议案只可于两事项之间动议。立法会主席如信纳休会待续的目的在于方便议员讨论某项对公众而言有迫切重要性的问题,可准许议员或列席会议的任何获委派官员动议此项议案。

(3)上述议案如获通过,立法会即须休会待续。

(4)立法会议程上所有事项处理完毕后,议员可动议一项立法会现即休会待续的议案,以便提出任何有关公共利益的问题,要求一名获委派官员发言答辩。

(5)议员如拟在某次会议上根据第(4)款动议议案,须在该次会议日期不少于 7 整天前以书面向立法会秘书作出预告:

但立法会主席可酌情免却预告。

(6) 如在根据第(4)款动议的议案动议后75分钟,或在立法会主席于个别会议上决定的更长时限届满后,仍未有获委派官员被叫唤作答,立法会主席即须指示当时正在发言的议员坐下,然后叫唤一名获委派官员发言答辩。(2008年第165号法律公告)

(7) 如在根据第(4)款动议的议案动议后一个半小时,或在立法会主席于个别会议上决定的更长时限届满后,议案仍未获得通过,立法会主席即无须付诸表决而宣布休会待续。(2008年第165号法律公告)

17. 会议法定人数

(1) 立法会及全体委员会的会议法定人数为不少于全体议员的二分之一,包括立法会主席或全体委员会主席在内。

(2) 如出席会议的议员不足法定人数,而有人向立法会主席提出此事,立法会主席即须指示传召议员到场。15分钟后,如仍不足法定人数,立法会主席即无须付诸表决而宣布休会待续。

(3) 如未有足够法定人数出席会议,而有人向全体委员会主席提出此事,全体委员会主席即须指示传召议员到场。15分钟后,如仍不足法定人数,委员会即须回复为立法会,立法会主席即无须付诸表决而宣布休会待续。(2014年第136号法律公告)

(4) 在点名表决时,如在席的议员人数(包括放弃表决者在内)显示出席会议的人数不足法定人数,点名表决即告无效,而会议须依照第(2)或(3)款规定的程序进行。

(5) 立法会在根据第(2)、(3)及(4)款休会待续时正在讨论的议题,须延搁至下次会议再行处理。

C部
事项编排

18. 各类事项的次序

(1) 每次会议的事项须依照以下次序处理,但根据本议事规则第8条(行政长官出席会议)或第13条(行政长官发表施政报告)举行的会议、每届任期的首次会议,以及为选举立法会主席而举行的会议除外:

(a) 进行宗教式或非宗教式宣誓。

(b)致悼辞及其他礼节性演辞。
(c)立法会主席宣读各项文告及作出各项宣布。
(d)提交呈请书。
(e)将文件、委员会报告提交立法会省览。
(f)向政府提出质询及由政府作答。
(g)由获委派官员发表声明。
(h)作出个人解释。
(i)政府提交的法案。
(j)政府提出的议案,但(ja)段所指明者除外。

(2009年第245号法律公告)

(ja)政府就根据某条例订立的附属法例及其他文书提出的议案。

(2009年第245号法律公告)

(jb)议员就根据某条例订立的附属法例及其他文书提出的议案。

(2009年第245号法律公告)

(k)议员提交的法案。
(l)议员提出的议案,但(jb)段所指明者除外。

(2009年第245号法律公告)

(m)处理根据本议事规则第89条(就议员出席民事法律程序担任证人一事取得许可的程序)及第90条(就立法会会议程序提供证据一事取得许可的程序)给予许可的要求。
(n)处理本议事规则第16(4)条(立法会休会待续议案)规定的事宜。

(2)第(1)款(a)、(b)、(c)、(d)、(e)、(g)及(h)段所述事项,无须事先作出预告而进行,但除(a)及(c)段所述事项外,其馀事项均须先获立法会主席许可,方可进行。

19. 立法会议程

(1)立法会议程由立法会主席决定,并须有中、英文本。每次会议所有经事先作出预告的事项,须依照本议事规则第18条(各类事项的次序)规定的次序,列于该次会议的议程内。

(2)拟向政府提出的质询,须依照本议事规则第26(1)及(2)条(质询的提出及答覆)的规定,列于立法会议程内。

(3)本条不适用于根据本议事规则第8条(行政长官出席会议)或第13条(行政长官发表施政报告)举行的会议、每届任期的首次会议,以及为选举立法会主席而举行的会议。

D部
呈请书及文件

20. 呈请书的提交

(1)呈请书只可由议员向立法会提交。呈请书须用中文或英文书写。

(2)议员拟于会议上向立法会提交呈请书,须不迟于该会议日期前一天知会立法会主席。议员就此事知会立法会主席时,须以书面向立法会主席证明该呈请书是谦恭的,而且他认为值得提交该呈请书。

(3)立法会主席如认为呈请书要求订立规定以征收新税项或增加税款,或在政府收入或香港特别行政区其他公币中增添新负担项目或增加已有的负担,或更改但非削减该等负担项目,或了结或免除欠政府的债务,则除获行政长官的书面同意外,不得准许接受该呈请书。

(4)行政长官明示其同意一事,须记录在会议纪要内。

(5)提交呈请书的议员可简述呈请人数目、身份,以及呈请书的要旨,但不得再作其他发言。

(6)呈请书提交后,如有议员即时起立,要求将呈请书交付专责委员会处理,立法会主席即须请支持此项要求的议员起立;如有不少于20名议员起立,呈请书即告交付专责委员会处理。

21. 文件的提交

(1)文件可由获委派官员向立法会提交;议员获立法会主席许可后,亦可向立法会提交文件。

(2)议员或获委派官员如拟向立法会提交文件,须将该文件送交立法会秘书;立法会秘书须将该文件分发每一名议员,并可安排将该文件发表。下一次会议开始时,该文件须提交立法会省览,立法会秘书并须将该文件提交立法会省览一事及该文件的发表日期,记录在该次会议的纪要内。

(3)除第(4)及(4A)款,以及本议事规则第49D条(提交内务委员会有关研究附属法例及其他文书的报告)另有规定外,凡有文件提交立法会省览,提交该文件的议员或获委派官员获立法会主席许可后,可就该文件向立法会发言。

(2005年第74号法律公告;2009年第245号法律公告)

(4)除第(4A)款另有规定外,凡有法案委员会报告提交立法会省览,提交该报告的议员获立法会主席许可后,可在有关法案恢复二读辩论开始之时,就该报告向立法会发言。

(2005年第74号法律公告)

(4A)凡法案恢复二读辩论的目的,是为了按照本议事规则第64条(法案的撤回或押后处理)宣布撤回该法案,则在作出该项宣布的立法会会议上,就有关法案委员会研究法案的工作提交报告的议员获立法会主席许可后,可在该报告提交立法会省览时,就该报告向立法会发言。

(2005年第74号法律公告)

(5)除第(7)款另有规定外,议员或获委派官员获立法会主席同意后,可就提交立法会省览的附属法例(《释义及通则条例》(第1章)第35条所规限的附属法例除外)或本议事规则第29(2)(b)条(议案及修正案的预告)所提述的文书向立法会发言,但《释义及通则条例》(第1章)第34条或任何其他法定条文就修订有关附属法例或文书所规定的期限(或任何延展的期限)必须尚未届满。议员或获委派官员如拟根据本款在会议上向立法会发言,须在该次会议开始前知会立法会主席。

(2009年第129号法律公告;2009年第245号法律公告)

(6)议员或获委派官员根据第(3)、(4A)或(5)款所作的发言不容辩论,但立法会主席可酌情准许向发言的议员或获委派官员提出简短问题,以求澄清该议员或获委派官员在发言中提出的任何事宜。

(2005年第74号法律公告)

(7)对于属根据本议事规则第49E(2)条(就内务委员会有关研究附属法例及其他文书的报告提出的议案)动议议案的主题的报告所提述的任何附属法例或文书,不得根据第(5)款就该等附属法例或文书发言。

(2009年第245号法律公告)

E部
向政府提出的质询

22. 质询性质

(1)任何议员均可就政府的工作向政府提出质询,要求提供有关该事的资料,或要求政府就该事采取行动。

(2)质询须指明要求口头答覆或书面答覆。

23. 质询时间

(1) 在任何一次会议均可提出质询,但每届任期的首次会议、选举立法会主席的会议,以及行政长官向立法会发表施政报告的会议除外。

(2013 年第 46 号法律公告)

(2) 除根据本议事规则第 24(4) 条(质询预告)提出的质询外,每次会议可提出不多于 22 项已作预告的质询,该等质询须由立法会秘书按内务委员会建议并经立法会主席同意的方式点算。

(2013 年第 46 号法律公告)

(3) 如立法会主席认为某次会议将不会就不拟具立法效力的议案进行辩论,即不得有多于 10 项要求口头答覆的质询;如立法会主席认为某次会议将会就不拟具立法效力的议案进行辩论,则不得有多于 6 项要求口头答覆的质询。该等质询须由立法会秘书按内务委员会建议并经立法会主席同意的方式点算。

(2000 年第 228 号法律公告)

(4) 内务委员会可向立法会主席建议某次会议不得有要求口头答覆的质询;如立法会主席接纳该项建议,则议员不得在该次会议提出该等质询,但立法会主席可根据本议事规则第 24(4) 条(质询预告)的规定准许提出急切质询。

24. 质询预告

(1) 未作预告,不得提出质询;但在第(4)款所规定的情况下除外。

(2) 议员就提出质询所作的预告,须不迟于政府需要答覆该质询的会议日期前 7 整天送交立法会秘书办事处,并须在该预告上签署;但在每届立法会首个会期的第二次会议上提出的质询,则须在不少于 4 整天前作出预告。

(3) 每次会议上,每名议员不得提出多于两项已作预告的质询,而要求口头答覆的质询不得多于一项。

(2006 年第 15 号法律公告)

(3A) 尽管有第(3)款的规定,立法会主席如认为议员额外提出的是公众关注的重要质询,则可准许议员提出该项额外质询。

(2006 年第 15 号法律公告)

(4) 如议员以事项性质急切及与公众有重大关系为理由,请求立法会主席准许无经预告而提出质询,则立法会主席如信纳该质询确属此性质,而有关议员已经或将会私下向政府作出充分的预告,以便政府能答覆该质询,则可批准该议员无经预告而提出该质询。

(5)第(3)款所提述的"质询",并不包括根据本议事规则第26(6)或(6A)条(质询的提出及答覆)提出的质询。

(2006年第15号法律公告)

25. **质询内容**

(1)质询须符合以下规则:

(a)不得包括人名或任何并非为令质询清晰而绝对必需的陈述。

(b)不得包含提出质询的议员所不拟提供根据的陈述。

(c)不得包含议论、推论、意见、指摘或绰号,亦不得使用偏颇、讽刺或冒犯性的措辞。

(d)不得包含多项独立质询,或是过于复杂,以致不能够合理地作为单独一项质询来回答。

(e)(由2000年第228号法律公告废除)

(f)不得寻求本身属机密性质事宜的资料。

(g)不得论及法庭的判决,所用措辞亦不得有相当可能会妨害在法庭待决的案件。

(h)不得为求取见解、解决抽象法律问题或解答假设论题而提出质询。

(i)不得询问报章所刊载,或私营机构或私人所作的声明是否正确。

(j)不得问及本议事规则第41(7)条(发言内容)所述人士的品格或行为,亦不得问及其他人士在其公职或所参与的公共事务范围以外的品格或行为。

(k)不得要求提供可取览的文件或普通参考材料所载的资料。

(l)在同一会期内,不得再次提出已获全面答覆的质询。

(2)关于议员已向立法会秘书作出预告的质询,或议员已要求提出可无经预告而提出的质询,立法会主席如认为其违犯本议事规则第22条(质询性质)或本条的规定,则可指示——

(a)将该质询按其指示修改后列入立法会议程内;或

(b)在议员要求无经预告而提出质询的情况下,将该质询按其指示修改,方可提出;或

(c)通知有关的议员该质询不合乎规程。

(3)立法会主席如认为根据本议事规则第24(2)条(质询预告)作出预告的质询或其中某部分的主题与下述事宜的主题实质相同——

(a)在另一项较早时已作出预告会在同一次立法会会议上提出的质询中提出的事宜;或

(b) 在较早时已作出预告会在某次立法会会议上提出的议案或法案中提出的事宜;或

(c) 常设委员会、专责委员会或获立法会授权对某事宜进行调查的委员会正在审议的事宜,立法会主席可指示通知有关议员该质询或质询的有关部分不合乎规程。

(2000年第228号法律公告)

26. 质询的提出及答覆

(1) 如议员表示拟在某次会议上提出质询,则每项经由该议员根据本议事规则第24条(质询预告)作出适当预告,而又符合本议事规则第25条(质询内容)规定的质询,须列入该次会议的议程内。

(2) 每次会议提出的质询,在不抵触本议事规则第23条(质询时间)的情况下,须由立法会秘书按照其接获预告的先后次序列入议程内;如一名议员同时就数项质询作出预告,则按该议员所示的次序,将质询列入议程内。

(3) 除要求书面答覆者外,按照议程依次轮到每项质询时,立法会主席须叫唤以其名义提出质询的议员;该议员届时须起立提出质询,随而由负责作答的获委派官员答覆。

(4) 质询获得答覆后,任何议员均可在立法会主席叫唤其名字时提出补充质询,以求澄清该答覆;但立法会主席如认为补充质询提出与原有质询或原有答覆无关的事宜,或抵触本议事规则第22条(质询性质)或第25条(质询内容),则须拒绝准许该补充质询获得答覆。

(5) 议员不得就质询向立法会陈词,亦不得以质询作为辩论的借口。

(6) 当按照议程依次轮到某议员的质询时,如该议员不在席提出其质询,则该质询经其同意可由另一议员提出。

(2006年第15号法律公告)

(6A) 如立法会主席信纳某议员不在席提出其质询,并信纳没有其他在席议员根据第(6)款获该议员同意提出该质询,立法会主席须叫唤内务委员会主席提出该质询。

(2006年第15号法律公告)

(6B) 在第(6A)款中,"内务委员会主席"——

(a) 如内务委员会主席不在席,指"内务委员会副主席";或

(b) 如内务委员会主席及副主席均不在席,指"出席会议的议员中根据本议事规则第1A条(议员的排名)而定的议员排名序排名最先者"。

(2006年第15号法律公告)

(7)在要求以书面答覆质询的情况下,或在表示将以书面答覆补充质询的情况下,该等书面答覆须送交每名议员,并须印载于正式纪录内。

(8)任何已作出预告的质询均不得撤回,但以下情况则属例外——

(a)如该质询是一项要求以书面答覆的质询,已就该质询作出预告的议员,可在拟提出质询的会议开始前不少于个半小时向立法会秘书作出预告,将该质询撤回;或

(b)凡立法会主席根据第(3)款叫唤议员提出其质询,该议员可在提出质询之前将该质询撤回,惟须在无议员提出异议的情况下,获立法会许可,而该质询的撤回不容辩论。

(2006 年第 15 号法律公告)

27. 根据本议事规则第 8 条举行的会议

本部(本议事规则第 25 条(质询内容)除外)并不适用于根据本议事规则第 8 条(行政长官出席会议)向行政长官提出的质询。

F 部
声明及个人解释

28. 获委派官员发表的声明

(1)获委派官员如拟在立法会会议上就任何有关公共利益的问题发表声明,须在该次会议开始前,知会立法会主席。

(2)议员不得就该声明进行辩论,但立法会主席如认为议员提出的问题与该声明有关,可准许议员向发表声明的官员提出简短扼要的问题。

(2008 年第 32 号法律公告)

28A. 个人解释

(1)议员如拟就个人事宜作出解释,须知会立法会主席,并预先向立法会主席提交拟作解释的文本借以征求同意,确保该项解释不会引发辩论,以及内容恰当。如立法会主席批准作出解释,该议员不得偏离获同意的内容。

(2)该项解释不容辩论,但立法会主席可酌情准许向作出解释的议员提出简短问题,以求澄清。

(3)如该项解释是就根据 JA 部(特定议案的处理程序)动议的议案作出,而有关议员又未能出席拟由其作出解释的会议,立法会主席可指示将该项解释的文本一份送交每名议员,而该项解释的内容须当作已予宣读。

(1998 年第 311 号法律公告)

G 部
议案

29. 议案及修正案的预告

(1) 除本议事规则另有规定外,如拟动议议案,必须在立法会或全体委员会审议该议案当天不少于12整天前作出预告,否则不得在立法会动议,亦不得在全体委员会动议:

但立法会主席或全体委员会主席可酌情免却预告。

(2) 凡动议——

(a) 修订受《释义及通则条例》(第1章)第34条或任何其他条例所规限的附属法例;或

(b) 按照有关文书所据以订立的条例,修订任何文书(附属法例除外),必须在立法会审议该议案当天不少于5整天前作出预告,否则不得在立法会动议:

(2009年第129号法律公告)

但立法会主席可酌情免却预告。

(3) 凡按照《释义及通则条例》(第1章)第34(4)条或第(2)款所提述的附属法例或文书所据以订立的条例的相关条文,动议延展修订有关附属法例或文书的期限,必须在立法会审议该议案当天不少于3整天前作出预告,否则不得在立法会动议:

(2009年第129号法律公告)

但立法会主席可酌情免却预告。

(4) 修正第(2)或(3)款提述的议案所需的预告期,由立法会主席酌情决定。

(5) (由2009年第129号法律公告废除)

(6) 除本议事规则另有规定外,不得就议案动议任何修正案,除非——

(a) 在立法会或全体委员会审议该议案当天5整天之前,已就修正案作出预告;或

(b) 立法会主席或全体委员会主席批准免却就修正案作出预告。

30. 议案及修正案的预告方式

(1) 议员就议案或修正案作出预告,须将该议案或修正案以书面送达立法

会秘书办事处。在符合《基本法》第七十三(九)条的规定下,拟动议议案或修正案的议员须在该预告上签署,与议案或修正案动议人联合提出议案或修正案的其他议员,须在该预告上联署。

(1A)议员根据本议事规则第 49B(1A)条(取消议员的资格)动议议案的预告,除由拟动议议案的议员签署外,须由另外 3 名议员签署。

(1999 年第 107 号法律公告)

(2)如议案以中文撰写,有关修正该议案的预告须以中文撰写;如议案以英文撰写,则有关修正该议案的预告须以英文撰写。

(3)就议案或修正案所作预告,须呈交立法会主席,由其指示按以下方式处理——

(a)按所交来的原有措辞印载;或

(b)按其指示修改,然后予以印载;或

(c)因其认为不合乎规程,将该预告退回签署该预告的议员。

(4)如立法会秘书就相同修正案接获多于一项预告,最早作出预告而未有撤回该预告的议员为修正案的动议人。

(2000 年第 228 号法律公告)

31. 议案及修正案的规限

(1)立法会主席或全体委员会主席如认为任何议案或修正案的目的或效力可道致动用香港任何部分政府收入或其他公币,或须由该等收入或公币负担,则该议案或修正案只可由以下人士提出——

(1999 年第 107 号法律公告)

(a)行政长官;或

(b)获委派官员;或

(c)任何议员,如行政长官书面同意该提案。

(2000 年第 228 号法律公告)

(2)如有议员就某项不拟具立法效力的议案(不属由获委派官员提出的议案)作出预告,而该议案的主题与下述议案、法案或事宜的主题实质相同——

(a)拟具立法效力的议案或法案,该议案或法案较早时已作出会在某次立法会会议上提出的预告;或

(b)常设委员会、专责委员会或获立法会授权对某事宜进行调查的委员会正在审议的事宜,

立法会主席须因其认为不合乎规程,指示将该预告退回签署该预告的议员。

(2000 年第 228 号法律公告)

32. 有关立法会先前所作决定的议案

(1)凡立法会已对某一议题作出决定而该议题是以通过的方式作决,则在同一会期内,不得就该议题再行动议议案,但如获立法会主席许可,则可动议议案,以撤销该项决定。

(1998 年第 311 号法律公告)

(2)凡立法会已对某一议题作出决定而该议题是以不通过的方式作决,则在同一会期内,不得就该议题再行动议议案。

(1998 年第 311 号法律公告)

33. 议案的辩论方式

(1)拟动议议案的议员被立法会主席或全体委员会主席叫唤时,须起立动议议案,而在动议议案时可随其意愿发表意见。

(2)议员动议议案后,立法会主席或全体委员会主席须向立法会或全体委员会提出该议案的待议议题;议员即可就该议题进行辩论。

(2A)就根据本议事规则第 49E(2) 条(就内务委员会有关研究附属法例及其他文书的报告提出的议案)动议的议案进行辩论时,为研究属该议案主题的报告所提述的任何附属法例或文书而成立的小组委员会的主席须按内务委员会同意的次序发言。

(2009 年第 245 号法律公告)

(3)立法会主席或全体委员会主席向立法会或全体委员会提出议案的待议议题后,议员可随时动议修正案以修正该议案,但所动议的修正案须符合本议事规则第 29(6)(a) 或(b)条(议案及修正案的预告)的规定,即事先作出预告或获准免却预告。在处理所有修正案后,立法会主席或全体委员会主席须再度向立法会或全体委员会提出该议案的待议议题,或经修正的议案的待议议题,议员即可作进一步的辩论。

(3A)除第(3AA)及(3B)款另有规定外,在立法会进行的辩论中,如再无议员示意发言,立法会主席须叫唤议案动议人发言答辩。议案动议人如发言答辩,答辩内容只限于在辩论中提出的事宜。

(2007 年第 163 号法律公告;2009 年第 245 号法律公告)

(3AA)根据本议事规则第49E条(就内务委员会有关研究附属法例及其他文书的报告提出的议案)动议的议案动议人,不得发言答辩。

(2009年第245号法律公告)

(3B)除由获委派官员或根据本议事规则第13(1)条(行政长官发表施政报告)、第16(4)条(立法会休会待续议案)或第49E(2)条(就内务委员会有关研究附属法例及其他文书的报告提出的议案)动议的议案外,立法会主席须于以下时间叫唤出席辩论的获委派官员发言——

(2009年第245号法律公告)

(a)任何示意发言的议员被叫唤发言之前;及

(b)再无议员示意发言,或就议案及其修正案进行合并辩论,而议案动议人已被叫唤就修正案发言,并已发言。

(2007年第163号法律公告)

(3C)就根据本议事规则第49E(2)条(就内务委员会有关研究附属法例及其他文书的报告提出的议案)动议的议案进行辩论时——

(a)除(b)段另有规定外,如再无议员示意拟就议案发言,立法会主席须叫唤出席辩论的获委派官员发言;或

(b)如辩论划分环节,在某环节中如再无议员示意发言,立法会主席须叫唤出席该环节的获委派官员发言。

(2009年第245号法律公告)

(4)在议案动议人发言答辩后,或在没有任何答辩时,辩论即告结束。立法会主席须随即向立法会提出该议案或经修正的议案的待决议题,付诸表决,但在本议事规则第49E(9)条(就内务委员会有关研究附属法例及其他文书的报告提出的议案)所规定的情况下除外。

(2000年第86号法律公告;2009年第245号法律公告)

(5)在全体委员会会议上,如没有或再无议员示意发言,全体委员会主席须随即向全体委员会提出该议案或经修正的议案的待决议题,付诸表决。

(2000年第86号法律公告)

(6)有关议题经立法会主席或全体委员会主席向立法会或全体委员会提出待决并付诸表决后,议员不得就该议题发言。

(2000年第86号法律公告)

34. 议案修正案的辩论方式

(1)拟就议案动议修正案的议员被立法会主席或全体委员会主席叫唤时

须起立,并随其意愿发表意见后,动议修正案。

(2)议案的修正案,须以下列其中一种形式提出——

(a)在该议案中删去一字或多字。

(b)在该议案中或结尾加插或增补一字或多字。

(c)在该议案中删去一字或多字,并以加插或增补一字或多字来代替。

(3)议员动议修正案后,立法会主席或全体委员会主席即须提出议案予以修正的待议议题,议员随即可就该议题进行辩论。

(4)立法会主席或全体委员会主席可准许就议案及其修正案进行合并辩论。

(5)如议员就同一议案动议多于一项修正案,立法会主席或全体委员会主席须按原议案文本中拟修正的字句的先后次序,顺序叫唤修正案动议人;如对此次序有疑问,则由立法会主席或全体委员会主席决定叫唤修正案动议人的次序。

(5A)在立法会会议上,修正案动议人没有答辩权。

(2000年第86号法律公告)

(6)如没有或再无议员示意发言,立法会主席或全体委员会主席即须向立法会或全体委员会提出议案予以修正的待决议题,付诸表决。

(2000年第86号法律公告)

(7)有关议题经立法会主席或全体委员会主席向立法会或全体委员会提出待决并付诸表决后,议员不得就该议题发言。

(2000年第86号法律公告)

35. 议案及修正案的撤回

(1)经预告的议案或修正案在动议之前,可随时由以其名义动议该议案或修正案的议员指示立法会秘书将其撤回。

(2000年第228号法律公告)

(2)议案或修正案的议题在付诸表决之前,可应动议人的要求予以撤回,惟须在无议员提出异议的情况下,获立法会或全体委员会许可。经撤回的议案或修正案可再次动议,但议案则须按本议事规则的规定作出预告。

H 部
发言规则

36. 发言时间及方式

(1)议员发言时须起立,并须将其意见向立法会主席或全体委员会主席陈述。

(2)立法会或全体委员会的会议进行中,如立法会主席或全体委员会主席起立,所有议员均须坐下。

(3)如两名或多于两名议员同时示意发言,立法会主席或全体委员会主席即须选择其中一名议员并叫唤其发言。

(1999 年第 107 号法律公告)

(4)议员发言后须坐下,立法会主席或全体委员会主席须随即叫唤其他示意或已示意发言的议员发言。

(1999 年第 107 号法律公告)

(5)除本议事规则第 37 条(内务委员会建议的发言时间)另有规定外,议员如未获立法会主席或全体委员会主席许可,发言不得超过 15 分钟,上述许可只会在例外情况下给予。

(6)第(5)款提述的发言时限,不适用于获委派官员及根据本议事规则第 21 条(文件的提交)及第 54(7)条(二读)向立法会作出报告的议员。

37. 内务委员会建议的发言时间

(1)就将于立法会会议上动议的任何议案或修正案(拟具立法效力或 JA 部(特定议案的处理程序)适用的议案除外),不论该议案或修正案当时是否已列入立法会议程内,内务委员会可建议——

(1998 年第 311 号法律公告)

(a)动议人发言不应超过若干分钟(该段时限包括动议人根据本议事规则第 33(3A)条(议案的辩论方式)发言答辩的时间);

(2000 年第 86 号法律公告)

(b)修正案动议人发言不应超过若干分钟;及

(c)其他议员每人发言不应超过若干分钟。

(2)凡内务委员会根据第(1)款作出建议,内务委员会主席须就委员会的建议,安排以书面知会立法会主席。

(3)内务委员会根据第(1)款所作的任何建议,如获立法会主席接纳(在此情况下,立法会主席须在叫唤议员动议有关议案前,在切实可行范围内尽快将决定告知各议员),对所有议员而非获委派官员均具约束力,而立法会主席须指示发言超过该建议时限的议员不得继续发言。

38. 议员可发言多于一次的情况

(1)议员就每项议题发言不得多于一次,但以下情况则属例外——

(2000年第86号法律公告)

(a)在全体委员会会议上;或

(b)依照第(2)款的规定;或

(c)依照第(3)款的规定作出解释;或

(d)如属议案动议人,在议案辩论临近结束时发言答辩;或(2000年第86号法律公告)

(e)(由2000年第86号法律公告废除)

(f)依照第(8)款的规定,就议员提出的议案发言;或

(2000年第86号法律公告)

(fa)依照本议事规则第49E(8)条(就内务委员会有关研究附属法例及其他文书的报告提出的议案)的规定,就察悉内务委员会报告的议案发言;或

(2009年第245号法律公告)

(g)获立法会主席许可。(2000年第86号法律公告)

(2)在同一次辩论中,已根据本议事规则第54(7)条(二读)发言的议员,可再次发言。

(3)已就某议题发言的议员,可再次发言以解释其先前发言中被误解的部分,但发言时不得提出新事宜。

(4)(由2000年第86号法律公告废除)

(5)如有议员就某议题动议一项修正案,或在辩论该议题时有议员动议一项现即将辩论中止待续的议案,则已就该项议题发言的议员可就该项修正案或该项现即将辩论中止待续的议案再次发言。

(6)(由2000年第86号法律公告废除)

(7)(由2000年第86号法律公告废除)

(8)获委派官员可就议员提出的议案再次发言。

(2000年第86号法律公告)

39. 插言

议员不得打断其他议员的发言——

(a)除非起立要求就规程问题发言;遇此情况,正在发言的议员须坐下,而打断其发言的议员须指出其认为应注意的问题,并将该问题交由立法会主席

或全体委员会主席决定；或

(b)除非要求澄清正在发言的议员在其发言中提出的某项事宜,而正在发言的议员愿意退让并坐下,拟插言的议员又获得立法会主席或全体委员会主席叫唤。

40. 辩论中止待续或全体委员会休会待续

(1)在立法会会议上就某议题起立发言的议员,可无经预告而动议一项现即将辩论中止待续的议案,届时立法会主席须提出该议案的待议议题。

(2)现即将辩论中止待续的议案如获通过,立法会当前议题的辩论即告中止待续,而立法会须著手处理下一事项。

(3)现即将辩论中止待续的议案如被否决,立法会须继续辩论当前的议题；在继续辩论时,除获委派官员外,不得再动议现即将辩论中止待续的议案。

(4)在立法会全体委员会会议上,议员可无经预告而动议一项委员会现即休会待续的议案,全体委员会主席须即提出该议案的待议议题。议案如获通过,委员会即须回复为立法会；议案如被否决,则委员会的程序即须继续进行。

(5)动议修正本条所述的议案,不合乎规程。

(6)除第(6A)款另有规定外,根据第(2)款中止的辩论,可在其后举行的立法会会议上恢复进行,惟动议辩论原议案或(如为法案)负责该法案的议员或官员,须在拟恢复辩论当天不少于5整天前,向立法会秘书作出恢复辩论的预告：
(1999年第107号法律公告)

但立法会主席可酌情免却预告。

(6A)根据本议事规则第49B(2A)条(取消议员的资格)中止的辩论,须在调查委员会的报告提交立法会省览后最早一次处理一般事务的立法会会议上恢复进行。(1999年第107号法律公告)

(7)根据第(4)款休会待续的全体委员会的程序,可在其后举行的委员会会议上恢复进行,惟因休会待续而未完成的程序如涉及法案,则负责的议员或官员,须在拟恢复程序当天不少于5整天前,向立法会秘书作出恢复程序的预告。

但全体委员会主席可酌情免却预告。

(8)第(1)、(2)、(3)、(4)及(5)款的规定适用于任何根据第(6)及(7)款而恢复的辩论或程序。

41. 发言内容

(1)议员只限对讨论中的题目发表意见,而不得提出与该题目无关的事宜。

(2)议员不得以立法会主席或全体委员会主席认为可能对案件有妨害的方式,提述尚待法庭判决的案件。

(3)除本议事规则第66条(发回重议的法案)另有规定外,凡企图令立法会在会期内再次考虑立法会在该会期内已作决定的议题,即属不合乎规程;但在立法会主席准许议员动议一项撤销原决定的议案的情况下进行辩论,则属例外。

(4)凡对立法会议员使用冒犯性及侮辱性言词,即属不合乎规程。

(5)议员发言的内容不得意指另一议员有不正当动机。

(6)不得以行政长官之名左右立法会。

(7)除属JA部(特定议案的处理程序)适用的议案所针对的行为外,不得提及行政长官、行政会议成员或立法会议员非履行公职时的行为。(1998年第311号法律公告)

(8)不得提及法官或其他履行司法职能人士的行为。

42. 议员在会议进行中的举止

立法会会议进行中——

(a)议员进出立法会会场,在衣饰及举止上须保持庄重;

(b)如无必要,议员不得横越立法会会场;

(c)议员不得阅读报章、书籍、信件或其他文件,但如所载者与立法会事务有直接关连,则属例外;及

(d)当一名议员发言时,其他议员须保持肃静,且不得作不适当的插言。

43. 辩论规则对委员会的适用范围

本部的规则适用于委员会的会议程序,但委员会主席另有命令者除外。

I 部
会议规程

44. 主席决定为最终决定

立法会主席、全体委员会主席或任何委员会主席分别就立法会及委员会会议遵照会议规程行事负责。主席在会议规程问题上所作决定为最终决定。

(2011年第87号法律公告)

45. 立法会及委员会会议中的秩序

(1) 立法会主席、全体委员会主席或任何常设或专责委员会主席如发觉有议员在辩论中不断提出无关的事宜,或冗赘烦厌地重提本身或其他议员的论点,于向立法会或委员会指出该议员的行为后,可指示该议员不得继续发言。

(2) 如议员行为极不检点,立法会主席、全体委员会主席或任何委员会主席即须命令其立即退席,不得继续参与立法会或委员会的该次会议;立法会秘书或任何委员会的秘书须按照主席的命令采取行动,以确保该命令得以遵从。

(2011 年第 87 号法律公告)

J 部
表决

46. 就议案作出决定

(1) 除本议事规则第 49B 条(取消议员的资格)及第 66 条(发回重议的法案),以及《基本法》第五十二(二)条、第七十三(九)条(关乎弹劾案的部分)、第一百五十九条、附件一及附件二另有规定外,所有提交立法会或全体委员会表决的议案,在符合第(2)款的规定下,均须获得出席会议的议员的过半数票,方为通过。

(1998 年第 311 号法律公告;1999 年第 107 号法律公告;2005 年第 235 号法律公告)

(2) 由议员提出的议案(但根据第(1)款所提述的例外议事规则或《基本法》条文动议的议案除外)或法案,或议员对任何议案或法案提出的修正案,须分别获下列两部分出席会议议员各过半数票,方为通过——

(1998 年第 311 号法律公告)

(a) 功能界别选举产生的议员(第 I 部分);及

(b) 地方选区直接选举产生的议员(第 II 部分)。

(2004 年第 161 号法律公告)

(3) 任何议案如不获通过,即当作被否决。

(1998 年第 311 号法律公告)

(4) 若表决赞成某议题的议员多于在进行表决时在席议员的半数,议题即获得过半数票。

(1999 年第 107 号法律公告)

47. 立法会及全体委员会的表决

(1) 除非属第(2)款适用的情况,否则立法会主席或全体委员会主席将待决议题交由立法会或全体委员会表决时——

(a)立法会主席或全体委员会主席须先请赞成该议题的议员举手,继而请反对该议题的议员举手;

(b)立法会主席或全体委员会主席继而须根据其判断,说出其是否认为出席会议的议员中赞成该议题者达到所规定的多数。如有议员对其判断提出质疑,则在该质疑按(c)段的规定获得处理后,立法会主席或全体委员会主席须宣布该议题就此决定;

(1998年第311号法律公告)

(c)如有议员要求进行点名表决,以质疑立法会主席或全体委员会主席的判断,则立法会主席或全体委员会主席须命令立法会或全体委员会进行点名表决。除本议事规则第49(4)至(7)条(点名表决)另有规定外,点名表决须在点名表决钟声响起3分钟后立即进行。

(2)除与根据本议事规则第49B条(取消议员的资格)或第66条(发回重议的法案)或《基本法》第五十二(二)条、第七十三(九)条(关乎弹劾案的部分)或第一百五十九条动议的议案有关者外,立法会主席或全体委员会主席将议员提出的议案或法案,或议员对任何议案或法案提出的修正案的待决议题交由立法会或全体委员会表决时——

(1998年第311号法律公告;1999年第107号法律公告)

(a)立法会主席或全体委员会主席须先请赞成该议题的议员举手,继而请反对该议题的议员举手;

(b)立法会主席或全体委员会主席继而须根据其判断,说出其是否认为本议事规则第46(2)条(就议案作出决定)所提述的两部分出席会议议员各过半数赞成该议题。如有议员对其判断提出质疑,则在该质疑按(c)段的规定获得处理后,立法会主席或全体委员会主席须宣布该议题就此决定;

(1998年第311号法律公告)

(c)如有议员要求进行点名表决,以质疑立法会主席或全体委员会主席的判断,则立法会主席或全体委员会主席须命令议员进行点名表决。除本议事规则第49(4)至(7)条(点名表决)另有规定外,点名表决须在点名表决钟声响起3分钟后立即进行。

48. 电子表决系统的使用

除立法会主席或全体委员会主席另有指示外,凡立法会或全体委员会会场内设有电子表决系统以供点名表决之用,出席而又参与表决的议员在进行点名表决时,须按照该电子系统操作的规定使用该系统进行表决,而立法会主席或全体委员会主席继而须宣布点名表决的结果。

49. 点名表决

(1)除本议事规则第48条(电子表决系统的使用)另有规定外,在有命令进行点名表决时,赞成者及反对者数目须由立法会秘书记录。立法会主席或全体委员会主席须先请赞成议题的议员举手,由立法会秘书在座位表上记录,然后交由立法会主席或全体委员会主席读出有关议员的姓名及数目。立法会主席或全体委员会主席继而请反对该议题的议员举手,由立法会秘书在座位表上记录,然后交由立法会主席或全体委员会主席读出有关议员的姓名及数目。立法会主席或全体委员会主席再而请就该议题放弃表决的议员举手,由立法会秘书在座位表上记录,然后交由立法会主席或全体委员会主席读出有关议员的姓名及数目。立法会秘书亦须在座位表上记录所有其他在席议员的姓名,并由立法会主席或全体委员会主席相应读出有关议员的姓名及数目。如无议员提出质疑,则主席须宣布点名表决的结果。

(1999年第107号法律公告)

(2)除本议事规则第48条(电子表决系统的使用)另有规定外,在有命令就议员提出的议案或法案,或议员对任何议案或法案提出的修正案进行点名表决时,须依照第(1)款规定的程序进行,但立法会主席或全体委员会主席须读出本议事规则第46(2)条(就议案作出决定)所提述的两部分议员中,赞成该议题、反对该议题、放弃表决及任何其他在席的有关议员的姓名及数目。

(1999年第107号法律公告)

(3)议员如表示其表决有误或其表决遭错误计算,可要求修改,但必须在立法会主席或全体委员会主席宣布点名表决的结果之前提出。

(4)在紧接立法会主席宣布议案修正案的点名表决结果或全体委员会主席宣布法案的任何条文或任何修正案的点名表决结果后,议员可无经预告而立即动议于其后就该议案或该议案的任何修正案,或就法案的任何条文或任何修正案进行点名表决时,立法会或全体委员会须在点名表决钟声响起一分钟后立即进行各该点名表决。届时立法会主席或全体委员会主席须就该议案提出待议议题。

(2010年第95号法律公告)

(5)如第(4)款的议案获得通过,立法会主席或全体委员会主席须就其后进行的每项有关的点名表决(如有的话)作出相应的命令。

(6) 如有多于一项有关立法会议程所列附属法例或本议事规则第29(2)(b)条(议案及修正案的预告)所提述的文书的议案(本议事规则第29(3)条提述的议案除外),则在立法会主席宣布该议案或该议案的任何修正案的点名表决结果后,议员可无经预告而立即动议于其后就附属法例或文书提出的议案或该议案的任何修正案进行点名表决时,立法会须在点名表决钟声响起一分钟后立即进行各该点名表决。届时立法会主席须就该议案提出待议议题。

(2009年第129号法律公告)

(7) 如第(6)款的议案获得通过,立法会主席须就其后进行的每项有关的点名表决(如有的话)作出相应的命令。

(8) 如点名表决钟发生故障,立法会主席或全体委员会主席须命令立法会秘书作出安排,通知在会议厅范围内的议员进行点名表决。点名表决将在该命令发出后6分钟进行。

(1999年第107号法律公告)

JA部
特定议案的处理程序

49A. 本部的适用范围

对于本部未有作出规定的事宜,其他各部的规则按适当情况而适用。

(1998年第311号法律公告)

49B. 取消议员的资格

(1) 根据《基本法》第七十九(六)条动议解除议员的立法会议员职务的议案,格式如下:

"鉴于(议员姓名)于(日期)在(地方)(法庭)被判犯有刑事罪行,并于(日期)被(法庭)判处监禁一个月以上(有关详情一如本议案附表所述),本会解除(议员姓名)的立法会议员职务。"

(1A) 根据《基本法》第七十九(七)条动议谴责议员的议案,格式如下:

"鉴于(议员姓名)行为不检/违反《基本法》第一百零四条所规定的誓言/行为不检及违反《基本法》第一百零四条所规定的誓言(有关详情一如本议案附表所述),本会根据《基本法》第七十九(七)条对其作出谴责。"

(1999年第107号法律公告)

(2)议员不得动议修正根据第(1)或(1A)款动议的议案。

(1999年第107号法律公告)

(2A)在根据第(1A)款动议的议案提出后,辩论即告中止待续,而议案所述的事宜须交付调查委员会处理,但立法会借任何议员动议的一项可无经预告的议案而另有命令则除外。如后述议案获立法会通过,即不得就根据第(1A)款动议的议案再采取任何行动。

(1999年第107号法律公告)

(3)根据第(1)或(1A)款动议的议案,须获得出席会议的议员的三分之二多数票,方为通过。(1999年第107号法律公告)

(4)在立法会决定解除议员的职务或对议员作出谴责后,立法会主席须随即宣告有关议员丧失立法会议员的资格。

(1999年第107号法律公告)

(1998年第311号法律公告)

JB 部
内务委员会有关附属法例及
其他文书的报告和相关的议案

49C. 本部的适用范围

对于本部未有作出规定的事宜,其他各部的规则按适当情况而适用。

49D. 提交内务委员会有关研究附属法例及其他文书的报告

在获得立法会主席许可后,内务委员会主席可在紧接已提交立法会省览并可由立法会修订的附属法例及其他文书按照《释义及通则条例》(第1章)第34(2)条,或本议事规则第29(2)条(议案及修正案的预告)所提述的附属法例或文书所据以订立的条例的相关条文作出修订的期限完结前的立法会会议上,或(如上述期限获得延展)在紧接经延展的期限完结前的立法会会议上,向立法会提交内务委员会有关研究该等附属法例及文书的报告。

49E. 就内务委员会有关研究附属法例及其他文书的报告提出的议案

(1)(a)在根据本议事规则第49D条(提交内务委员会有关研究附属法例及其他文书的报告)提交有关报告的立法会会议之前的一星期或不迟于该星期举行的内务委员会会议上,议员可通知内务委员会应就该报告所提述的任何附属法例或文书进行辩论,但有关议员须先向内务委员会秘书提出把其通知列为该次内务委员会会议的议程项目。

(b)如在(a)段所述提交报告的立法会会议之前的一星期并无内务委员会会议举行,则有关进行辩论的通知须在该次立法会会议不少于6整天前向内务委员会秘书提出,除非该项通知已在较早之前举行的内务委员会会议上提出。

(2)在接获有关进行辩论的通知后,内务委员会主席须于根据本议事规则第49D条(提交内务委员会有关研究附属法例及其他文书的报告)提交有关报告的立法会会议不少于两整天前作出预告后,动议议案察悉该份与任何特定附属法例或文书有关的报告:

但立法会主席可酌情免却预告。

(3)如内务委员会主席不会出席有关会议动议第(2)款所提述的议案,内务委员会副主席须作出预告及动议该议案;如主席和副主席均不会出席有关会议,将会出席第(2)款所提述的立法会会议的议员中根据本议事规则第1A条(议员的排名)而定的议员排名序排名最先者须作出预告及动议该议案。

(4)根据第(2)款动议的议案,格式如下:

"本会察悉于(内务委员会的有关报告提交省览的立法会会议举行日期)提交省览有关下列附属法例及文书的内务委员会第(序号)号报告:

项目编号　　　　　　　　附属法例或文书的名称
(项目编号)　　　　　　　(根据第(1)款应进行辩论的附属法例或文书的
　　　　　　　　　　　　名称及在宪报中的公告编号或有关编目)。"。

(5)议员不得动议修正根据第(2)款动议的议案。

(6)如已有根据本议事规则第29(2)条(议案及修正案的预告)作出的预告,动议修订任何附属法例或文书,便不得根据第(2)款就该附属法例或文书动议议案。

(7)如议案与多于一项附属法例或文书有关,就该议案进行的辩论可划分环节,每个环节处理一项或多于一项的附属法例或文书。

(8)除本议事规则第38条(议员可发言多于一次的情况)另有规定外,就根据第(2)款动议的议案进行辩论时,每名议员只可发言一次;如辩论划分环节,则每名议员可在每个环节发言一次。

(9)在议员及获委派官员就根据第(2)款动议的议案发言后,辩论即告结束。立法会主席不得提出任何待决议题,而立法会须著手处理下一事项。

(2009年第245号法律公告)

K 部
法案的处理程序

50. 法案的格式

(1) 提交立法会的法案,须符合本条的各项规定。

(2) 法案须有一简称,该简称须与该法案如通过成为法律所采用的名称吻合,而在通过该法案的过程中,该简称须保持不变。

(3) 法案须有一详题,以一般性词句说明该法案的主旨。

(4) 除行政长官会同行政会议依据《法定语文条例》(第 5 章)第 4(3)条发出指示外,法案须以中文及英文提交。

(5) 法例制定程式须置于法案条文之前。

(6) 法案必须分条,各条顺序编号,每条之上须有说明其性质的分条标题。

(7) 法案须附有摘要说明,以非专门性文字,解释法案的内容及目的。

(8) 法案如属《私人条例草案条例》(第 69 章)所界定的"私人条例草案",则必须载有以下条文:

"保留条文

本条例的条文不影响亦不得当作影响中央或香港特别行政区政府根据《基本法》和其他法律的规定所享有的权利或任何政治体或法人团体或任何其他人的权利,但本条例所述及者和经由、透过或借著他们提出申索者除外。"。

(2001 年第 176 号法律公告)

51. 提交法案的预告

(1) 议员或获委派官员可随时作出预告,表明有意提交法案;该预告须送交立法会秘书办事处,并须附有法案文本及本议事规则第 50 条(法案的格式)所规定的摘要说明;如作出预告者为议员,则须附有由法律草拟专员按第(2)款的规定签署的证明书。

(2) 对于由议员提交的法案,法律草拟专员如信纳该法案符合本议事规则第 50 条(法案的格式)的规定及香港法例的一般格式,即须签发证明书加以证明。

(3) 立法会主席如认为任何由立法会议员个别或联名提出的法案涉及公共开支或政治体制或政府运作,该法案即不得提出。

(1999 年第 107 号法律公告)

(4)立法会主席如认为某法案涉及政府政策,则就该法案所作的预告须附有由行政长官对该法案的书面同意。

(1999年第107号法律公告)

(5)如法案依据《法定语文条例》(第5章)第4(3)条所发出的指示,以一种法定语文提交,则预告须附有证明书,说明行政长官会同行政会议已指示该法案须以中文或英文(视乎所提交文本的语文而定)提交。

(6)由议员提交的法案如属本议事规则第50(8)条(法案的格式)所提述者,则预告须附有由该议员签署的证明书,说明该法案已连续两期在宪报刊登,并已在每日在本港出版的中英文报章各一份各刊登广告两次,就该法案作出预告。

(2001年第176号法律公告)

(7)(a)除第(7A)款及本议事规则第66条(发回重议的法案)另有规定外,如立法会主席认为某法案载有与另一项在二读时业经立法会表决的法案实质相同的条文,则该法案在同一会期内不得继续进行立法程序,并须予撤回。(2000年第228号法律公告)

(b)如某法案在二读后被撤回,则另一项载有实质相同条文的法案可在同一会期内提交,但该另一项法案必须符合本议事规则第50条(法案的格式)、本条及第52条(法案的提交及刊登)的规定。

(7A)凡拨款法案的二读或三读议案遭否决,可在同一会期内提交另一项所载条文相同或实质相同的拨款法案。

(2000年第228号法律公告)

(8)在其后就该法案所进行的整个过程中,提交法案的议员称为负责该法案的议员。如法案由多于一名议员联名提出,则该等议员须于提交法案时指定其中一人为负责该法案的议员,而该负责议员须在提交法案的预告上如此示明。

(9)在其后就该法案所进行的整个过程中,提交法案的官员称为负责该法案的官员;而本议事规则所提述负责法案的议员,亦包括负责法案的官员。

52. 法案的提交及刊登

(1)立法会秘书接获拟提交立法会的法案后,须安排在宪报刊登该法案全文及摘要说明,除非——

(a)立法会主席指示在该法案首读之前不须在宪报刊登;或

(b)该法案已根据本议事规则第51(6)条(提交法案的预告)在宪报刊登。

(2)立法会秘书接获拟提交立法会的法案后,须安排将该法案及其摘要说明的文本一份送交每名议员,该法案随即当作已提交立法会。

53. 法案的首读

(1)按照本议事规则第52(2)条(法案的提交及刊登)提交立法会的法案简称,须列入负责该法案的议员向立法会秘书所指定会议的议程内,以进行首读。

(2)法案首读时,不得进行辩论;一经立法会秘书读出法案简称,该法案即当作已首读。

(3)法案首读后,立法会即当作已命令安排将该法案进行二读,而会议纪要内须记录立法会作出此项命令;负责该法案的议员无须就二读议案作出预告。

54. 二读

(1)如议员提交的法案涉及政府政策,立法会主席在立法会考虑二读该法案前,须要求获委派官员示明行政长官对该法案的书面同意;除非该书面同意已经示明,否则不得动议二读该法案的议案。

(2)行政长官的书面同意一经示明,须记录在会议纪要内。

(3)除第(4)及(5)款另有规定外,现即二读法案的议案一经动议,立法会即须进行二读该法案的程序,议员可就该议案辩论该法案的整体优劣及原则。

(4)除与拨款法案有关者外,在负责法案的议员就现即二读该法案的议案发言后,辩论须中止待续,而该法案须交付内务委员会处理,除非立法会就任何议员提出的一项可无经预告而动议的议案另有命令。

(5)如辩论已根据第(4)款中止待续,则在符合下列规定的情况下,负责法案的议员或官员在与内务委员会主席磋商后,可以书面向立法会秘书办事处作出预告,以恢复二读辩论——

(a)除(b)及(c)段另有规定外,法案不得在内务委员会为该法案恢复辩论作准备的会议举行后9整天内恢复辩论;

(b)如内务委员会在为该法案恢复辩论作准备的会议上建议该法案须多于9整天后才可恢复辩论,则法案不得在该次会议举行后12整天内恢复辩论;

(c)如内务委员会在为该法案恢复辩论作准备的会议上建议在下次立法会会议恢复二读辩论,则法案可在立法会主席给予许可后在该次会议上恢复二读辩论,但适当的预告须已根据(e)段的规定作出;

(d)除(e)段另有规定外,负责法案的议员或官员须在拟恢复二读辩论当天不少于 12 整天前作出恢复辩论的预告;

(e)如法案须在为该法案恢复辩论作准备的内务委员会会议举行后 9 整天或以内恢复二读辩论,则恢复辩论的预告最迟须在该次内务委员会会议举行后两整天内作出:

但立法会主席可酌情免却预告。

(5A)在第(5)款中,"内务委员会主席"在下述情况下指"内务委员会副主席":当负责法案的议员或官员拟与内务委员会主席磋商时,内务委员会主席因不在香港或其他理由,以致有关议员或官员未能与其磋商。

(2003 年第 118 号法律公告)

(6)不得对现即二读法案的议题作出修正。

(7)在法案恢复二读辩论时(为按照本议事规则第 64 条(法案的撤回或押后处理)宣布撤回法案而恢复二读辩论的情况除外),根据本议事规则第 76(9)条(法案委员会)就法案委员会研究法案的工作作出报告的议员获立法会主席许可后,可首先发言。

(2005 年第 74 号法律公告)

(8)二读法案的议案如被否决,不得再就该法案进行其他程序。

55. 法案的付委

(1)二读法案的议案如获通过,该法案即告付委予全体委员会,除非——

(a)立法会通过议案,将法案付委予一专责委员会;该项议案可无经预告,但须在该法案二读后即时由任何议员动议;或

(b)立法会主席认为该法案会特别惠及或反之特别影响某人、某社团或某法团,在此情况下,立法会主席可指示将该法案付委予一专责委员会。

(2)负责法案的议员无须为全体委员会就法案进行的程序作出预告。

(3)专责委员会就法案进行的程序,须在按照本议事规则第 79(2)条(专责委员会的程序)指定的日期开始。

56. 委员会就法案的职能

(1)获付委某法案的任何全体委员会或专责委员会,只可讨论该法案的细节,不得讨论其原则。

(2)任何此类委员会均有权对法案作出其认为适当的修正,但修正案(包括新条文及新附表)必须与法案的主题有关。

57. 法案的修正案

(1) 本条适用于在全体委员会或专责委员会会议上,或再付委时,对法案所动议的修正案。

(2) 动议法案修正案的预告,须于全体委员会审议该法案当天不少于7整天前作出;倘无如此作出预告,除获全体委员会主席许可外,不得动议对法案作出修正。

(3) 本议事规则第30条(议案及修正案的预告方式)适用于法案修正案的预告,但该条第(3)款中"立法会主席"一词须以"全体委员会主席"代替。

(4) 以下规定适用于与法案有关的修正案:

(a) 修正案必须与法案的主题及有关条文的主题有关。

(b) 修正案不得与已获通过的条文或全体委员会就法案先前所作的决定不一致。

(c) 修正案不得令建议修正的条文变得不能理解或不合语法。

(d) 不可动议全体委员会主席认为琐屑无聊或无意义的修正案。

(e) 凡动议对具备两个法定语文文本的法案作出修正,除非该修正案明显地只影响其中一个文本,否则每一个文本均须作出修正;但不可动议令两个文本相互抵触或意义差歧的修正案。

(5) 如一项修正案提述其后的修正案或附表,或该修正案会因欠缺其后的修正案或附表而变得不能理解,则须在动议第一项修正案前,就其后的修正案或附表作出预告,使整系列修正案在整体上可以理解。

(6) 立法会主席或全体委员会主席如认为任何修正案的目的或效力可导致动用香港任何部分政府收入或其他公币,或须由该等收入或公币负担,则该修正案只可由以下人士提出——

(1999年第107号法律公告)

(a) 行政长官;或

(b) 获委派官员;或

(c) 任何议员,如行政长官书面同意该提案。

58. 全体委员会处理法案的程序

(1) 全体委员会主席须提出"下述各条文纳入本法案"的待议议题,并指示立法会秘书读出各条文的编号。任何条文或一组条文的编号一经读出,将该条文或该组条文纳入该法案的待议议题,即当作已提出。如某条文经作修正,则该经修正条文的编号须由立法会秘书再次读出,而将该经修正条文纳入该法案的待议议题,亦当作已提出。

(2)凡有一系列互有关连的修正案,则为节省时间及避免议论重复,全体委员会主席可准许同时讨论该等修正案,并在有需要时更改第(5)或(7)款所规定的审议次序。　　　　　　　　　　　　　　　　　(2011年第55号法律公告)

(3)本议事规则第34条(议案修正案的辩论方式)的规定,适用于对法案各项修正案所进行的讨论,但"议案"一词须以"条文"代替。

(4)任何条文皆可押后处理,除非已就该条文的修正案作出决定。押后处理的条文,须在法案其馀条文已获审议之后而新条文仍未提出之前,予以审议。

(5)任何拟议新条文,须在法案各条文已获处理之后而附表未获审议之前,予以审议:

但如拟议新条文是用以代替不获通过的条文,则可在原有条文不获通过之后,随即审议该新条文。

(6)新条文的分条标题一经立法会秘书读出,该新条文即当作已告首读,随后须提出"将此条文二读"的待议议题;议题如获通过,则可提出新条文的拟议修正案。最后提出的待议议题须为"本法案增补此条文(或经修正的条文)"。

(7)处置附表的方法与处置条文者相同;任何拟议新附表,须在法案各附表获得处理后审议,处理方式与处理新条文者相同。

(8)条文、附表,以及拟议新条文、拟议新附表全部处理完后,如法案载有弁言,则亦须审议该弁言,并提出"此为本法案的弁言"的待决议题。除因先前对法案作出修正以致必须修正弁言外,不得审议弁言的修正案。

(9)如因对法案作出修正而须将法案的名称加以修正,则须在完成上述程序时作出;但将该名称(或该经修正的名称)纳入该法案的待决议题不得提出,任何就法例制定程式的待决议题亦不得提出。

(10)法案成为法律后所引称的名称内所提述的年份或任何数字,无须予以修正;法律草拟专员可更改该所述年份或任何数字,以提述该法案成为法律的年份或反映其次序。

(11)任何修正案、拟议新条文或拟议新附表于其待议议题提出后,而该议题未付诸表决之前,可应动议人的要求予以撤回,惟须在无议员提出反对的情况下,获全体委员会的许可。

(12)全体委员会于完成审议法案的所有程序后,须回复为立法会,并由一名议员就该经修正或无经修正的法案(视属何情况而定),向立法会作出报告。

59. 全体委员会就法案作出报告的程序

全体委员会就法案作出报告后,立法会即当作已命令将该法案进行三读,而会议纪要内须记录立法会作出此项命令;负责该法案的议员无须就三读议案作出预告。

60. 法案专责委员会中的程序

(1)专责委员会处理法案,须受本议事规则第79条(专责委员会的程序)的所有条文规限;但在就法案向立法会作出报告之前,专责委员会须采取与全体委员会相同的方式,依照本议事规则第58条(全体委员会处理法案的程序)的规定,研究法案。

(2)法案如经专责委员会修正,则在切实可行范围内,经修正的法案全文须作为专责委员会报告的一部分印载;但如不切实可行,则须将经修正的各条文或附表及新增的各条文或附表如此印载。

(3)专责委员会完成研究法案的所有程序并通过有关报告后,专责委员会主席须于下次立法会会议就该经修正或无经修正的法案(视属何情况而定),向立法会作出报告,并须将该报告提交立法会省览。

61. 专责委员会就法案作出报告的程序

(1)专责委员会就法案作出报告后,立法会可借一项由该专责委员会主席动议采纳该报告的议案,审议专责委员会所呈报的法案。

(2)如该议案未经修正而获通过,立法会即当作已命令将该法案进行三读,而会议纪要内须记录立法会作出此项命令;负责该法案的议员无须就三读作出预告。

(3)议员可就一项根据第(1)款动议的采纳法案专责委员会报告的议案动议修正案,于原议案后加入以下字句:"但须将该法案(全部,或某部分,或拟议新条文,或拟议新附表)再付委予全体委员会"。

(4)如该议案按照第(3)款修正后获得通过,该法案按议案的规定即告再付委,而立法会则须立即转变为全体委员会审议该法案。

(5)(由2000年第228号法律公告废除)

62. 专责委员会报告的法案再付委的程序

(1)如专责委员会已作报告的法案整条再付委,全体委员会须根据本议事规则第58条(全体委员会处理法案的程序)的规定,研究该法案。

(2)如再付委的只是该法案中某一条或多条条文、某一个或多个附表、拟议新条文或拟议新附表,则全体委员会仅须审议再付委的事项,并以本议事规则第58条(全体委员会处理法案的程序)所规定的方式,审议该等条文或附表;其后如有需要,可考虑修正该法案的详题或简称:

但立法会主席如认为必要或可取,可要求按照第(1)款的规定将整条法案再付委。

(3)全体委员会完成审议再付委的法案的所有程序后,须回复为立法会,并由负责该法案的议员就该再付委并经修正(或未经修正)的法案,向立法会作出报告。

(4)负责法案的议员以上述方式就再付委的法案作出报告后,除非该负责议员表示希望押后三读,否则立法会须随即进行该法案的三读程序。如负责议员提出押后三读,本议事规则第59条(全体委员会就法案作出报告的程序)的规定即适用,并不得容许再次动议将该法案再付委。

63. 三读

(1)三读并通过法案的议案动议后,立法会即须进行三读该法案的程序。就该议案进行的辩论,须限于法案的内容,议员不可动议修正该议案。

(2)立法会主席提出三读该法案的待决议题之前,经立法会主席许可,得为更正法案中错误或疏忽出错之处作出修正;但不得对法案提出实质的修正。

(3)三读一条(或多条)法案的议案获得通过后,立法会秘书须读出该(或该等)法案的简称,并在该(或该等)法案末端写上"由香港特别行政区立法会于今天通过",并注明日期。

(4)如三读法案的议案遭否决,即不得就该法案再进行任何程序。

64. 法案的撤回或押后处理

(1)负责某法案的议员或官员,可在立法会开始就该法案进行二读或三读的程序时,宣布撤回或押后处理该法案。

(2005年第74号法律公告)

(2)负责某法案的议员或官员可在符合以下条件的情况下,在立法会开始就该法案进行恢复二读辩论的程序时,宣布撤回该法案——

(a)恢复二读辩论的目的是为了作出该项宣布;及

(b)该目的已在根据本议事规则第54(5)条(二读)作出恢复二读辩论的

预告中述明。

(2005年第74号法律公告)

(3)负责某法案的议员或官员在根据第(2)款宣布撤回该法案时,可就与撤回该法案有关的事宜向立法会发言,但该等发言不容辩论。(2005年第74号法律公告)

65. 呈交法案予行政长官签署

立法会秘书须在立法会通过的每一条法案的一份文本上签署核证其为真确本,并将之呈交行政长官签署。

66. 发回重议的法案

(1)立法会通过的法案如须发回立法会重议,有关的预告须于该法案获通过后的3个月内送交立法会秘书;该预告须附有法案文本,以及由行政长官签署的证明书,证明其根据《基本法》第四十九条将该法案发回立法会重议。

(2)立法会秘书接获须予重议的法案后,须安排将该法案的一份文本送交每名议员,并在宪报刊登该法案全文,除非立法会主席指示在立法会会议上宣读该发回的法案的简称前,该法案不须在宪报刊登。

(3)该法案的简称须按立法会主席的指示列入立法会会议的议程内。

(4)在立法会秘书读出法案简称后,一名获委派官员可以就该法案发回发言,该法案随即交付内务委员会,除非立法会就任何议员提出的一项可无经预告而动议的议案另有命令。

(5)立法会如命令法案不须交付内务委员会,即当作已命令安排就该法案动议一项"行政长官按照《基本法》第四十九条发回的……(法案名称)经重议后予以通过"的议案,该议案可由任何议员无经预告而动议。会议纪要内须记录立法会作出此项命令。

(6)如发回的法案交付内务委员会,内务委员会须立即安排(如认为有需要,可连同任何为修订该发回的法案而提交并已交付内务委员会的法案)按其认为适当的方式研究该发回的法案。内务委员会在完成该发回的法案的商议工作后,可在立法会会议上动议一项"行政长官按照《基本法》第四十九条发回的……(法案名称)经重议后予以通过"的议案。(2000年第228号法律公告)

(7)议员不得动议修正根据第(5)或(6)款动议的议案。

(8)如赞成"行政长官按照《基本法》第四十九条发回的……(法案名称)经重议后予以通过"的议案的议员数目不少于全体议员三分之二多数,立法会秘书须读出该法案的简称,并在该法案末端写上"由香港特别行政区立法会于今天重议,并以不少于全体议员三分之二多数通过",并注明日期。立法会秘书须核证该法案的真确本一份,并将之呈交行政长官签署。

(9)如赞成"行政长官按照《基本法》第四十九条发回的……(法案名称)经重议后予以通过"的议案的议员数目少于全体议员三分之二多数,立法会秘书须读出该法案的简称,并在该法案末端写上"由香港特别行政区立法会于今天重议,赞成行政长官按照《基本法》第四十九条发回的……(法案名称)经重议后予以通过的议案的议员少于全体议员三分之二多数",并注明日期。立法会秘书须核证该法案的真确本一份,并将之呈交行政长官。

(10)在有关该法案的议案根据第(5)或(6)款动议前,如行政长官已根据《基本法》第七十六条签署发回的法案,而立法会秘书亦已接获有关通知,则不得就该法案再进行任何程序。

L 部
财政程序

67. 拨款法案的提交及二读

(1)载有香港特别行政区政府本财政年度或下一财政年度全部服务开支的财政需求预算的法案,称为拨款法案。载有上述财政需求详情的预算案,须在该法案列于立法会议程以进行首读的会议开始之前,提交立法会。

(2)拨款法案二读议案的待议议题提出后,有关辩论即告中止待续,不得早于其后第七天恢复辩论。恢复辩论时,辩论范围须限于香港的财政及经济状况,以及法案及预算案内所显示政府政策及行政的一般原则。

(3)除本议事规则第71(11)条(财务委员会)另有规定外,预算案一经提交立法会,即告交付全体委员会,而拨款法案一经二读,亦即告付委予该委员会。

68. 全体委员会处理拨款法案的程序

(1)全体委员会审议拨款法案时,该法案的条文须押后至审议附表或各附表后始予审议。

(2)在审议附表时,每一开支总目均须与有关的预算一并考虑;本议事规则提述的"分目"或"子目",指当时正进行讨论的预算总目的分目或子目。

(3)在审议附表时,全体委员会主席须提出"下述各总目的款额纳入本附表"的待议议题,并指示立法会秘书读出该等总目的编号。任何总目或一组总目的编号一经读出,将该总目或该组总目的款额纳入该附表的待议议题,即当作已提出。除非有议员根据下一条规则动议作出修正,否则可就该议题进行辩论。辩论的范围只限于需要拨款服务的政策,而非任何子目或分目的详情,但可提述该项服务所涉及的收入或款项的详情。

(4)附表内所有总目获得处理后,全体委员会主席须随即提出"该附表(或该经修正的附表)纳入本法案"的待决议题,付诸表决,该议题不容修正,不容辩论。

(5)每一附表获得处理后,全体委员会主席须提出"下述各条文纳入本法案"的待议议题,并指示立法会秘书读出各条文的编号。任何条文编号一经读出,将该条文纳入该法案的待议议题,即当作已提出。如某条文经作修正,则该经修正条文的编号须由立法会秘书再次读出,而将该经修正条文纳入该法案的待议议题,亦当作已提出。

(6)除因附表的拨款总额改变而须相应修正者外,不得动议对任何条文作出修正。此等相应修正,只限由获委派官员动议,且可无经预告,而有关议题须立即付诸表决,不容修正,不容辩论。当修正最后一条条文的议题表决后,全体委员会主席须随即提出"经修正条文纳入本法案"的待决议题,付诸表决,该议题不容修正,不容辩论。

(7)就法案各条文提出的议题均已表决后,全体委员会须回复为立法会,并由一名议员就该经修正或无经修正的法案(视属何情况而定),向立法会作出报告。

69. 全体委员会处理拨款法案预算总目的修正案

(1)如全体委员会主席认为某项修正案会令任何开支总目所获分配款额增加,不论增加的部分为子目、分目或总目本身,则该修正案只可由获委派官员动议。

(2)增加总目款额的修正案,不论所涉者为子目、分目或总目本身,须较削减同一子目、分目或总目本身款额的修正案获优先处理;如增加款额的修正案获得通过,则不得动议就同一子目、分目或总目本身削减总目款额的修正案。

(3)任何议员均可动议借削减开支总目内子目的款额以削减该总目所获分配款额的修正案,动议格式如下:"为削减(或删除)分目……子目……而将总目……削减……元"。

(4)如分目已分列为子目,则为削减或删除分目而削减某一总目款额的修正案,即不合乎规程。

(5)如总目已分列为分目,则只削减总目而不削减该总目的某一分目的修正案,即不合乎规程。

(6)删除某一总目的修正案,即不合乎规程,不得列入立法会议程内。

(7)每一总目的子目或分目的修正案,均须列入立法会议程内,并按照各该子目及分目在预算案总目内的先后次序,逐一加以审议。

(8)如有多于一项就削减同一子目、分目或总目款额修正案的预告,该等修正案须按照建议削减款额的大小依次列入立法会议程内,以建议削减款额最大者居先。

(9)就每项修正案所进行的辩论,范围只限于该项修正案有关的子目、分目或总目;某一子目或分目的修正案获得处理后,不得修正或辩论任何前列的子目或分目。

(10)当所有列于立法会议程内而与某一开支总目有关的修正案获得处理后,全体委员会主席须再次提出"总目……的款额纳入本附表"的待议议题,或提出"总目……(经增加或削减)的款额纳入本附表"的经修正待议议题,视乎情况所需。有关该等议题的辩论,须同样受到本议事规则第68(3)条(全体委员会处理拨款法案的程序)适用于辩论的限制所规限。

70. 拨款法案的三读

拨款法案三读议案不容修正或辩论而付诸表决。

M 部
委员会

71. 财务委员会

(1)立法会设有一个名为财务委员会的常设委员会,委员为全体议员,但立法会主席除外。

(2)委员会的正副主席须由委员会委员互选产生,任期直至下一会期的委员会正副主席在该下一会期分别选出为止;若下一会期的委员会正副主席选举是在下一会期开始前进行,现任正副主席的任期直至该下一会期开始为止。如主席及副主席暂时缺席,委员会可在其缺席期间另选一委员代行主席之职。

(2002 年第 126 号法律公告;2005 年第 214 号法律公告)

(2A)立法会每届任期首个会期的委员会正副主席选举,须在委员会于该会期内举行的首次会议上进行；至于每届任期第二个或其后各个会期的正副主席选举，则可在该会期开始前举行的会议上进行。

(2002 年第 126 号法律公告)

(3)(由 1999 年第 107 号法律公告废除)

(4)财务委员会的职能为根据《公共财政条例》(第 2 章)、其他法例及本议事规则所授予该委员会的职能，以及由立法会不时委予的其他职能。

(5)财务委员会可委任小组委员会，以协助财务委员会履行由其决定的财务委员会的职能。

(5A)委员会的会议法定人数为主席加上 8 名委员。

(2005 年第 214 号法律公告)

(5B)所有在委员会或其辖下小组委员会内讨论的事宜，须以参与表决的委员赞成者及反对者的过半数决定。委员会或其辖下小组委员会的主席或主持会议的任何其他委员不得参与表决，但如其他委员赞成者及反对者数目相等，则在此情况下他须作决定性表决。

(2005 年第 214 号法律公告)

(5C)尽管有第(5B)款的规定，主席或主持选举的委员(视属何情况而定)在委员会或其辖下小组委员会的主席或副主席选举中，除有权作决定性表决外，亦有权作原有表决。(2005 年第 214 号法律公告)

(6)委员会须在主席决定的日期、时间及地点举行会议。会议的书面预告须在会议日期最少 5 整天前发给各委员，但主席可视个别情况指示给予较短时间的预告。

(7)委员会会议须公开举行，但主席按照委员会的任何决定命令不公开举行者除外。

(8)(由 2005 年第 214 号法律公告废除)

(9)委员会主席可命令任何须由委员会决定的事宜，借传阅文件方式交由各委员研究，而委员亦可以书面向主席示明其批准。如过半数委员在主席为此目的而指定的限期届满前已示明其批准，同时在限期届满时并无委员以书面向主席表示反对，或要求将该事宜交由委员会开会决定，则该事宜须当作已获委员会批准。

(10)根据本议事规则第 6(7)条(立法会秘书的职责)获委任的委员会秘书，须列席委员会会议，并按委员会决定的方式制备委员会会议纪要。

(11)立法会主席可将按照本议事规则第 67 条(拨款法案的提交及二读

提交的预算案,在全体委员会审议拨款法案前,交由财务委员会审核。

(12)主席或委员会可邀请任何官员,或预算总目下有关的非政府团体或组织的成员或僱员,提供委员会在履行其职责时可能需要的资料,或作出解释,或出示纪录或文件;委员会亦可就该等资料、解释、纪录或文件邀请其他人士提供协助。

(13)除本议事规则另有规定外,委员会及其辖下小组委员会的行事方式及程序,由委员会自行决定。

72. 政府帐目委员会

(1)立法会设有一个名为政府帐目委员会的常设委员会,负责研究审计署署长就以下各事宜提交的报告——

(a)政府的帐目;

(b)委员会认为须提交立法会省览的其他帐目;及

(c)委员会认为与审计署署长履行职责或行使职权有关的事宜。

(2)委员会亦须研究由审计署署长就其审计(衡工量值审计)工作而提交立法会省览的报告。在该报告中,审计署署长就政府部门、凭借任何条例审计署署长职权范围所及的公共团体或组织或接受公币补助的组织是否符合经济原则及是否讲求效率与效用,进行审计。

(3)委员会由一名主席、副主席及5名委员组成,全部均须为立法会主席按内务委员会决定的选举程序任命的议员。

(2005年第214号法律公告)

(3A)委员会的会议法定人数为主席加上两名委员。

(2005年第214号法律公告)

(3B)如主席及副主席暂时缺席,委员会可在其缺席期间另选一委员代行主席之职。　　　　　　　　　　　　(2005年第214号法律公告)

(3C)所有在委员会内讨论的事宜,须以参与表决的委员赞成者及反对者的过半数决定。主席或主持会议的任何其他委员不得参与表决,但如其他委员赞成者及反对者数目相等,则在此情况下他须作决定性表决。

(2005年第214号法律公告)

(4)第(1)及(2)款所述的报告,一经提交立法会省览,即当作已由立法会交付委员会研究。

(5)除主席另有命令外,委员会根据第(8)款邀请任何人士列席的会议,新闻界及公众人士得准进入会场旁听。

(6)委员会须在主席决定的日期、时间及地点举行会议。会议的书面预告须在会议日期最少 5 整天前发给各委员及任何获邀列席的人士；但主席可视个别情况指示给予较短时间的预告。

(7)(由 2005 年第 214 号法律公告废除)

(8)主席或委员会可邀请任何官员，或报告所指帐目所属或与之有关的非政府团体或组织的成员或僱员，提供委员会在履行其职责时可能需要的资料，或作出解释，或出示纪录或文件；委员会亦可就该等资料、解释、纪录或文件邀请其他人士提供协助。

(9)委员会须于审计署署长将政府帐目的审计报告提交立法会省览之日起 3 个月内(或根据《核数条例》(第 122 章)第 12 条决定的较长时间内)就该审计署署长的报告提交报告。

(10)委员会须于审计署署长将第(2)款所述的报告提交立法会省览之日起 3 个月内(或立法会决定的较长时间内)，就审计署署长的报告提交报告。

(11)除本议事规则另有规定外，委员会的行事方式及程序，由委员会自行决定。

73. 议员个人利益监察委员会

(1)立法会设有一个名为议员个人利益监察委员会的常设委员会，负责——

(a)研究议员个人利益登记册的编制、备存、取览等各项安排；

(b)考虑议员或其他人士就该登记册的形式及内容提出的建议；

(c)考虑与议员个人利益的登记及申报有关或就议员未有登记及申报其个人利益而作出的投诉，并经委员会考虑后如认为适当，调查该投诉；

(2006 年第 174 号法律公告)

(ca)考虑与第 83AA 条(申请发还工作开支或申请预支营运资金)所提述的议员行为有关的投诉，并经委员会考虑后如认为适当，调查该投诉；

(2006 年第 174 号法律公告)

(d)考虑关乎议员以其议员身份所作行为的操守标准事宜，并就该等事宜提供意见及发出指引；

(2009 年第 129 号法律公告)

(e)向立法会作出报告及建议，包括关于根据本议事规则第 85 条(与个人利益、工作开支或营运资金有关的处分)作出处分的建议。

(2006 年第 174 号法律公告)

(1A)在考虑或调查第(1)(ca)款所指的投诉时,除委员会可能认为有关的任何其他事宜外,委员会亦须顾及《立法会议员申请发还工作开支的指引》的条文。(2006年第174号法律公告)

(2)委员会由一名主席、副主席及5名委员组成,全部均须为立法会主席按内务委员会决定的选举程序任命的议员。

(2005年第214号法律公告)

(2A)委员会的会议法定人数为主席加上两名委员。

(2005年第214号法律公告)

(2B)如主席及副主席暂时缺席,委员会可在其缺席期间另选一委员代行主席之职。(2005年第214号法律公告)

(2C)所有在委员会内讨论的事宜,须以参与表决的委员赞成者及反对者的过半数决定。主席或主持会议的任何其他委员不得参与表决,但如其他委员赞成者及反对者数目相等,则在此情况下他须作决定性表决。

(2005年第214号法律公告)

(3)委员会须在主席决定的日期、时间及地点举行会议。会议的书面预告须在会议日期最少5整天前发给各委员,但主席可视个别情况指示给予较短时间的预告。

(4)委员会会议须公开举行,但主席按照委员会的任何决定命令不公开举行者除外。

(5)(由2005年第214号法律公告废除)

(6)委员会可邀请任何人士列席委员会会议,以提供证据或出示其管有或由其控制的文书、簿册、纪录或文件。

(7)除本议事规则另有规定外,委员会的行事方式及程序,由委员会自行决定。

73A. 调查委员会

(1)根据本议事规则第49B(2A)条(取消议员的资格)规定成立的调查委员会由一名主席、副主席及5名委员组成,全部均须为立法会主席按内务委员会决定的选举程序任命的议员。根据本议事规则第49B(1A)条动议议案的议员、联名签署议案的议员及议案所针对的议员,均不得获任命为委员会委员。

(2)调查委员会负责确立根据本议事规则第49B(1A)条(取消议员的资格)动议的议案所述的事实,并就所确立的事实是否构成谴责议员的理据提出意见。

(3) 委员会的会议法定人数为包括主席在内的 5 名委员。

(4) 除第(5)款另有规定外,调查委员会所有会议须闭门举行。

(5)(a) 在根据本议事规则第 49B(1A)条(取消议员的资格)动议的议案所针对的议员作出选择后,凡有一名或多名证人出席的会议均须公开举行,但有关议员须在该等会议首次举行前作出如此选择。

(b) 尽管有关议员已作出(a)段所述的选择,但若有委员会委员提出要求,或有证人提出申请,调查委员会如认为有充分理由,可决定闭门举行任何该等会议或某部分会议。

(6) 如主席及副主席暂时缺席,委员会可在其缺席期间另选一委员代行主席之职。

(7) 根据本议事规则第 6(7)条(立法会秘书的职责)获委任的委员会秘书,须列席委员会会议,并制备委员会会议纪要。

(8) 调查委员会进行点名表决时,须由秘书逐一询问委员会各委员作何表决,并予以记录。

(9) 主席或主持会议的任何其他委员不得参与表决,但如其他委员赞成者及反对者数目相等,则在此情况下他须作决定性表决。

(2005 年第 214 号法律公告)

(10)(a) 调查委员会委员可提交报告供委员会研究。所有报告提交后,主席须从其本人所提交的报告开始,根据其他委员提交报告的次序,逐一提出各报告,直至调查委员会接纳其中一份作为讨论的基础为止。主席就报告所提出的待议议题,须为将主席(或……议员)的报告逐段二读,当该议题获得通过后,不得再就其他报告提出待议议题。但其他报告中的部分内容如与获接纳考虑的报告有关,可被用作为对该份获接纳的报告的修正案。

(b) 调查委员会须逐段研究该份被接纳的报告。在委员会完成逐段研究该报告后,主席须提出将该报告作为调查委员会提交立法会的报告的待决议题。

(11) 调查委员会的会议纪要,须记录委员会研究报告的全部过程。委员会如曾进行点名表决,会议纪要须予记录,并列出参与表决及放弃表决的委员的姓名。

(12) 调查委员会完成调查获交付的事宜后,须立即向立法会作出报告,而委员会须随即解散。调查委员会可借立法会通过决议恢复运作,以处理任何由有关议案再引起的事宜。

(13)除本议事规则另有规定外,调查委员会的行事方式及程序,由委员会自行决定。

(1999年第107号法律公告)

74. 议事规则委员会

(1)立法会设有一个名为议事规则委员会的委员会,负责检讨立法会的议事规则及委员会制度并因应需要向立法会作出修正或改变的建议。委员会可研究任何由立法会或其辖下委员会,或立法会主席交付,或由委员会本身成员提出的有关立法会行事方式及议事程序事宜。

(2)委员会由一名主席、副主席及10名委员组成,全部均须为立法会主席按内务委员会决定的选举程序任命的议员。立法会主席可应邀列席会议,就立法会行事方式及议事程序事宜提供意见。

(2005年第214号法律公告)

(2A)委员会的会议法定人数为主席加上3名委员。

(2005年第214号法律公告)

(2B)如主席及副主席暂时缺席,委员会可在其缺席期间另选一委员代行主席之职。

(2005年第214号法律公告)

(2C)所有在委员会内讨论的事宜,须以参与表决的委员赞成者及反对者的过半数决定。主席或主持会议的任何其他委员不得参与表决,但如其他委员赞成者及反对者数目相等,则在此情况下他须作决定性表决。

(2005年第214号法律公告)

(3)委员会须在主席决定的日期、时间及地点举行会议。会议的书面预告须在会议日期最少5整天前发给各委员,但主席可视个别情况指示给予较短时间的预告。

(4)委员会会议无须公开举行,但须不时向立法会报告其讨论结果及作出建议。

(5)(由2005年第214号法律公告废除)

(6)除本议事规则另有规定外,委员会的行事方式及程序,由委员会自行决定。

74A. 查阅立法机关文件及纪录事宜委员会

(1)立法会设有一个名为查阅立法机关文件及纪录事宜委员会的委员会,

负责——

(a)决定将某份立法机关(或其委员会)的文件或纪录在附表2的立法机关文件及纪录查阅政策(a)段所指明的封存期届满之前提早公开；

(b)制订实施该政策的指引；

(c)考虑任何就立法会秘书根据第6(5A)(b)条(立法会秘书的职责)拒绝提供该等文件或纪录而提出的反对；及

(d)考虑任何其他有关该政策或由该政策引起的事宜。

(2)委员会由以下委员组成——

(a)立法会主席，为委员会主席；

(b)立法会内务委员会主席，为委员会副主席；

(c)立法会内务委员会副主席；及

(d)不超过10名其他委员，按内务委员会所决定的方式在内务委员会会议上选出。

(3)获选委员的任期为1年，或直至下一次就委员会委员进行选举的内务委员会会议为止，以较早者为准。

(4)委员会的会议法定人数为主席加上3名委员。

(5)如主席及副主席暂时缺席，委员会可在其缺席期间另选一委员代行主席之职。

(6)所有在委员会内讨论的事宜，须以参与表决的委员赞成者及反对者的过半数决定。主席或主持会议的任何其他委员不得参与表决，但如其他委员赞成者及反对者数目相等，则在此情况下他须作决定性表决。

(7)委员会须在主席决定的日期、时间及地点举行会议。会议的书面预告须在会议日期最少3天前发给各委员，但主席可视个别情况指示给予较短时间的预告。

(8)委员会会议无须公开举行，但主席按照委员会的任何决定命令公开举行者除外。

(9)委员会主席可命令将任何须由委员会决定的事宜，借传阅文件方式交由各委员研究，而各委员亦可以书面向主席示明其批准。如过半数委员在主席为此目的而指定的限期届满前已示明其批准，同时在限期届满时并无委员以书面向主席表示反对，或要求将该事宜交由委员会开会决定，则该事宜须当作已获委员会批准。

(10)委员会在其认为适当的情况下，可向立法会提交报告。

(11) 除本议事规则另有规定外,委员会的行事方式及程序,由委员会自行决定。

(2014 年第 42 号法律公告)

75. 内务委员会

(1) 立法会设有一个名为内务委员会的委员会,委员为全体议员,但立法会主席除外。

(2) 委员会的正副主席须由委员会委员互选产生,任期直至下一会期的委员会正副主席在该下一会期分别选出为止;若下一会期的委员会正副主席选举是在下一会期开始前进行,现任正副主席的任期直至该下一会期开始为止。如主席及副主席暂时缺席,委员会可在其缺席期间另选一委员代行主席之职。

(2002 年第 126 号法律公告;2005 年第 177 号法律公告)

(2A) 立法会每届任期首个会期的委员会正副主席选举,须在委员会于该会期内举行的首次会议上进行;至于每届任期第二个或其后各个会期的正副主席选举,则可在该会期开始前举行的会议上进行。

(2002 年第 126 号法律公告)

(3) (由 1999 年第 107 号法律公告废除)

(4) 在法案已根据本议事规则第 54(4)条(二读)交付内务委员会后,委员会可于任何时间将该法案交付一法案委员会研究,或安排按委员会认为适当的其他方式研究该法案。

(5) 在决定将法案交付法案委员会的时间及次序时,委员会可考虑当时根据本议事规则第 54(4)条(二读)交付委员会的其他法案的数目及相对优先次序,并可随时更改有关任何法案的交付时间及次序的决定。

(6) 委员会将法案交付法案委员会及与该法案委员会磋商后,可决定该法案委员会须完成研究该法案的日期;委员会亦可随时在与该法案委员会磋商后,更改所决定的日期。

(7) 在法案交付法案委员会后,按照委员会所决定的程序规则(该等规则只可就议员示明加入法案委员会的方式及示明的时间作出规定)示明加入为委员的议员(立法会主席除外),即属该法案委员会的委员。

(8) 委员会可就法案委员会和根据第(12)款成立的小组委员会,以及根据本议事规则第 77 条(事务委员会)成立的事务委员会的行事方式及程序,提供指引。

(9) 委员会可讨论法案委员会的任何商议过程,以便协助委员为恢复立法会二读辩论而作好准备。

(10)委员会须决定下列事宜的研究方式——

(a)任何附属法例,不论该等附属法例是否受《释义及通则条例》(第1章)第34及35条的条文所规限;

(b)根据任何条例订立的任何其他文书;或

(c)(a)或(b)段提述的附属法例或文书的任何拟稿。

(2005年第214号法律公告)

(10A)在研究第(10)款所提述的附属法例及其他文书后,委员会可向立法会提交报告。(2009年第245号法律公告)

(11)委员会可按其认为适当的方式,研究与立法会事务有关的任何其他事项。

(12)委员会可委任小组委员会,以便协助委员会履行第(10)及(11)款所订的委员会职能。

(12A)委员会的会议法定人数为包括主席在内的20名委员。

(2005年第177号法律公告;2005年第214号法律公告)

(12AA)所有须由委员会或其辖下小组委员会决定的事宜,须以参与表决的委员赞成者及反对者的过半数决定。

(2005年第214号法律公告)

(12B)委员会或其辖下小组委员会(根据第(12)款委任以便协助委员会研究第(10)款提述的事宜的小组委员会除外)的主席或主持会议的任何其他委员不得参与表决,但如其他委员赞成者及反对者数目相等,则在此情况下他须作决定性表决。

(2005年第177号法律公告;2005年第214号法律公告)

(12C)根据第(12)款委任以便协助委员会研究第(10)款提述的事宜的小组委员会的主席或主持会议的任何其他委员享有原有表决权,而没有决定性表决权。

(2005年第177号法律公告;2005年第214号法律公告)

(12D)(由2005年第214号法律公告废除)

(12E)尽管有第(12B)及(12C)款的规定,主席或主持选举的委员(视属何情况而定)在委员会或其辖下小组委员会的主席或副主席选举中,同时享有原有表决权和决定性表决权。如在该选举中有两名或以上获提名的委员获得相同的最高有效票数,主席或主持选举的委员(视属何情况而定)须作决定性表决。

(2005年第177号法律公告;2005年第214号法律公告)

(13)委员会可将与立法会事务有关的任何政策事宜交由一个根据本议事规则第77条(事务委员会)成立的事务委员会研究,并可就研究该等事宜的职权范围咨询事务委员会,并作出建议,亦可要求及听取该事务委员会就有关事宜提交报告,以及视乎需要,再向立法会提交报告。

(14)委员会须在主席决定的日期、时间及地点举行会议,有关每次会议日期、时间及地点的书面预告,须在会议日期最少3天前发给各委员,但主席可视个别情况指示给予较短时间的预告。

(15)委员会会议须公开举行,但主席按照委员会的任何决定命令不公开举行者除外。

(16)(由2005年第177号法律公告废除)

(17)委员会主席可命令将任何须由委员会决定的事宜,借传阅文件方式交由各委员研究,而各委员亦可以书面向主席示明其批准。如过半数委员在主席为此目的而指定的限期届满前已示明其批准,同时在限期届满时并无委员以书面向主席表示反对,或要求将该事宜交由委员会开会决定,则该事宜须当作已获委员会批准。

(18)除本议事规则另有规定外,委员会及其辖下小组委员会的行事方式及程序,由委员会自行决定。

76. 法案委员会

(1)立法会设有名为法案委员会的委员会,其数目由内务委员会按情况决定。

(1A)法案委员会的委员为按照内务委员会决定的程序规则(该等规则只可就议员示明加入法案委员会的方式及示明的时间作出规定)示明加入法案委员会的议员(立法会主席除外)。

(1999年第107号法律公告)

(2)每个法案委员会的主席须由该委员会的委员互选产生;委员会亦可选出一名副主席。如主席或副主席暂时缺席,委员会可在其缺席期间另选一委员代行主席之职。

(3)每一法案委员会须由不少于3名委员组成,其中包括主席在内。每一法案委员会的会议法定人数为包括主席在内的3名委员,或委员人数的三分之一(整数后的分数不计),其中包括主席在内,两数中以较大者为准。

(4)法案委员会可委任小组委员会,以协助委员会履行其职能。

(5)法案委员会须在主席决定的日期、时间及地点举行会议;有关每次会议日期、时间及地点的书面预告,须在会议日期最少3天前发给各委员,但主席可视个别情况指示给予较短时间的预告。

(6)委员会会议须公开举行,但主席按照委员会的任何决定命令不公开举行者除外。

(7)法案委员会须研究所获交付法案的整体优劣、原则及详细条文,亦可研究与该法案有关的任何修正案。

(8)所有须由法案委员会或其辖下小组委员会决定的事宜,须以参与表决的委员赞成者及反对者的过半数决定。主席或主持会议的任何其他委员享有原有表决权,而没有决定性表决权。

(2005年第177号法律公告)

(8A)(由2005年第214号法律公告废除)

(8B)尽管有第(8)款的规定,主席或主持选举的委员(视属何情况而定)在法案委员会或其辖下小组委员会的主席或副主席选举中,除有权作原有表决外,亦有权作决定性表决。如在该选举中有两名或以上获提名的委员获得相同的最高有效票数,主席或主持选举的委员(视属何情况而定)须作决定性表决。

(2005年第177号法律公告;2005年第214号法律公告)

(9)法案委员会在完成研究所获交付的法案后,须尽快通知内务委员会及以书面知会该委员会其商议的结果,然后再向立法会作出报告。

(10)内务委员会可讨论法案委员会就某法案所进行商议的结果,以便向委员提供资料,为恢复该法案在立法会二读辩论而作好准备。法案委员会的商议结果无论在立法会、全体委员会或内务委员会中,对任何议员均无约束力。

(11)除本议事规则另有规定外,任何法案委员会及其辖下小组委员会的行事方式及程序,由该委员会自行决定。在作出任何此等决定时,法案委员会须考虑根据本议事规则第75(8)条(内务委员会)提供的指引。

77. 事务委员会

(1)立法会设有名为事务委员会的委员会,数目由内务委员会所认为是适当的而定及由立法会通过。

(2)事务委员会的职权范围由内务委员会建议,并由立法会通过。

(3)事务委员会须按其认为需要的程度,监察及研究由事务委员会委员或内务委员会建议其处理的政策事宜。

(4)事务委员会的委员为按照内务委员会决定的程序规则(该等规则只可就议员示明加入事务委员会的方式及示明的时间作出规定)示明加入事务委员会的议员(立法会主席除外)。

(5)事务委员会的主席须由该事务委员会的委员互选产生。事务委员会亦可选出一名副主席。如主席或副主席暂时缺席,事务委员会可在其缺席期间另选一委员代行主席之职。事务委员会正副主席的任期直至委员会在其获选后的下一会期选出正副主席为止。

(6)凡出任事务委员会认为与其职权范围直接相关的政府谘询团体的主席或副主席的议员,不得成为该事务委员会的正副主席。

(7)每一位议员均不得同时兼任多于一个事务委员会的主席或副主席职务。

(8)每一事务委员会须由不少于6名委员组成,其中包括主席在内。每一事务委员会的会议法定人数为包括主席在内的3名委员,或委员人数的三分之一(整数后的分数不计),其中包括主席在内,两数中以较大者为准。

(9)事务委员会如认为适当,可委任小组委员会研究特定事宜及向事务委员会作出报告。

(9A)两个或多个事务委员会如认为适当,可委任联合小组委员会,研究各有关事务委员会共同关注的任何事宜,并向该等事务委员会作出报告。(2005年第176号法律公告)

(10)事务委员会或其辖下小组委员会如认为适当,可与任何其他事务委员会或其辖下小组委员会举行联席会议,以研究共同关注的任何事宜。联席会议的会议法定人数为所有有关的事务委员会或小组委员会委员人数的三分之一(整数后的分数不计),包括主席在内。

(2005年第177号法律公告)

(11)事务委员会须在事务委员会主席决定的日期、时间及地点举行会议。有关每次会议日期、时间及地点的书面预告,须在会议日期最少3天前发给各委员,但主席可视个别情况指示给予较短时间的预告。

(12)会议须公开举行,但主席按照事务委员会的任何决定命令不公开举行者除外。

(13)所有须由事务委员会、根据第(9)款委任的小组委员会或根据第(9A)款委任的联合小组委员会决定的事宜,以及所有须由第(10)款提述的联席会议决定的事宜,须以参与表决的委员赞成者及反对者的过半数决定。主席或主持会议的任何其他委员享有原有表决权,而没有决定性表决权。此类表决的结果无论在立法会、全体委员会或内务委员会中,对任何议员均不具约束力。 (2005年第177号法律公告)

(13A)(由2005年第214号法律公告废除)

(13B)尽管有第(13)款的规定,事务委员会、根据第(9)款委任的小组委员会、根据第(9A)款委任的联合小组委员会,或第(10)款提述的联席会议的主席或主持选举的委员(视属何情况而定),在有关委员会或会议的主席或副主席选举中,除有权作原有表决外,亦有权作决定性表决。如在该选举中有两名或以上获提名的委员获得相同的最高有效票数,主席或主持选举的委员(视属何情况而定)须作决定性表决。

(2005年第177号法律公告;2005年第214号法律公告)

(14)事务委员会在其认为适当的情况下,可向立法会提交报告,但在会期内需最少报告一次。在内务委员会提出要求下,或由事务委员会采取主动,亦可就特定的有关事宜向内务委员会提交书面报告。

(15)除本议事规则另有规定外,事务委员会或其辖下小组委员会的行事方式及程序,由该事务委员会自行决定。除本议事规则另有规定外,由两个或多个事务委员会委任的联合小组委员会的行事方式及程序,由各有关事务委员会自行决定。在作出任何此等决定时,事务委员会或(在由两个或多个事务委员会委任联合小组委员会的情况下)各有关事务委员会须考虑根据本议事规则第75(8)条(内务委员会)提供的任何指引。(2005年第176号法律公告)

78. 专责委员会

(1)立法会可委任一个或多个专责委员会,以研究立法会交付该委员会的事宜或法案。 (1999年第107号法律公告)

(2)立法会主席须考虑内务委员会的建议,决定每个专责委员会的委员人数,并任命委员会的主席、副主席及委员。

(3)专责委员会的会议法定人数为委员人数(主席除外)的三分之一,整数后的分数不计。

(4)专责委员会完成研究交其处理的事宜或法案后,须立即向立法会作出报告,而委员会须随即解散。委员会如认为未能在任期完结前完成研究有关事宜或法案,须如实向立法会报告。

(1999年第107号法律公告)

(5)立法会辖下各专责委员会,须于立法会的每届任期完结时解散。

(1999年第107号法律公告)

79. 专责委员会的程序

(1)专责委员会只限于商议立法会所交付的事宜;为法案而成立的专责委员会,则只限于商议立法会所交付的法案及有关修正案。

(2)专责委员会须在委员会主席指定的日期、时间及地点举行会议。专责委员会的会议须公开举行,但主席根据委员会的任何决定命令不公开举行者除外。 (2006年第227号法律公告)

(3)如主席及副主席暂时缺席,委员会可在其缺席期间另选一委员代行主席之职。 (2005年第214号法律公告)

(4)根据本议事规则第6(7)条(立法会秘书的职责)获委任的委员会秘书,须列席委员会会议,并制备委员会会议纪要。

(5)专责委员会进行点名表决时,须由秘书逐一询问委员会各委员作何表决,并予以记录。

(6)主席或主持会议的任何其他委员不得参与表决,但如其他委员赞成者及反对者数目相等,则在此情况下他须作决定性表决。

(2005年第214号法律公告)

(7)(a)专责委员会委员可提交报告供委员会研究。所有报告提交后,主席须从其本人所提交的报告开始,根据其他委员提交报告的次序,逐一提出各报告,直至专责委员会接纳其中一份作为讨论的基础为止。主席就报告所提出的待议议题,须为将主席(或……议员)的报告逐段二读,当该议题获得通过后,不得再就其他报告提出待议议题。但其他报告中的部分内容如与获接纳考虑的报告有关,可被用作为对该份获接纳的报告的修正案。

(b)专责委员会须逐段研究该份被接纳的报告。本议事规则第58条(全体委员会处理法案的程序)的规定适用于此程序,一如该报告为法案,而该报告内的段落为法案的条文。

(c)专责委员会完成逐段研究该报告,并考虑所有建议的新段落后,主席须提出将该报告作为专责委员会提交立法会的报告的待决议题。

(8)专责委员会可对其认为适宜提请立法会注意的事宜,就该委员会的权力、职能及会议过程向立法会作出特别报告。

(9)专责委员会的会议纪要,须记录委员会研究报告或法案的全部过程,以及对该报告或法案所建议的每一项修正案。委员会如曾进行点名表决,会议纪要须予记录,并列出参与表决及放弃表决的委员的姓名。

(10)专责委员会主席须将报告或特别报告,附同委员会的会议纪要,如曾取得证据,亦须附同取证纪录,提交立法会省览。

79A. 行使委员会主席的表决权

(1)凡本部的规则规定,委员会的主席或主持会议的任何其他委员须作决定性表决,则主席或主持会议的委员就在委员会内讨论的事宜作决定性表决时(在主席或副主席选举中(视属何情况而定)作决定性表决除外),不得使待决议题获得过半数赞成票而得以通过。

(2)在委员会的主席或副主席选举中(视属何情况而定),如两名或以上获提名的委员获得相同的最高有效票数,则会就该等获提名的委员进行抽签,而主席或主持选举的委员(视属何情况而定)须按其抽签的结果作决定性表决。

(3)凡本部的规则规定,委员会的主席或主持会议的任何其他委员享有原有表决权,而主席或主持会议的委员如拟就在委员会内讨论的事宜行使其原有表决权,则该项表决权只可与该委员会其他委员的表决权同一时间行使,否则即视作放弃就有关事宜表决的权利。

(4)尽管有本议事规则第93(e)条(释义)中"委员会"的定义,在本条中,"委员会"包括本议事规则第77(10)条(事务委员会)提述的联席会议。

(2006年第227号法律公告)
(2005年第214号法律公告)

79B. 由委员会副主席决定委员会会议的日期、时间及地点

凡本部的规则规定,委员会须在委员会主席决定的日期、时间及地点举行会议,如有委员会委员要求举行会议讨论某项有迫切重要性的问题,而须交由主席考虑,但在该委员提出要求48小时内联络不到主席,以作此决定,则可由副主席(如有的话)作出决定,而副主席亦可按该规则的规定指示给予较短时间的会议预告。

(2006年第227号法律公告)

80. 证人的出席

(a)常设委员会在行使职权时,如有需要,可传召有关人士出席作证和提供证据;及(2009年第26号法律公告)

(b)内务委员会、法案委员会、事务委员会、专责委员会、调查委员会或任何其他委员会可获立法会授权,使其在行使职权时,如有需要,可传召有关人

士出席作证和提供证据,(1999年第107号法律公告;2009年第26号法律公告)

但行政长官可根据安全和重大公共利益的考虑,决定政府官员或其他负责政府公务的人员是否向立法会或其属下的委员会作证和提供证据。

81. 证据的过早发表

(1)在本议事规则第80条(证人的出席)提述的委员会将其报告提交立法会前,委员会委员或任何人士不得发表委员会所取得的证据或所收到的文件;但在公开会议中所取得的证据或所收到的文件除外。(1999年第107号法律公告)

(2)任何委员会委员如不遵从第(1)款的规定,可由立法会借训诫或谴责的议案加以处分。

N部
其他事宜

82. 议员以专业身份受聘

议员不得以专业身份代表某一方,或以其可借以收取费用或报酬的身份,列席立法会或任何委员会或小组委员会会议。

83. 个人利益的登记

(1)除按第(2)款的规定就个人利益作登记的目的外,每名议员不得迟于每届任期举行首次会议当天,以立法会主席批准的格式,向立法会秘书提供其须予登记的个人利益详情。

(1999年第107号法律公告)

(2)每名新任立法会议员,须在其为填补立法会议员空缺而成为立法会议员的日期起计14天内,以立法会主席批准的格式,向立法会秘书提供其须予登记的个人利益详情。

(3)每名议员须予登记的个人利益如有变更,该议员须在变更后14天内,以立法会主席批准的格式,向立法会秘书提供变更详情。

(4)立法会秘书须安排将该等详情登录于议员个人利益登记册内,而该登记册可供任何人士在办公时间内查阅。

(5)在本条中,"须予登记的个人利益"指——

(a)公共或私营公司的受薪董事职位,以及如有关公司有一间《公司条例》

(第622章)第13条所指的控权公司,亦包括该控权公司的名称;

(2006年第73号法律公告;2014年第1号法律公告)

(b)接受薪酬的僱佣关系、职位、行业、专业或职业;

(c)客户的姓名或名称,如以上所提述的个人利益包括议员向客户提供的个人服务,而该等个人服务是由于其立法会议员身份所引致或以任何方式与该身份有关者;

(d)(i)议员在其当选为立法会议员的选举中,以候选人身份或由任何人代表其收取的所有捐赠,而该等捐赠目的为支付该议员在该选举中的选举开支;或(1999年第107号法律公告)

(ii)作为立法会议员时,来自任何人士或组织的财政赞助,而提供详情时须说明该项赞助是否包括以直接或间接方式付予该议员或其配偶的款项,或给予该议员或其配偶的实惠或实利;

(1999年第107号法律公告)

(e)议员或其配偶由于与其立法会议员身份有关或由该身份引致的海外访问,而该次访问的费用并非全数由该议员或公费支付;

(f)议员或其配偶因其议员身份从:

(i)香港以外的政府或组织;或

(ii)非香港永久性居民的人士所收受或代表上述政府、组织或人士所收受的款项、实惠或实利;

(g)土地及物业;

(h)公司或其他团体的名称,如据议员所知,其本人,或连同其配偶或未成年子女,或代表其配偶或未成年子女持有该公司或团体的股份的实益权益,而该等股份的数目超过该公司或团体已发行股份总数的百分之一者。(2014年第1号法律公告)

83A. 个人金钱利益的披露

在立法会或任何委员会或小组委员会会议上,议员不得就其有直接或间接金钱利益的事宜动议任何议案或修正案,或就该事宜发言,除非该议员披露有关利益的性质。

(2002年第126号法律公告)

83AA. 申请发还工作开支或申请预支营运资金

议员根据《立法会议员申请发还工作开支的指引》申请发还工作开支或申

请预支营运资金,或就与此有关的目的行事时,必须——

(a)确保提供或作出的任何资料、申报/声明或证明是真实、准确及详尽的;及

(b)依照他已作出的任何承诺行事。

(2006 年第 174 号法律公告)

84. 在有直接金钱利益的情况下表决或退席

(1)在立法会或任何委员会或小组委员会会议上,议员不得就其有直接金钱利益的任何议题表决,除非该议员的利益属香港全体或某部分市民同样享有,又或议员所表决的事宜是政府政策。

(2002 年第 126 号法律公告)

(1A)在立法会或全体委员会会议上,就表决的议题有直接金钱利益的议员须在该议题进行表决时退席,除非该议员的利益属香港全体或某部分市民同样享有,又或议员所表决的事宜是政府政策。

(2002 年第 126 号法律公告)

(2)(由 2002 年第 126 号法律公告废除)

(3)(由 2002 年第 126 号法律公告废除)

(3A)以某议员不按照第(1A)款的规定退席为理由而著其退席的议案,可无经预告由任何议员在立法会主席或全体委员会主席提出原议案的待决议题后,及在议员进行表决前动议。

(1999 年第 107 号法律公告;2002 年第 126 号法律公告)

(4)以某议员有第(1)款所述的直接金钱利益为理由将其表决作废的议案,可无经预告由任何议员在立法会主席、全体委员会主席、委员会主席或小组委员会主席说出按其判断原议案是否获得所需的过半数票后,立即动议;如有命令进行点名表决,有关议案可在立法会主席、全体委员会主席、委员会主席或小组委员会主席说出点名表决所记录的有关议员数目后,立即动议。
(1999 年第 107 号法律公告)

(5)立法会主席、全体委员会主席、委员会主席或小组委员会主席有权酌情决定是否就根据第(3A)或(4)款提出的议案提出待议议题;运用该酌情权时,须考虑所表决事宜的性质,以及因其在席或表决受质疑的议员在该事宜上的利益是否属于直接的金钱利益,而非属香港全体或某部分市民同样享有的利益,并须考虑所表决的事宜是否政府政策。 (1999 年第 107 号法律公告)

(5A)某议员须退席的待议议题提出后,该议员可在立法会或全体委员会

会议上在其席位发言解释,但随后须于就该议题进行表决时退席。如议案获得通过,则在立法会或全体委员会将原议题提出待决及进行表决时,该议员须退席或继续退席。

(1999 年第 107 号法律公告)

(6)将某议员的表决作废的待议议题提出后,该议员可在立法会、全体委员会、委员会或小组委员会会议上在其原位发言解释,但随后须于就该议题进行表决时退席。如议案获得通过,立法会主席、全体委员会主席、委员会主席或小组委员会主席须重新说出按其判断原议题是否获得所需的过半数票;如为点名表决,立法会主席、全体委员会主席、委员会主席或小组委员会主席须指示立法会秘书、委员会秘书或小组委员会秘书据此将原来的点名表决赞成者及反对者数目更改;如属立法会或全体委员会的会议,亦一并更改有关议员在席的影响。

(1999 年第 107 号法律公告)

(7)(由 1999 年第 107 号法律公告废除)

85. 与个人利益、工作开支或营运资金有关的处分

任何议员如不遵从本议事规则第 83 条(个人利益的登记)、第 83A 条(个人金钱利益的披露)、第 83AA 条(申请发还工作开支或申请预支营运资金)或第 84(1)或(1A)条(在有直接金钱利益的情况下表决或退席),可由立法会借训诫或谴责,或暂停职务或权利的议案加以处分。

(2002 年第 126 号法律公告;2006 年第 174 号法律公告)

86. 准许新闻界及公众人士进入会场

在符合立法会主席不时订定的规则下,新闻界及公众人士得准进入立法会旁听立法会的会议,而立法会秘书须确保该等规则得以遵从。

87. 行为不检

立法会主席、全体委员会主席、委员会主席或小组委员会主席可命令将任何行为不检或看来相当可能有不检行为的新闻界或公众人士驱离会场。

88. 新闻界及公众人士离场

(1)在立法会、全体委员会、委员会或小组委员会会议上,议员可随时无经预告而起立动议新闻界及公众人士离场,并指明新闻界及公众人士离场适用于当天会议的馀下程序,抑或只于审议某些事项的一段时间。议案一经动议,立法会主席、全体委员会主席、委员会主席或小组委员会主席随即须提出该待议议题,而立法会、全体委员会、委员会或小组委员会须先行处理该议题,然后

继续处理该议案动议时立法会、全体委员会、委员会或小组委员会当前的事项。

(2)立法会主席或全体委员会主席可随时命令新闻界及公众人士离场,并命令将会议厅各门关闭。

(3)当立法会、全体委员会、委员会或小组委员会,或立法会主席或全体委员会主席根据第(1)及(2)款作出命令时,新闻界及公众人士须立即离开会议厅或委员会或小组委员会正举行会议的委员会会议室,而立法会秘书或委员会秘书须确保此项命令得以遵从。

89. 就议员出席民事法律程序担任证人一事取得许可的程序

(1)为取得根据《立法局(权力及特权)条例》(第382章)第6(2)条所需的立法会许可,以要求某议员在立法会举行会议当天出席民事法律程序为证人,要求该议员在该天出席的法律程序当事人不得迟于该天之前21天向立法会秘书书面陈述其请求及说明要求该议员在该天出席的理由。

(2)许可的请求须由立法会秘书在收到后列入下次会议的议程内;除非立法会借任何议员在该次会议动议的一项可无经预告的议案,决定拒绝给予许可,否则立法会须当作已命令给予许可。

(3)立法会秘书须以书面将立法会的决定通知该要求许可的当事人及有关的议员。

90. 就立法会会议程序提供证据一事取得许可的程序

(1)为取得根据《立法局(权力及特权)条例》(第382章)第7条所需的立法会许可,以就会议纪要、作证纪录或提交立法会、委员会或小组委员会会议席上省览的任何文件的内容,或就立法会、委员会或小组委员会的任何会议或审查程序,在立法会以外的地方提供证据,要求该许可的人须向立法会秘书书面陈述其请求及说明其理由,并须提供立法会秘书在个别情况下按立法会主席的指示所进一步要求的资料。

(2)许可的请求须列入立法会主席所指定会议的议程内;除非立法会借任何议员在该次会议动议的一项可无经预告的议案,决定拒绝给予许可,否则立法会须当作已命令给予许可。

(3)立法会秘书须以书面将立法会的决定通知该要求许可的人。

(4)凡有人在立法会休假、休会待续或解散期间,向立法会要求取得第(1)款所述的许可,可由立法会主席给予,如立法会主席不能执行主席职务,则可由主持立法会会议的议员给予许可。

91. 议事规则的暂停执行

具有暂停执行某条议事规则的目的或效力的议案,除非事前已作预告,或经立法会主席同意,否则不得动议。

92. 议事规则未有规定的程序

对于本议事规则内未有作出规定的事宜,立法会所须遵循的方式及程序由立法会主席决定;如立法会主席认为适合,可参照其他立法机关的惯例及程序处理。

93. 释义

在本议事规则内,除文意另有所指外——

(a)"《基本法》"指《中华人民共和国香港特别行政区基本法》;

(b)"整天"一词不包括作出预告当天、举行有关会议当天及有关期间内的公众假期;

(c)"获委派官员"指根据《基本法》第六十二(六)条获香港特别行政区政府委派的官员;

(d)"立法会秘书"指根据《立法会行政管理委员会条例》(第443章)第15(1)条委任的立法会秘书处秘书长,并包括立法会秘书处副秘书长及任何助理秘书长;

(e)"委员会"指立法会的常设委员会或专责委员会或任何其他委员会,或该等委员会辖下的小组委员会,包括根据本议事规则第77(9A)条(事务委员会)委任的联合小组委员会;及(2006年第227号法律公告)

(f)"印载"的提述,包括所有借机械、电力、电子及摄影将文字复制的方法的提述。

附表1 [本议事规则第4条]
选举立法会主席的程序

立法会主席的选举须在立法会会议上进行。

提名

2. 立法会秘书须于选举日至少7整天前邀请议员提名立法会主席一职的人选,并将**附件I**的提名表格分发给各议员。

3. 立法会主席的提名表格须由一名作为提名人的议员,以及另外至少3

名作为附议人的议员签署。获提名的议员须在表格上签署以示接受提名。表格填妥后,须在选举日至少 4 整天前送达立法会秘书办事处。

4. 任何议员无论属于被提名人、提名人或附议人的身份,其姓名均不得出现在多于一张提名表格之上。如某议员的姓名出现在多于一张提名表格之上(不论是被提名人、提名人或附议人的身份),则只有立法会秘书办事处接获的首张提名表格方为有效,立法会秘书须随即把失效的表格送回提名人。

5. 截止提名后,立法会秘书须拟备一份名单,按其办事处接获提名表格的先后次序列出所有候选人的姓名,并于选举日至少两整天前将名单分发给所有立法会议员。

选举

6. 出席会议的议员中根据本议事规则第 1A 条而定为连续担任议员时间最长者,须主持立法会主席的选举。

7. 如根据上文第 6 段连续担任议员时间最长的该名议员获提名候选立法会主席一职,则未获提名为候选人的议员中排名最先者,须主持选举。

8. 主持选举的议员就位后,随即进行立法会主席的选举。主持选举的议员须宣布立法会秘书办事处接获的全部有效提名。

9. 如立法会主席一职只有一项有效提名,则主持选举的议员须如是宣布,并宣布该名候选人当选。

10. 如有两项或更多的有效提名,则主持选举的议员须命令以不记名的方式进行投票,并指示立法会秘书发给每名出席会议的议员一张选票,选票的格式如**附件 II** 所示。所有候选人的姓名须按立法会秘书办事处接获提名的先后次序,列于选票上。

11. 出席会议并有意投票的议员只须在选票上其属意的候选人姓名旁边的空格内划上"✓"号,并将选票放进投票箱。任何未划上"✓"号、未妥为划上"✓"号或划有多于一个"✓"号的选票,将会作废。

12. 所有出席会议并有意投票的议员投票后,立法会秘书须在全体出席会议的议员面前点算选票,并向主持选举的议员报告点票结果;该名主持选举的议员须核对点票结果,予以确认。

13. 主持选举的议员须宣布各候选人之中获最高票数的一名候选人当选为立法会主席。

14. 如两名或以上候选人获相同最高票数,则主持选举的议员须命令在同一次会议上,按上文第 10 至 13 段所规定的方法,对该等获相同最高票数的候选人进行第二轮投票。

15. 如在第二轮投票中未有一名候选人获得的票数较其他任何候选人为高,则主持选举的议员须宣布其将以抽签方式决定其中一名候选人当选为立法会主席。

16. 主持选举的议员将随即进行抽签,并按结果随即宣布该名候选人当选为立法会主席。

17. 随后,主持选举的议员须让位予立法会主席。立法会主席可向立法会陈词,然后视乎情况,著手处理会议事项、宣布休会待续、或暂停举行会议。

(1999 年第 107 号法律公告;2014 年第 42 号法律公告)

附件 I
致:立法会秘书

立法会主席选举
提名表格

1. 本人谨按照《议事规则》附表 1 所规定的立法会主席选举程序,提名议员于(日期)起为立法会主席。

	姓 名	签 署
提名的议员	_____	_____
附议的议员	_____	_____
(最少 3 名)	_____	_____
	_____	_____
	_____	_____
	_____	_____
	_____	_____
	_____	_____
	_____	_____

日期:_____

2. 本人谨此接受提名。

	姓　名	签　署
获提名的议员	_____	_____
日期：	_____	

(2014 年第 42 号法律公告)

附件 II

立法会主席选举
选票

选举日期：_____

只可选一名候选人

请在属意的候选人姓名旁边的空格内划上"√"号

候选人姓名

1		
2		
3		
4		
5		

注：如候选人的数目少于或多于 5 名，则选票的最终格式会作相应修改。

附表 2　［本议事规则第 6 及 74A 条］
立法机关文件及纪录查阅政策

由立法会秘书处保管的立法机关(及其委员会)的文件及纪录可供查阅，但须符合下述情况——

(a) 如立法机关(或其委员会)认为，其任何文件或纪录不应供予查阅，或订明不应在某段期限内提供其任何文件或纪录供予查阅，则有关文件或纪录

不可供予查阅,直至该订明期限届满或有关的文件或纪录已存在50年(以较短者为准);

(b)经覆检后,任何该等文件或纪录可在上文(a)段所指明的适用封存期届满前,供予查阅;

(c)可在任何时间提供立法机关(或其委员会)的任何其他文件或纪录以供查阅,但若有关文件或纪录已存在20年,便必须供予查阅;及(d)法律禁止披露的任何文件或纪录或其部分,不得供予查阅。

(2014年第42号法律公告)

议事规则订立及作出修订的日期一览表

条次	每条规则订立的日期	每条规则作出修订的日期
1	1998年7月2日	
1A	1999年4月28日	
2	1998年7月2日	
3	1998年7月2日	
4	1998年7月2日	(1)2014年3月21日
5	1998年7月2日	
6	(1)至(8)1998年7月2日 (5A)2014年3月21日	
7	1998年7月2日	
8	1998年7月2日	
9	1998年7月2日	
10	(1)至(3)1998年7月2日	(2)2005年11月23日
11	1998年7月2日	
12	1998年7月2日	
13	(1)至(3)1998年7月2日 (1A)1999年4月28日 (4)2000年4月5日	(1)及(3)2000年4月5日
14	1998年7月2日	
15	1998年7月2日	
16	(1)至(7)1998年7月2日	(6)及(7)2008年6月4日

续表

条次	每条规则订立的日期	每条规则作出修订的日期
17	1998年7月2日	(3)2014年10月31日
18	1998年7月2日 (1)(ja)及(jb) 2009年12月4日	(1)(j)及(1)(l)2009年12月4日
19	1998年7月2日	
20	1998年7月2日	
21	(1)至(6)1998年7月2日 (4A)2005年5月4日 (7)2009年12月4日	(3)、(4)及(6)2005年5月4日 (5)2009年6月12日 (3)及(5)2009年12月4日
22	1998年7月2日	
23	(1)至(4)1998年7月2日	(1)及(2)2013年3月22日 (3)2000年6月22日
24	(1)至(4)1998年7月2日 (3A)及(5)2006年1月11日	(3)2006年1月11日
25	(1)及(2)1998年7月2日 (3)2000年6月22日	(1)2000年6月22日
26	(1)至(8)1998年7月2日 (6A)及(6B)2006年1月11日	(6)及(8)2006年1月11日
27	1998年7月2日	
28	(1)及(2)1998年7月2日	(2)2008年2月20日
28A	1998年9月9日	
29	1998年7月2日	(2)、(3)及(5)2009年6月12日
30	(1)至(3)1998年7月2日 (1A)1999年4月28日 (4)2000年6月22日	
31	(1)1998年7月2日 (2)2000年6月22日	(1)1999年4月28日(只修订中文本) 及2000年6月22日
32	(1)1998年7月2日 (2)1998年9月9日	(1)1998年9月9日

附录1

续表

条次	每条规则订立的日期	每条规则作出修订的日期
33	(1)至(4)1998年7月2日 (3A)、(5)及(6) 2000年4月5日 (3B)2007年7月11日 (2A)、(3AA)及(3C)2009年12月4日	(4)2000年4月5日 (3A)2007年7月11日 (3A)、(3B)及(4)2009年12月4日
34	(1)至(6)1998年7月2日 (5A)及(7)2000年4月5日	(6)2000年4月5日
35	(1)及(2)1998年7月2日	(1)2000年6月22日
36	(1)至(6)1998年7月2日	(3)及(4)1999年4月28日 (1)1998年9月9日及2000年4月5日
37	(1)至(3)1998年7月2日	
38	(1)至(7)1998年7月2日 (8)2000年4月5日 (1)(fa)2009年12月4日	(1)、(4)、(6)及(7)2000年4月5日
39	1998年7月2日	
40	(1)至(8)1998年7月2日 (6A)1999年4月28日	(6)1999年4月28日
41	(1)至(8)1998年7月2日	(7)1998年9月9日
42	1998年7月2日	
43	1998年7月2日	
44	1998年7月2日	2011年5月13日
45	1998年7月2日	(2)2011年5月13日
46	(1)及(2)1998年7月2日 (3)1998年9月9日 (4)1999年4月28日	(1)1998年9月9日、1999年4月28日及2005年12月14日 (2)1998年9月9日及2004年10月13日
47	(1)及(2)1998年7月2日	(1)1998年9月9日 (2)1998年9月9日及1999年4月28日
48	1998年7月2日	

续表

条次	每条规则订立的日期	每条规则作出修订的日期
49	(1)至(7)1998年7月2日 (8)1999年4月28日	(1)及(2)1999年4月28日 (4)2010年7月2日 (6)2009年6月12日及 　　2010年7月2日(只修订英文本)
49A	1998年9月9日	
49B	(1)至(4)1998年9月9日 (1A)及(2A)1999年4月28日	(2)、(3)及(4)1999年4月28日
49C	2009年12月4日	
49D	2009年12月4日	
49E	2009年12月4日	
50	1998年7月2日	(8)2001年7月12日
51	(1)至(9)1998年7月2日 (7A)2000年6月22日	(3)1999年4月28日(只修订中文本) (4)1999年4月28日 (6)2001年7月12日 (7)2000年6月22日
52	1998年7月2日	
53	1998年7月2日	
54	(1)至(8)1998年7月2日 (5A)2003年5月7日	(7)2005年5月4日
55	1998年7月2日	
56	1998年7月2日	
57	1998年7月2日	(6)1999年4月28日(只修订中文本)
58	1998年7月2日	(2)2011年4月1日
59	1998年7月2日	
60	1998年7月2日	
61	(1)至(5)1998年7月2日	(5)2000年6月22日
62	1998年7月2日	
63	1998年7月2日	

续表

条次	每条规则订立的日期	每条规则作出修订的日期
64	(1)1998年7月2日 (2)及(3)2005年5月4日	(1)2005年5月4日
65	1998年7月2日	
66	(1)至(10)1998年7月2日	(6)2000年6月22日
67	1998年7月2日	
68	1998年7月2日	
69	1998年7月2日	
70	1998年7月2日	
71	(1)至(13)1998年7月2日 (2A)2002年7月3日 (5A)至(5C)2005年11月23日	(2)2002年7月3日及2005年11月23日 (3)1999年4月28日 (8)2005年11月23日
72	(1)至(11)1998年7月2日 (3A)至(3C)2005年11月23日	(3)及(7)2005年11月23日
73	(1)至(7)1998年7月2日 (1A)2006年7月5日 (2A)至(2C)2005年11月23日	(1)2006年7月5日 (1)(d)2009年6月12日(只修订中文本) (2)及(5)2005年11月23日
73A	(1)至(13)1999年4月28日	(6)2005年11月23日(只修订英文本) (9)2005年11月23日
74	(1)至(6)1998年7月2日 (2A)至(2C)2005年11月23日	(2)及(5)2005年11月23日
74A	2014年3月21日	
75	(1)至(18)1998年7月2日 (2A)2002年7月3日 (12A)至(12E)2005年10月19日 (12AA)2005年11月23日 (10A)2009年12月4日	(2)2002年7月3日及2005年10月19日 (3)1999年4月28日 (10)及(12A)至(12E)2005年11月23日 (16)2005年10月19日

续表

条次	每条规则订立的日期	每条规则作出修订的日期
76	(1)至(11)1998年7月2日 (1A)1999年4月28日 (8A)及(8B)2005年10月19日	(8)2005年10月19日 (8A)及(8B)2005年11月23日
77	(1)至(15)1998年7月2日 (9A)、(13A)及(13B) 2005年10月19日	(10)、(13)及(15)2005年10月19日 (5)2005年11月23日(只修订英文本) (13A)及(13B)2005年11月23日
78	(1)至(5)1998年7月2日	(1)、(4)及(5)1999年4月28日
79	(1)至(10)1998年7月2日	(2)2006年10月19日(只修订英文本) (3)2005年11月23日(只修订英文本) (6)2005年11月23日
79A	(1)至(4)2005年11月23日	(4)2006年10月19日
79B	2006年10月19日	
80	1998年7月2日	1999年4月28日 2009年2月11日
81	(1)及(2)1998年7月2日	(1)1999年4月28日
82	1998年7月2日	
83	(1)至(5)1998年7月2日	(1)1999年4月28日 (5)1999年4月28日、2006年4月26日及2014年3月3日
83A	2002年7月3日	
83AA	2006年7月5日	
84	(1)至(7)1998年7月2日 (1A)2002年7月3日 (3A)及(5A)1999年4月28日	(1)、(3)1999年4月28日及2002年7月3日 (2)、(3A)2002年7月3日 (4)、(5)、(6)及(7)1999年4月28日
85	1998年7月2日	2002年7月3日 2006年7月5日
86	1998年7月2日	
87	1998年7月2日	

续表

条次	每条规则订立的日期	每条规则作出修订的日期
88	1998 年 7 月 2 日	
89	1998 年 7 月 2 日	
90	1998 年 7 月 2 日	
91	1998 年 7 月 2 日	
92	1998 年 7 月 2 日	
93	1998 年 7 月 2 日	2006 年 10 月 19 日
附表 1	1998 年 7 月 2 日	1999 年 4 月 28 日 2014 年 3 月 21 日
附表 2	2014 年 3 月 21 日	

附录 2

立法会（权力及特权）条例

章：	382	《立法会（权力及特权）条例》	宪报编号	版本日期
		详题	71 of 2000	01/07/1997

附注：

具追溯力的适应化修订—见 2000 年第 71 号第 3 条

本条例旨在公布和界定立法会与其议员及人员、行政长官与行政长官就有关立法会会议及其委员会会议的出席而指定的公职人员的某些权力、特权及豁免权；确保立法会内言论自由；就进入立法会会议厅范围及在其内的行为等事作出规限；对于在立法会或其委员会的会议程序中作证事订定条文，并就此等程序及有关事项订定罪行；以及为其他附带或相关的目的订定条文。

(1985 年制定。由 1994 年第 11 号第 2 条修订；由 2000 年第 71 号第 3 条修订)

[1985 年 7 月 26 日] 1985 年第 215 号法律公告

(本为 1985 年第 35 号)

部：	I	导言	71 of 2000	01/07/1997

(1985 年制定)

条：	1	简称	71 of 2000	01/07/1997

附注：

具追溯力的适应化修订—见 2000 年第 71 号第 3 条

本条例可引称为《立法会（权力及特权）条例》。

(1985 年制定。由 2000 年第 71 号第 3 条修订)

条：	2	释义	23 of 2002	19/07/2002

(1) 在本条例中，除文意另有所指外—

"立法会人员"(officer of the Council)指秘书或根据主席的命令在会议厅范围内行事的任何其他人员或人士,包括在会议厅范围内当值的任何警务人员;(由 2000 年第 71 号第 3 条修订)

"主席"(President)指立法会主席,包括正在主持立法会会议时的任何其他立法会议员;(由 2000 年第 71 号第 3 条修订)

"委员会"(committee)指—

(a)立法会的任何常设委员会、专责委员会或其他委员会;(由 2000 年第 71 号第 3 条修订;由 2002 年第 23 号第 126 条修订)

(b)(a)段所提述的任何委员会的小组委员会;(由 1994 年第 11 号第 3 条代替)"秘书"(Clerk)指立法会秘书或任何以其代理身分行事的人;(由 1994 年第 11 号第 3 条代替。由 2000 年第 71 号第 3 条修订)

"会议厅"(Chamber)指立法会进行会议程序的会议厅,以及其内为公众人士与报界、电视台及电台的代表而提供的任何旁听席及地方,包括为与立法会会议程序有关的用途而专用的任何大堂、办事处或其他范围;(由 2000 年第 71 号第 3 条修订)

"会议厅范围"(precincts of the Chamber)指会议厅及立法会办事处及毗邻的旁听席以及供公众人士与报界、电视台及电台的代表使用或用以容纳他们的地方,而除主席根据第(2)款作出例外规定者外,在立法会或任何委员会举行会议当日全部时间,此词亦包括会议厅所座落的整座建筑物,以及为立法会而使用或提供的任何与该建筑物毗邻或属于它的前院、庭院、花园、围场或空地;(由 1994 年第 11 号第 3 条修订;由 2000 年第 71 号第 3 条修订)

"议事规则"(Rules of Procedure)指当其时有效的立法会议事规则;(由 2000 年第 71 号第 3 条增补)

"议事录"(journals)指立法会会议纪要或立法会表决及会议程序的正式纪录;(由 2000 年第 71 号第 3 条修订;由 2002 年第 23 号第 126 条修订)

"议员"(member)指立法会议员。(由 2000 年第 71 号第 3 条修订)

(1A)就第(1)款中"委员会"的定义而言,凡对立法会任何其他委员会的提述,须解释为包括一个纯粹由议员组成的事务委员会,而该定义(b)段亦须据此解释和具有效力。(由 1994 年第 11 号第 3 条增补。由 2000 年第 71 号第 3 条修订;由 2002 年第 23 号第 126 条修订)

(2)主席可借宪报公告,命令将第(1)款"会议厅范围"定义内所提述的建筑物、前院、庭院、花园、围场或空地的任何部分,不包括在该定义内;此举可以为一般目的,或为某一特定目的,可以是临时性,亦可以是永久性的。

(1985年制定。由2000年第71号第3条修订)

| 部: | II | 特权及豁免权 | 71 of 2000 | 01/07/1997 |

(1985年制定)

| 条: | 3 | 言论及辩论的自由 | 71 of 2000 | 01/07/1997 |

附注:

具追溯力的适应化修订—见2000年第71号第3条

在立法会内及委员会会议程序中有言论及辩论的自由,而此种言论及辩论的自由,不得在任何法院或立法会外的任何地方受到质疑。

(1985年制定。由2000年第71号第3条修订)

| 条: | 4 | 有关法律程序的豁免权 | 71 of 2000 | 01/07/1997 |

附注:

具追溯力的适应化修订—见2000年第71号第3条

不得因任何议员曾在立法会或任何委员会席前发表言论,或在提交立法会或委员会的报告书中发表的言论,或因他曾以呈请书、条例草案、决议、动议或其他方式提出的事项而对他提起民事或刑事法律程序。

(1985年制定。由2000年第71号第3条修订)

| 条: | 5 | 免遭逮捕 | 71 of 2000 | 01/07/1997 |

附注:

具追溯力的适应化修订—见2000年第71号第3条

任何议员—

(a) 在前往立法会或任何委员会会议途中,在出席会议或会议后回程中,可免因民事债项(如订约承担则构成刑事罪行的债项除外)而遭逮捕;

(b) 在出席立法会或任何委员会会议时,可免因刑事罪行而遭逮捕。

(1985年制定。由2000年第71号第3条修订)

| 条: | 6 | 民事法律程序文件的送达及豁免 | 71 of 2000 | 01/07/1997 |

附注:

具追溯力的适应化修订—见2000年第71号第3条

(1) 立法会举行会议时,不得在会议厅范围内送达或执行由香港或其他地方的法院行使其民事司法管辖权而发出的法律程序文件,亦不得经由主席或任何立法会人员送达或执行任何此等文件,但如该法律程序文件是与受僱于会议厅范围内的人有关的,则不在此限。

(2) 除按照议事规则获立法会许可外,议员、行政长官或由行政长官为有关立法会会议的出席而指定的任何公职人员(获如此指定时),在立法会举行会议之日,无须在任何民事法律程序中列席作为证人。(由1994年第11号第4条修订)

(3) 议员按照《陪审团条例》(第3章)第5条,须获豁免出任陪审员。

(1985年制定。由2000年第71号第3条修订)

| 条: | 7 | 未经许可不得就立法会或任何委员会的会议程序作证 | 23 of 2002 | 19/07/2002 |

(1) 如未经立法会特别许可,任何议员或立法会人员,以及受僱在立法会或任何委员会会议席上录取会议纪要或保存证据纪录的人,不得就上述会议纪要或证据纪录的内容、或就提交立法会或任何委员会的文件内容(视属何情况而定)、或就立法会或任何委员会所进行的会议程序或讯问(视属何情况而定),在其他地方作证。

(2) 在立法会休假或休会待续期间,第(1)款所提述的特别许可,可由主席给予;如主席因不在香港或丧失履行职务能力以致不能行事者,则可按照议事规则给予。(由2002年第23号第126条修订)

(1985年制定。由2000年第71号第3条修订)

| 条: | 8 | 对进入会议厅范围的规限 | 71 of 2000 | 01/07/1997 |

附注:
具追溯力的适应化修订—见2000年第71号第3条

(1) 除本条另有规定外,立法会会议须公开举行。

(2) 除议员或立法会人员外,任何人进入或逗留在会议厅范围内的权利,须受议事规则或立法会所通过用以限制或禁止享有此项权利的决议所规限。

(3) 为维持会议厅范围的保安、确保在其内的人举止行为恰当、以及为其他行政上的目的,主席可不时发出他认为必要或适宜的行政指令,以规限非议员或非立法会人员的人进入会议厅及会议厅范围内,并规限上述的人在其内的行为。

(4) 主席根据第(3)款发出的行政指令,其副本须由秘书妥为认证,并在会议厅范围内显眼处予以展示;凡如此认证和展示该等副本,即当作为已给予所有受该行政指令影响的人充分通知。

(1985 年制定。由 2000 年第 71 号第 3 条修订)

| 条: | 8A | 特权及豁免权的延伸 | 71 of 2000 | 01/07/1997 |

附注:
具追溯力的适应化修订—见 2000 年第 71 号第 3 条

(1) 第(2)款指明的人,在该款所描述的有关情况下,享有第 3、4 或 5 条所提供的或授予议员的相同特权及豁免权。

(2) 第(1)款所提述的人士及情况为—
(a) 行政长官在出席立法会或委员会会议时;及
(b) 由行政长官为立法会或任何委员会会议的出席而指定的公职人员,在获如此指定和出席任何该等会议时。(由 2000 年第 71 号第 3 条修订)

(由 1994 年第 11 号第 5 条增补)

| 部: | III | 证据 | 71 of 2000 | 01/07/1997 |

(1985 年制定)

条: 9 命令证人列席的权力 23 of 2002 19/07/2002(1) 除第 13 及 14 条另有规定外,立法会或其常设委员会可命令任何人到立法会或该委员会席前,作证或出示其所管有或控制的任何文据、簿册、纪录或文件。

(2) 第(1)款授予常设委员会的权力,可由任何其他委员会行使,但该委员会须为立法会借决议特别授权就决议中指明的任何事项或问题而行使上述权力者。

(1985 年制定。由 2000 年第 71 号第 3 条修订;由 2002 年第 23 号第 126 条修订)

| 条: | 10 | 以传票通知列席 | 71 of 2000 | 01/07/1997 |

附注:
具追溯力的适应化修订—见 2000 年第 71 号第 3 条

(1) 凡任何人被合法地命令在立法会或任何委员会席前作证或出示文件，须由秘书以按照主席的指示亲自签发的传票通知该人。

(2) 根据第(1)款发给任何人的每份传票，须述明该人的姓名及须列席的时间地点，以及该人须出示的指定文件（如有的话）；该传票须送达该人，送达的方式是将一份传票交付该人，或将一份传票留交该人在香港的惯常或最后为人所知的居住地方的一名成年人。

(3) 根据本条发出的传票，可由立法会人员、警务人员或任何公职人员送达。

(1985年制定。由2000年第71号第3条修订)

| 条： | 11 | 可讯问经宣誓的证人 | 71 of 2000 | 01/07/1997 |

附注：
具追溯力的适应化修订—见2000年第71号第3条

(1) 立法会或任何委员会可就与立法会或该委员会的研讯主题有关的事实、事项及事物，规定予以核实或以口头讯问证人的方式予以确定，并可安排此等证人在宣誓后接受讯问。

(2) 根据本条须作出的宣誓，可由秘书或由立法会为此目的而委任的任何其他人监誓；如证人在任何委员会的席前，则由该委员会的主席监誓，或由在该委员会的主席缺席时主持会议的议员监誓。

(1985年制定。由2000年第71号第3条修订)

| 条： | 12 | 发出手令强迫列席的权力 | 71 of 2000 | 01/07/1997 |

附注：
具追溯力的适应化修订—见2000年第71号第3条

(1) 凡根据第10条向任何人发出传票后，该人如不依照传票内述明的时间地点到立法会或委员会席前，而主席信纳传票已妥为送达或该人是故意逃避送达的，则可指示秘书按订明的格式发出手令，以拘捕该人及将他在手令内述明的时间地点带到立法会或委员会席前，视属何情况而定。(由2000年第71号第3条修订)

(2) 凡根据本条发出一项手令，主席可借命令在该手令上作适当的批注，以指示将该手令所指名的人逮捕后带到裁判官席前，并指示在该人作出担保

以保证依照该批注所指明到立法会或委员会席前后,释放该人。(由 2000 年第 71 号第 3 条修订)

(3) 根据本条发出的手令,须由警务人员执行。

(4) 当任何人根据第(2)款被带到裁判官席前时,裁判官可在该人依照手令上的批注所指明作出担保后,将他释放。

(5) 根据本条发出的每一手令及在其上作出的每项批注,如看来是载有秘书的签署的,则除非相反证明成立,否则须当作是根据本条由主席指示或命令而发出或作出的。

(6) 行政长官可借宪报命令,为本条的施行而订明手令的格式。(由 2000 年第 71 号第 3 条修订)

(1985 年制定)

| 条: | 13 | 反对回答问题或出示文据 | 71 of 2000 | 01/07/1997 |

附注:

具追溯力的适应化修订—见 2000 年第 71 号第 3 条

(1) 除第 14 条另有规定外,凡任何人被合法地命令到立法会席前作证或出示任何文据、簿册、纪录或文件,而该人拒绝回答任何向他提出的问题,或拒绝出示任何上述文据、簿册、纪录或文件,他所根据的理由是该问题或该等文据、簿册、纪录或文件属私人性质,且对研讯主题并无影响,则主席可免该人回答该问题或出示该等文据、簿册、纪录或文件(如该问题或出示该等文据、簿册、纪录或文件确属与研讯无关,则须免该人回答或出示),或可命令该人回答或出示。

(2) 除第 14 条另有规定外,凡任何人被合法地命令到任何委员会席前作证或出示任何文据、簿册、纪录或文件,而该人拒绝回答任何向他提出的问题,或拒绝出示任何上述文据、簿册、纪录或文件,他所根据的理由是该问题或该文据、簿册、纪录或文件属私人性质,且对研讯主题并无影响,则该委员会的主席可向立法会主席报告该人拒绝的事及其拒绝理由,而立法会主席可随即免该人回答该问题或出示该等文据、簿册、纪录或文件(如该问题或出示该等文据、簿册、纪录或文件确属与研讯无关,则须免该人回答或出示),或可命令该人回答或出示。

(1985 年制定。由 2000 年第 71 号第 3 条修订)

| 条： | 14 | 证人的特权 | 71 of 2000 | 01/07/1997 |

附注：

具追溯力的适应化修订—见2000年第71号第3条

(1) 如任何人被合法地命令到立法会或任何委员会席前作证或出示任何文据、簿册、纪录或文件，则除第16条另有规定外，该人在作证或披露任何通讯或出示任何上述文据、簿册、纪录或文件方面，须享有权利或特权，与他在法院所享有的权利或特权相同。

(2) 除在行政长官同意下行事的公职人员外，任何人不得在立法会或任何委员会席前就有关的信息互通—

(a) 作证；或

(b) 出示任何文据、簿册、纪录或文件，而该信息互通是与以下各项有关的—

(i) 任何海、陆、空军事宜或与香港保安有关的任何其他事宜；或

(ii) 中央人民政府所负的责任（该等责任是与香港政府管治香港无关者），此外，有关上述任何文据、簿册、纪录或文件的内容的次要证据，亦不得由立法会或任何委员会收取，或在立法会或该委员会席前出示。

(1985年制定。由2000年第71号第3条修订)

| 条： | 15 | 关于在立法会或委员会席前作证或出示文件等问题的裁定 | 71 of 2000 | 01/07/1997 |

附注：

具追溯力的适应化修订—见2000年第71号第3条

凡在立法会或任何委员会内任何时间产生关于以下事项的问题—

(a) 立法会或任何委员会聆听、接纳或收取口头证据的权利或权力；或

(b) 立法会或任何委员会阅读或审查任何文据、簿册、纪录或文件的权利或权力，或命令、指示或传唤任何人到立法会或该委员会席前出示任何文据、簿册、纪录或文件的权利或权力；或

(c) 任何人（包括立法会议员或委员会成员）拒绝到立法会或委员会席前出示任何文据、簿册、纪录或文件或拒绝将其提交的权利或特权，则除本条例另有规定外，以及除非本条例对该问题的裁定有明文规定，否则该问题可按照

本条例生效日期前适用于立法局的常习及惯例予以裁定,或按照本条例生效日期后立法局或立法会凭借决议而适用的常习及惯例予以裁定。

(1985年制定。由2000年第71号第3条修订)

| 条: | 16 | 免使自己或配偶入罪的特权的限制 | 71 of 2000 | 01/07/1997 |

附注:
具追溯力的适应化修订—见2000年第71号第3条

(1) 在立法会或任何委员会的任何会议程序中,任何人如被合法地命令列席并在立法会或委员会席前作证或出示任何文据、簿册、纪录或文件,则除非已根据第13条获免遵行,否则不得以如此行事可使该人或其妻子或丈夫就某一罪行或就追讨罚款而被人向其提出法律程序为理由,而获免—(由2000年第71号第3条修订)

(a) 在该等会议程序中回答任何向其提出的有关问题,或出示任何上述文据、簿册、纪录或文件;或

(b) 遵从在该等会议程序中所作出的,或因与该等会议程序有关而作出的任何命令。

(2) 除第(3)款另有规定外,任何人在以下情况中所作的陈述或承认—

(a) 在第(1)款所适用的任何会议程序中回答向其提出的问题时;或

(b) 在遵从任何上述会议程序中所作出的命令时,在就任何罪行或就追讨罚款而进行的法律程序中,不得被接纳为对该人或其妻子或丈夫不利的证据(除非两人在作出该陈述或承认后始行结婚)。

(3) 在就《刑事罪行条例》(第200章)第32条所指的罪行(关于在司法程序以外的情况下经宣誓后作出的虚假陈述)或第36条所指的罪行(关于虚假法定声明及其他未经宣誓的虚假陈述)而进行诉讼时,第(2)款所述任何人所作的任何陈述或承认,不得因该款的任何规定而不获接纳为对该人不利的证据。

(1985年制定)

| 部: | IV | 罪行及罚则 | 71 of 2000 | 01/07/1997 |

(1985年制定)

| 条: | 17 | 藐视罪 | 71 of 2000 | 01/07/1997 |

附注：

具追溯力的适应化修订—见2000年第71号第3条

凡任何人—

(a) 不服从立法会或任何委员会所作出的合法命令，而该命令是要求他到立法会或该委员会列席，或要求他到立法会或该委员会席前出示任何文据、簿册、文件或纪录的，除非该人已根据第13条获免列席或出示；或

(b) 在讯问过程中，拒绝接受立法会或任何委员会的讯问，或拒绝回答由立法会或任何委员会所提出的任何合法及有关的问题，除非该人已根据第13条获免回答；或

(c) 在立法会或任何委员会举行会议时，引起或参加任何扰乱，致令立法会或该委员会的会议程序中断或相当可能中断，即属犯罪，可处罚款＄10000及监禁12个月，如持续犯罪，则在持续犯罪期间，另加每日罚款＄2000。

(1985年制定。由2000年第71号第3条修订)

| 条： | 18 | 虚假证据及欺骗 | 71 of 2000 | 01/07/1997 |

附注：

具追溯力的适应化修订—见2000年第71号第3条

(1) 任何人在讯问过程中，对立法会或任何委员会向其提出在研讯主题上具关键性的问题，蓄意给予虚假的回答，即属犯罪，可处罚款＄50000及监禁2年。

(2) 任何人向立法会或任何委员会提交虚假、失实、捏造或篡改的文件，而意图欺骗立法会或该委员会，即属犯罪，可处罚款＄10000及监禁12个月，但如此等文件的提交构成第(1)款所指的罪行者则除外。

(1985年制定。由2000年第71号第3条修订)

| 条： | 19 | 干预议员、立法会人员或证人 | 71 of 2000 | 01/07/1997 |

附注：

具追溯力的适应化修订—见2000年第71号第3条

凡任何人—

(a) 袭击、妨碍或骚扰任何前往或离开会议厅范围，或在会议厅范围内的任何议员，或借武力或恐吓尝试强迫任何议员宣布赞成或反对立法会或任何

委员会的待决动议或事项；或

(b) 袭击、干预、骚扰、抗拒或妨碍任何正在执行职责的立法会人员；或

(c) 就任何证人即将在立法会或任何委员会席前提出的任何证据而干扰、阻止、威胁、骚扰或以任何方式不当地影响该证人；或

(d) 因某人曾在立法会或任何委员会席前作证或因该人在立法会或任何委员会席前所提出的任何证据而威胁、骚扰、或以任何方式惩罚或伤害或企图惩罚或伤害该人，即属犯罪，可处罚款＄10000及监禁12个月。

(1985年制定。由2000年第71号第3条修订)

条：	20	进入或逗留在会议厅范围的人的罪行	71 of 2000	01/07/1997

附注：

具追溯力的适应化修订—见2000年第71号第3条

除议员或立法会人员外，凡任何人—(由2000年第71号第3条修订)

(a) 违反第8(2)条所指的任何议事规则或决议，进入或企图进入会议厅或会议厅范围；或(由2000年第71号第3条修订)

(b) 违反根据第8(3)条所发出的行政指令或根据该等指令所发出的指示，而该等指令或指示是用以规限任何人进入会议厅或会议厅范围或规限这些人在其内的行为的，即属犯罪，可处罚款＄2000及监禁3个月。

(1985年制定)

部：	V	杂项	71 of 2000	01/07/1997

(1985年制定)

条：	21	借立法会命令印刷的议事录须接纳为证据	L.N. 164 of 2003	01/07/2003

在任何研讯中如触及立法会或任何议员的特权、豁免权及权力的问题，则由政府物流服务署署长印刷或看来是由政府物流服务署署长印刷的任何议事录文本，在所有法院及其他地方均须接纳为该议事录的证据，而无须证明该文本是如此印刷的。

(1985年制定。由2000年第71号第3条修订。由2003年第164号法律公告修订)

| 条： | 22 | 主席的权力补充《基本法》下的权力 | 71 of 2000 | 01/07/1997 |

附注：

具追溯力的适应化修订—见 2000 年第 71 号第 3 条

本条例授予主席的权力,对《基本法》授予他的权力有所补充。

(1985 年制定。由 2000 年第 71 号第 3 条修订)

| 条： | 23 | 法院不得对立法会、主席或立法会人员的作为行使司法管辖权 | 71 of 2000 | 01/07/1997 |

附注：

具追溯力的适应化修订—见 2000 年第 71 号第 3 条

立法会、主席或任何立法会人员在合法行使由本条例或议事规则、或根据本条例或议事规则所授予或赋予立法会、主席或该人员的任何权力时,不受任何法院的司法管辖权所管辖。

(1985 年制定。由 2000 年第 71 号第 3 条修订)

| 条： | 24 | 立法会人员具有警务人员的权力 | 71 of 2000 | 01/07/1997 |

附注：

具追溯力的适应化修订—见 2000 年第 71 号第 3 条

为本条例的施行及刑事法律的应用,每名立法会人员在会议厅范围内,均具有警务人员的所有权力和享有警务人员的所有特权。

(1985 年制定。由 2000 年第 71 号第 3 条修订)

| 条： | 25 | 主席在立法会解散后仍可行使权力 | 71 of 2000 | 01/07/1997 |

附注：

具追溯力的适应化修订—见 2000 年第 71 号第 3 条

为本条例的施行,即使立法会已予解散,主席仍可行使本条例授予他的权力。

(1985 年制定。由 2000 年第 71 号第 3 条修订)

| 条： | 26 | 律政司司长同意方可检控 | L.N. 362 of 1997；71 of 2000 | 01/07/1997 |

附注：
具追溯力的适应化修订—见2000年第71号第3条

除经律政司司长同意外，否则不得就本条例所订的任何罪行提出检控。
(1985年制定。由1997年第362号法律公告修订)

参考文献

著作类

[1] 杨奇主编:《香港概论》上卷,三联书店1993年版。
[2] 杨奇主编:《香港概论》下卷,三联书店1993年版。
[3] 余绳武、刘蜀永等:《二十世纪的香港》,麒麟书业有限公司1995年版。
[4] 史深良:《香港政制纵横谈》,广东人民出版社1991年版。
[5] 李昌道:《香港政治体制研究》,上海人民出版社1999年版。
[6] 罗永祥、陈志辉:《香港特别行政区施政架构》,三联书店2002年版。
[7] 李后:《回归的历程》,三联书店1997年版。
[8] 许家屯:《许家屯香港回忆录》,联合报有限公司1993年版。
[9] 曾繁康:《比较宪法》,三民书局1993年版。
[10] 周伟:《各国立法机关委员会制度比较研究》,山东人民出版社2005年版。
[11] 陶百川:《比较宪法制度》,三民书局1978年版。
[12] 陈新民:《德国公法学基础理论》,山东人民出版社2001年版。
[13] 郑宇硕主编:《香港政制及政治》,天地图书有限公司1987年版。
[14] [英] 珍·莫里斯著,黄芳田译:《香港:大英帝国殖民时代的终结》,马可孛罗出版社2006年版。
[15] [英] 戴雪著,雷宾南译:《英宪精义》,中国法制出版社2001年版。
[16] [日] 宫泽俊义著,董璠舆译:《日本国宪法精解》,中国民主法制出版社1990年版。
[17] [日] 芦部信喜著,林来梵等译:《宪法》(第三版),北京大学出版社2006年版。
[18] [日] 山本佑司著,孙占坤、祁玫译:《最高裁物语:日本司法50年》,北京大学出版社2005年版。
[19] [日] 阿部照哉、池田政章、初宿正典、户松秀典著,周宗宪译,许志雄审订:《宪法》,元照出版公司2004年版。
[20] Ian Loveland, *Constitutional Law: A Critical Introduction*, Rutter Worth, 2000.

[21]Ernest J. Eberling, *Congressional Investigations*, Columbia University Press, 1928.

[22]Nelson M. McGeary, *The Development of Congressional Investigative Power*, Octaon Book Inc, 1966.

[23]Erskine May, *Treatise on the Law, Privileges, Proceedings and Usage of Parliament*, Butterworths, 1997.

[24]Raoul Berger, *Executive Privilege*, Harvard University Press, 1974.

[25]Joseph P. Harris, *Congressional Control of Administration*, Greenwood Press, New edition, 1980.

[26] Adam Carlyle Breckenridge, *The Executive Privilege: Presidential Control over Information*, University of Nebraska Press, 1974.

[27] Louis Fisher, *Constitutional Conflicts between Congress and the President*, University Press of Kansas, 1997.

[28]Robert M. Pallitto and William G. Weaver, *Presidential Secrecy and the Law*, Johns Hopkins University Press, 2007.

[29]Blackburn & Kennon, United Kingdom, Joint Committee on Parliamentary Privilege, Parliamentary Privilege-First Report, Joint Committee Reports, 1999.

[30]Campbell, E., *Parliamentary Privileges*, *Department of the Parliamentary Library*, Canberra, Commonwealth of Australia, n2000.

[31]Taylor, G, *The Constitution of Victoria*, The Federation Press, 2006.

论文类

[1]陈春生:《议员之言论免责与议会自律》,《东吴法律学报》1995年第2期。

[2]廖元豪:《论立法院调查权的界限与范围——释字第五八五号解释与美国经验的参照》,《台湾本土法学杂志》2006年第78期。

[3]罗传贤:《如何行使立法调阅权初探——英国立法调查与监察调查二制并行之借镜》,《立法院院闻》第21卷第8期。

[4]陈淳文:《论元首的豁免权与国家机密特权——释字第627号解释评析》,载廖福特主编:《宪法解释之理论与实务》(第六辑下册),"中研院"法研所筹备处2009年版。

[5]江心学:《行政特权:美国总统的护身符》,《解放军外语学院学报》1993年第3期。

[6]黄国昌:《美国法上总统之豁免权与秘匿特权》,《月旦法学杂志》2007年第140期。

[7]许志雄:《国会调查权》,《月旦法学杂志》1996第19期。

[8]James M. Landis, Constitutional Limitations on the Congressional Power of Investigation, 40 *Harv. L. Rev*, 1926, Vol.153, p.209.

[9]Richard M. Fried, Executive Privilege, in Joel H. Silbey ed., *Encyclopedia of the*

American Llegislative System,University of Chicago Press,1994.

[10]Kalah Auchincloss.Congressional Investigations and the Role of Privilege,43 *Am. Crim.L.Rev.*2006,Vol.165,No.1.

[11]J. Richard Broughton,Paying Ambition's Debt:Can the Separation of Powers Tame the Impetuous Vortex of Congressional Investigations? 21 *Whittier L. Rev.*2000,Vol.797.

[12]Todd D. Peterson,Prosecution Executive Branch Officials for Contempt of Congress,66 *N.Y.U. L. Rev.* 1991,Vol.563.

[13]The Departmental Select Committee System—Commons Library Research Paper,Research papers RP09/55,2009,No.6.

[14]C.S. Potts,Power of Legislative Bodies to Punish for Contempt,74 *U. Pa. L. Rev.*,1926,Vol.691.

[15]Waugh,J,Contempt of Parliament in Victoria,*Adelaide Law Review*,2005,Vol.26.